AS APARÊNCIAS ENGANAM

Américo Simões

AS APARÊNCIAS ENGANAM

Barbara

Revisão
Sumico Yamada Okada

Capa e diagramação: Meco Simões

Foto capa: Getty Images

Dados Internacionais de Catalogação na Publicação (CIP)
(Câmara Brasileira do Livro, SP, Brasil)

Garrido Filho, Américo Simões
As aparências enganam / Américo Simões. - São Paulo:
Barbara Editora, 2012.

1. Romance Brasileiro I. Título.

12-6215   CDD-869.93

Índices para catálogo sistemático:
1. Romances: Literatura Brasileira 869.93

BARBARA EDITORA
Rua Primeiro de Janeiro, 396 – 81
Vila Clementino – São Paulo – SP – CEP 04044-060
Tel.: (11) 5594 5385
E-mail: barbara_ed@2me.com.br
www.barbaraeditora.com.br

Proibida a reprodução total ou parcial desta obra, de qualquer
forma ou por qualquer meio eletrônico, mecânico, inclusive através
de processos xerográficos, sem permissão expressa do editor (lei n°
5.988, de 14/12/73).

Foi em 1990 que montei a What's Up! English Course e tive a oportunidade de dar aula para alunos brilhantes que muito contribuíram para o meu crescimento pessoal da mesma forma que contribuí para o deles. São alunos memoráveis, inesquecíveis por seu bom humor, empenho e amizade.
A eles dedico este livro.

OS PERSONAGENS

MARTHA DEPP: Uma mulher bela e viúva à procura de um novo amor.

MARCOS DEPP: Irmão de Martha, faria de tudo para proteger a irmã.

CARLA GAPELLO: Uma garota apaixonada, mas não boba.

LUIZ COLLOMBUS: Um rapaz esperando uma chance para amar.

CLEUZA YOKO SARAI: Uma moça inteligente aonde perder não era o seu forte.

CAÍNE QUINTANA: Um rapaz lindo e misterioso.

PATRÍCIA NEVES DE ABREU: Uma moça ousada e provocante.

KÁTIA HOMA: Uma moça tímida, parecendo fugir do passado.

NANCY MURDOV: Mais que uma secretária, uma psicóloga analisando todos a sua volta.

ANA LÚCIA DE ANDRADA: Uma diretora implacável.

MÔNICA DIANNA: Uma moça provocante.

TEIXEIRA: Um delegado cuja resposta mais fácil era sempre a melhor.

GUILHERME: Um aluno atento.

ELMIOR ALDOR: Um detetive à moda antiga, mas altamente moderno.

FÁBIO AUGUSTO BARBERA: Metido a astrólogo e a detetive. Um rapaz com uma cabeça cheia de ideias: boas e más.

PRIMEIRA PARTE
"Amigos Discretos"

I

São Paulo, final de setembro de 1990

Marcos Depp estava num dos ônibus que descia a famosa e tradicional Avenida Brigadeiro Luiz Antonio da maior cidade do Brasil. Acionou a campainha para descer no ponto seguinte, mas o veículo não parou.

– *Stupid people...* – rilhou, entre dentes.

Puxou novamente a cordinha, dessa vez com mais força e maior intensidade. O motorista freou bruscamente, o que fez com que Marcos quase varasse janela afora. Ele agradeceu ao motorista com um sorriso cínico e desceu, resmungando alguns palavrões em inglês.

Marcos Depp tinha cerca de trinta anos, de pele bem clara, olhos castanhos, cabelos pretos, cortados bem curtos e penteados para trás; usava óculos pesados, que o deixavam com aparência de uns dez anos mais velho. Vestia-se de modo bastante simples. Se era vaidoso, isso ninguém poderia afirmar ao certo, e se fosse, com certeza sabia disfarçar muito bem. Estava com o corpo em forma após árduo regime.

Era uma pessoa simpática, bastante reservada com estranhos, mas bem receptivo a todos aqueles que se aproximassem. O olhar por trás dos óculos dava a nítida impressão de estar não só se dirigindo ao seu interlocutor, mas também abarcando outros acontecimentos do ambiente, como uma antena ligada a tudo e a todos.

---

*"Estúpidos!" Em inglês no original. (Nota do autor.)

Naquele momento Marcos seguia rumo à escola onde lecionava inglês, a What's Up! English Course, muito conceituada, considerada a segunda melhor de São Paulo e do país, com várias unidades espalhadas pela cidade.

Ele lecionava na unidade localizada do bairro do Jardim Paulista, numa das esquinas da longa Avenida Brigadeiro Luiz Antonio. Era sem dúvida a mais procurada e a mais bem frequentada de todas. Marcos sentia-se orgulhoso em ser um dos integrantes da equipe de professores desta escola. Sempre quis lecionar ali, o que exigiu dele muito esforço, pois o teste para ser aprovado e contratado como professor era rigoroso, mas ele venceu.

Também dedicara os melhores anos de sua adolescência ao estudo da língua inglesa. Valera a pena, conseguira se sair muito bem, sendo hoje um *expert* da língua. Falava tão bem quanto um nativo sem nunca sequer ter pisado em solo ianque.

Foi graças a esta dedicação que hoje podia manter-se financeiramente. Era um excelente profissional. Gostava do que fazia, entretanto, não descartava a ideia de que um dia pudesse mudar de atividade.

A única coisa que realmente detestava com relação ao trabalho era enfrentar o transporte público para chegar ao local de trabalho. Além do metrô, tinha de encarar um ônibus para completar o trajeto. Poderia resolver este problema facilmente. Bastava dirigir o carro que usava em conjunto com sua irmã. O problema era que ainda não aprendera a dirigir. Tinha tentado uma vez, mas na primeira pisada no acelerador bateu o veículo no portão. Desde então, adiara suas aulas por tempo indeterminado que já perdurava 12 anos.

A sorte era que sua irmã lecionava na mesma escola e na maioria dos dias podia pegar uma carona com ela, exceto às quintas-feiras, quando ela começava a lecionar bem mais tarde.

Toda quarta à noite era o mesmo martírio. Ele já entrava em pânico por lembrar que o dia seguinte era o "dia fatal", o dia de enfrentar metrô e ônibus. *I hate that,* repetia para si mesmo.

*"Odeio isso!" Em inglês no original. (N. do A.)

Nessa hora, se arrependia amargamente de ter protelado a carteira de habilitação; porém, não era o suficiente para fazê-lo decidir a entrar numa autoescola.

Marcos caminhava tão imerso em seus pensamentos que nem se deu conta de que estava atravessando a pequena rua que dava para a escola. Só notou, ao ouvir a buzina estridente de um carro que brecara a menos de dois metros dele. De susto, deu um pulo e olhou para o motorista aterrorizado. Este parecia irado e prestes a pisar no acelerador e atropelá-lo de uma vez. Ele apertou o passo e finalmente chegou à calçada, olhou para trás e pensou: *Assrole,* ele não precisava ter entrado nessa rua naquela velocidade! Se me atropelasse eu ia dar-lhe um trabalhão. Não é à toa que não gosto de carro. Que dia! Primeiro a freada do ônibus que quase me fez atravessar a janela e rolar a Brigadeiro Luiz Antonio abaixo. Agora isto! O que será que me falta acontecer?

Marcos não era uma pessoa *desligada*, mas aquele dia estava um bocado, tanto que nem notou que estava quase três minutos atrasado.

Assim que pôs os pés na secretaria, deu de cara com Ana Lúcia, a diretora da escola.

– *Good afternoon!* – disse ele calmamente.

Após longo bico, ela respondeu-lhe o mesmo e lhe apontou o relógio na parede.

– *Sorry!* Atrasei por causa daquele maldito ônibus que não parou no ponto certo. Tive de descer um ponto à frente, o que me fez andar seis quarteirões até aqui. Como se isso não bastasse, quase fui atropelado, ao atravessar a rua.

Marcos percebeu que Ana Lúcia não estava a fim de receber explicações, mas, sim, aguardando ansiosamente que ele se dirigisse o mais rápido possível para a sala de aula.

– *So... let me go!*

---

*"Imbecil", "Boa tarde", "Desculpe-me!" e "Deixe-me ir" Em inglês no original. (N. do A.)

9

Marcos foi saindo como quem tenta se safar de uma abelha.

– Depois, quero falar com você! – disse Ana Lúcia com ar e voz de superioridade, sua marca registrada.

Marcos assentiu e acelerou o passo. Só havia uma "coisa" que aterrorizava todos naquela escola: Ana Lúcia de Andrada.

Ela não era uma mulher que chamasse atenção: franzina, de cor clara, olhos e cabelos pretos, e estava prestes a completar, em novembro próximo, quarenta e quatro anos de idade. Usava um suave batom vermelho e lápis preto nos olhos, vestia-se de maneira simples, mas elegante.

Apesar da altura e da aparência apagada, era imponente, tinha um olhar frívolo e dominador. Sua voz aguda, estridente, enfática e autoritária era, visivelmente, seu ponto forte. Podia sem nenhuma dúvida causar, a quem quer que fosse, uma bela dor de cabeça.

Tinha o dom da persuasão e o usava com êxito, sempre a seu favor, o que, consequentemente, só acarretava benefícios à escola. Não era à toa que, além de diretora daquela sede em questão, era coordenadora geral de mais cinco unidades. Exercia sua função com esmero; a escola era impecável não só na administração como na organização interna, desde limpeza até a qualidade dos produtos oferecidos pela cantina da própria escola.

Nada escapava ao seu meticuloso senso de organização e qualidade que se tornaram a marca registrada da escola e fizeram a What's up! English Course ganhar respeitabilidade no mercado.

O método, a didática do curso é que a diferenciavam das demais escolas de inglês. Partindo da urgência que muitas pessoas têm em aprender inglês, o mais rápido possível, principalmente conversação, o curso prometia suprir essa necessidade, oferecendo estágios de dois meses de duração, com aulas diárias de segunda a sábado inclusive, permitindo, assim, que o aluno aprendesse a língua o mais rápido possível.

O curso completo era desenvolvido em nove estágios, sendo seis estágios básicos e três avançados. Somente nos três avançados é que as aulas não eram diárias e, sim, de duas a três aulas semanais, de três horas cada. Preferiam assim, para quebrar um pouco o ritmo exaustivo dos seis primeiros estágios.

Ana Lúcia virou-se para a secretária e perguntou:

– E então, Nancy, como anda a formação do nono estágio? Estão faltando muitos alunos para formar a classe?

– Pelo contrário. Já temos nove alunos, seis deles já fizeram a matrícula, faltam somente três para confirmar – respondeu Nancy rapidamente.

– Ótimo.

Nancy lhe entregou as correspondências que o carteiro acabara de trazer. Uma delas causou surpresa a Ana Lúcia.

– Uma carta de minha irmã! – exclamou, visivelmente feliz.

A secretária notou que não só a voz da diretora ficou um por cento mais suave, mas também o semblante suavizara, perdendo aquela austeridade, o que deu a Nancy, a liberdade de um diálogo um pouco mais íntimo:

– Não sabia que tinha uma irmã.

– Nunca lhe falei de Camila? Não acredito! – respondeu Ana Lúcia delicadamente, para total espanto da moça. – É minha irmã caçula; está fazendo pós-graduação em Odontologia em Nova York. É uma irmã e tanto, sinto muito sua falta.

Enquanto abria a carta, continuou:

– Nunca lhe mostrei uma foto dela? Meu Deus! Que displicência a minha! Você precisa conhecê-la. Camila é um amor de pessoa. Ela é muito amiga da Mônica, diretora da outra sede.

Pela expressão de Nancy, Ana percebeu que ela também não conhecia a Mônica.

– Você não conhece a Mônica? Mônica Toledo? Então precisa. Ela é um doce de pessoa, daquele tipo que todos se encantam ao primeiro contato. Mas por que será que Camila mandou esta carta aqui para a escola?

11

Depois de retirar com cuidado o conteúdo de dentro do envelope, Ana Lúcia leu as primeiras linhas, depois sorriu, balançando a cabeça negativamente.

– Camila continua a mesma! Esqueceu-se de levar o meu novo endereço para o Havaí. Ao invés de me ligar para perguntar, resolveu me fazer uma surpresa, enviando a carta para cá. Era o único endereço que tinha na memória.

Nancy, aproveitando o bom humor da diretora, perguntou:

– E quanto ao apartamento novo, já está tudo finalizado?

– Oh, sim, graças a Deus! Foi uma canseira, mas finalmente acabou. Bem, deixe-me ir ler a carta sossegada, depois lhe conto mais sobre ela e, por favor, procure incentivar os alunos do estágio nove que ainda não fizeram a matrícula, a fazê-la o mais rápido possível. Tempo é dinheiro!

Ana Lúcia era o tipo de pessoa que bastava alguém lhe dar um simples motivo para abrir a boca, era difícil pará-la; ela estendia o assunto por horas; só que, obviamente, era ela quem falava o tempo todo.

Nancy Murdov estava trabalhando na escola há poucos meses. Volta e meia ouvia alguém conhecido lhe perguntar: "Afinal, por que *diachos* resolveu trabalhar como secretária numa escola de Inglês?".

O motivo era simples, resumia-se em oito letras: DINHEIRO. Ela precisava se manter. Psicologia, que era realmente sua formação, era uma profissão muito instável, a seu ver.

Era uma pessoa agradável, conversava com todos, sobre qualquer tipo de assunto, sabia como envolver o outro numa conversa, usava de tato, demonstrava sempre interesse no que o outro tinha a lhe contar. Tornara-se querida na escola não só por funcionários como pelos alunos.

A porta se abriu e um moço de 25 anos de idade entrou. Sentou-se rapidamente na cadeira à frente da mesa de Nancy.

– Por favor, quero informações sobre o curso de inglês.

– Pois não – respondeu ela, observando discretamente o que definiu como sendo um rapaz atraente. – Você tem alguma noção da língua inglesa?

– Sim, e muito boa por sinal!

– É preciso fazer um teste escrito e um oral, para sabermos em qual estágio você poderá começar.

– Eu posso fazê-los agora.

– Ótimo.

Nancy estendeu-lhe as folhas do teste. O moço deu rápida olhadela nelas e disse, bastante convicto:

– Este teste é para iniciantes. Pode me passar o teste para os cursos avançados.

Estava ali uma pessoa segura, dona de si, percebeu Nancy, pegando o teste de volta e entregando outro ao moço. Em seguida, levantou-se e caminhou até uma porta que ficava a dois metros de sua mesa.

– Este é o LAB – explicou – onde os alunos praticam *Listeng & Comprehension Pronounce**. Você pode escolher uma cabine e fazer o teste tranquilamente e, quando acabar, é só retornar aqui.

O moço admirou o LAB por alguns segundos antes de começar a fazer o teste. Havia cerca de 40 cabines equipadas com gravadores, fones de ouvido e microfones. Ali o aluno podia ouvir a lição aplicada em sala de aula e gravar sua leitura. No final, podia rebobinar a fita e ouvir sua pronúncia e aperfeiçoá-la. As aulas no LAB eram um dos trunfos da What's UP! English Couse! que garantiam 100% de avanço dos alunos.

O moço não levou mais do que dez minutos para retornar à secretaria e entregar o teste a Nancy para ser corrigido. A secretária, então, começou a colher seus dados para preencher a ficha de inscrição.

– Seu nome, por favor.

– Caíne Quintana.

– Endereço...

*"Ouvir e compreender!" Em inglês no original. (N. do A.)

Assim que a ficha foi preenchida, Nancy encaminhou-o para a sala de Ana Lúcia para o teste oral. Mostrou-lhe o caminho enquanto dizia para si mesma: "Agora é que vem o teste principal". Viu o moço seguir pelo corredor como se estivesse seguindo para a forca.

Ana Lúcia era extremamente exigente ao fazer o teste oral, o que fazia com que muitos que pensassem já saber dominar o inglês, se decepcionassem consigo próprios, achando-se ainda bastante ignorantes após seus esforços.

Nancy parou na pequena lanchonete da escola, pegou um copinho de café e voltou para sua mesa. Começou então a ligar para os alunos interessados no estágio nove que ainda não haviam confirmado matrícula.

Passou-se quase meia hora e Caíne voltou.

– Foi bem no teste? – perguntou a secretária, com um pouco de pena do moço.

– Sim – respondeu ele, orgulhoso. – Consegui entrar no nono estágio.

O rosto de Nancy não conseguiu esconder tamanha surpresa.

– Nono estágio?! – indagou ela com desconfiança.

– Sim, está aqui o resultado.

Ele passou o papel para ela, onde se podia ler bem claro "Apto para cursar o nono estágio" e, ao lado, o visto de Ana Lúcia escrito com tinta vermelha bem visível.

"Hoje ela está de bom humor", concluiu Nancy com seus botões.

– Bem, há um nono estágio previsto para começar provavelmente na semana que vem. É na realidade a última classe que estamos abrindo este ano aqui nesta unidade. Todos os nossos horários estão lotados.

– Para mim está ótimo. Por sinal, há conhecidos meus que provavelmente irão estar neste estágio também – informou Caíne com empolgação.

14

– É mesmo? Vamos ver! – Nancy estendeu a lista dos alunos para ele verificar.

– Estão aqui – respondeu o moço apontando com o dedo indicador os nomes do papel. – Carla Gapello, Luiz Collumbus, Kátia e Patrícia.

– Que coincidência! – exclamou Nancy deveras surpresa.

– Não é, não! Vim parar aqui por causa da Carla. Ela é minha namorada. Estava querendo fazer um curso para continuar praticando o meu inglês. Se a gente não pratica *enferruja*, não é? Então, ela me sugeriu esta escola na esperança de que caíssemos na mesma turma.

– Que sorte! – agitou-se Nancy. – Aposto que ela vai ficar surpresa, ao saber que vocês dois estarão na mesma classe.

– Nem fale!

Caíne acertou tudo, agradeceu e, quando saía, esbarrou em Marcos Depp que passava pela porta naquele momento. Este se desculpou e, em seguida, perguntou a Nancy quem era o tal moço.

– É um novo aluno – respondeu ela e, abaixando a voz acrescentou: – Você acredita que ele fez o teste e Ana Lúcia o colocou no nono estágio?

Marcos abriu a boca, perplexo:

– Nono estágio?! Assim de cara? *That´s a miracle!*

– Pensei o mesmo. Acontece que hoje, ela está de ótimo humor. Deve ter sido a carta da irmã que chegou há pouco. Ah, e por sinal, é você quem será o professor dessa nova turma.

– Muito bom! – alegrou-se Marcos. – Você acredita que foi esse *pimpolho* que quase me atropelou há pouco? – e com um riso malicioso, completou: – Acho que vou poder dar-lhe o troco!

Nancy estendeu-lhe a lista, contendo os nomes dos alunos do nono estágio para que Marcos pudesse dar uma olhada. Um dos nomes o surpreendeu.

---

*"É um milagre!" Em inglês no original. (N. do A.)

II

Carla Gapello encontrava-se só em sua casa. Naquele momento estava sentada em sua cama e lia concentrada, um livro sobre a banda irlandesa U2, da qual era fã ardorosa. Era uma moça por volta dos 22 anos, estatura mediana, cabelos pretos, ondulados e olhos negros.

Nisso, a campainha da casa tocou, estridente. A contragosto, Carla foi obrigada a interromper sua leitura para atender à porta. Desceu as escadas apressadamente. Ao abri-la, ficou surpresa ao ver seu real Bono Vox* ali atrás do gradil da casa, sorrindo para ela. De fato, Caíne Quintana era bastante semelhante ao vocalista do U2. Os cabelos eram pretos e longos, os olhos claros, o queixo quadrado com um leve furinho, e 1,72m de altura, alguns centímetros a mais que o cantor.

Carla saiu e abriu o portão.

– *Meu amor, que surpresa! O que está fazendo aqui a esta hora? Não deveria estar trabalhando?*

– E estou, apenas dei uma escapadinha para vir vê-la. Esta é uma das vantagens em ser dono do seu próprio negócio. Fiz mal?

– É claro que, não!

Os dois se abraçaram, trocaram beijos e entraram na casa.

– E seus pais, *cadê?*

– Não estão. Papai ainda não chegou do trabalho e mamãe foi ao supermercado. Vamos até meu quarto, quero que ouça o novo *single* pirata** do U2 que eu consegui. É lindo!

– Imagino...

Os dois subiram até o quarto da jovem e, enquanto Carla punha o CD, Caíne sentou-se na cama e ficou a admirar mais uma vez os inúmeros pôsteres da banda pregados na parede. De fato, aquele quarto era realmente de fã, que se considera a fã número de um artista; ele começava a folhear o livro que a namorada estava

---

*Líder da banda Irlandesa U2. **CD promocional contendo apenas uma música. Pirata significa: vendido ilegalmente. (N. do A.)

lendo há pouco, quando ela sentou-se ao seu lado e, delicadamente, tomou o livro de sua mão, dizendo:

– Agora ouça a canção com atenção.

Caíne fez o que ela lhe pediu e, ao término da canção, deu parecer positivo, contudo, não tanto quanto Carla esperava. Para ela, a canção era um pouco mais do que "ótima".

– Tenho uma surpresa para você! – anunciou Caíne, mudando de assunto.

– O que? – agitou-se Carla.

Depois de um certo mistério, ele revelou:

– Acabei de me matricular na What's Up!, e, acredite ou não, consegui entrar direto no nono estágio! Estarei na sua classe!

– Jura?! – ela o beijou suavemente – Como conseguiu? Suborno? Comprou vaga?

– Nada disso, apenas fiz o teste e...

– Ou o seu inglês é muito bom ou você foi acometido por uma tremenda sorte para conseguir este feito! A escola é superexigente quanto à classificação do aluno.

Fazendo beicinho ela completou:

– Pelo visto, vou ter de aturá-lo em minha turma. Ai que chato!

– Que chato?! – espantou-se Caíne. – Bem, se você preferir, eu mudo de horário.

Carla sorriu, aproximou-se dele, abraçou-o e deu-lhe um beijo, desta vez, um pouco mais demorado e intenso.

– Estava brincando com você, seu bobo... Vai ser ótimo estudarmos juntos, assim ficaremos mais tempo ao lado um do outro!

– Eu achei o teste escrito *moleza*, só fiquei preocupado mesmo quando fui fazer o teste oral e vi aquela mulher que o aplica na minha frente, com uma expressão assustadora, parecendo um inquiridor da época do militarismo. Daí pensei: "Ela vai me pôr no primeiro estágio".

Carla soltou uma gargalhada e opinou:

– Deve ter sido Ana Lúcia! Caso tenha sido ela realmente quem lhe aplicou o teste oral, meu caro, você teve sorte, pois aquela

17

mulher é *fogo*, superexigente. Na escola, tanto os alunos como os funcionários, ninguém gosta dela. Ela pode ser uma exímia diretora, mas é uma *víbora*!

– Mas foi só a primeira impressão que me assustou; logo em seguida ela se tornou mais afável. Deve ter sido enfeitiçada pelo meu *sex appeal*...

Um olhar malicioso e presunçoso reluziu no rosto de Caíne. Apesar de ter dito aquilo em tom de brincadeira, no íntimo, ele tinha total consciência do poder que sua beleza física exercia sobre as mulheres e não desperdiçava qualquer oportunidade.

– Sei, Don Juan! – zombou Carla. – O melhor de tudo isso é que você economizou uma *baita* grana! Pois vai conseguir o certificado do curso com apenas um estágio. Isso é ótimo, ainda mais nessa crise...

Caíne, empolgado, falou:

– Com a sorte me ajudando a fazer economia assim, em breve poderemos nos casar, hein?

– Casar? – surpreendeu-se Carla, maravilhada. – Mas... Eu não pensei que você já estivesse cogitando essa possibilidade. Não é um pouco cedo para pensarmos nisso?

– Talvez, sim, mas a gente tem que começar a fazer o pé de meia desde já, não é? Afinal, deixar as coisas para a última hora não é muito sensato.

– É mesmo – concordou Carla, pensativa. – A propósito, por falar em dinheiro, estava pensando em tentar um emprego em uma agência de turismo. Você não conhece alguém que possa me dar uma mãozinha?

– Eu não me lembro de ninguém no momento, mas posso verificar.

– E em sua farmácia, não tem nada para mim?

Carla teve a ligeira impressão de que a pergunta pegou Caíne desprevenido. Por um momento pareceu sem saber o que dizer e quando fez, foi atropelando as palavras:

---

*Sex appeal = charme, sensualidade. (N. do A.)

– Aquilo não tem nada a ver com você, meu amor. O ideal para você é arranjar um emprego na sua área, afinal, após tanto sacrifício para tirar um diploma, não é justo que o deixe dependurado atrás da porta, não concorda?

A jovem assentiu, pensativa. Para ela, Caíne deveria ser o tipo de homem que não gosta de ter sua mulher envolvida em seu ambiente de trabalho. No íntimo, ela também não achava uma boa ideia trabalharem juntos, pois poderia estressar o relacionamento.

Ressurgindo dos seus pensamentos, Carla sugeriu:

– Não acha que já está na hora de me levar para conhecer sua família no interior?

– Você quer dizer meus pais, afinal, minha família se resume somente a eles.

– A gente já está namorando há quase um ano e notei que você não fala muito deles, o que me levou a pensar se há algum problema entre vocês.

– É lógico que, não! – exclamou Caíne. – De onde tirou essa ideia? Falo com meu pai praticamente quase todos os dias, devido aos negócios e ligo constantemente para minha mãe!

– Calma... eu só perguntei. Perguntar não ofende, né?

O rapaz pareceu recuperar sua tranquilidade no minuto seguinte.

– Não te levei ainda, porque simplesmente achei que não havia chegado a hora – respondeu moderando a voz. – Não sou de apresentar namoradas, sequer amigos para eles até que eu sinta que realmente o relacionamento ou a amizade estejam solidificados.

Carla fez ar de compreensão e indagou:

– Qual é mesmo o nome da sua cidade?

– Carla, como você é esquecida! Já te repeti um milhão de vezes! Araraquara. Aposto que a cidade onde vive o Bono Vox você não esquece!

Carla enrubesceu. Caíne soltou uma gargalhada, um tanto exagerada e depois disse, em tom de desabafo:

– Não é fácil administrar uma rede de farmácias, meu amor, meu pai sozinho não seria capaz, jamais! Tudo que acontece ou precisa ser decidido sobre elas, ele me liga para pedir uma opinião. Sem contar as inúmeras vezes em que tenho de ir pessoalmente até lá para assinar documentos... Meu pai até que é bom para negócios, ele se esforça, mas se não fosse eu, a coisa *tava maus*. Posso dizer que, se ainda estamos em pé após esse desastre econômico que ocorreu com a entrada deste novo governo*, é graças a mim...

– Não acha que seria melhor viver mais próximo do seu pai neste caso?

– Eu não vim morar em São Paulo só porque gosto daqui, vim porque temos intenção de abrir filiais pela cidade. Você acredita que eu havia acabado de montar a filial aqui em São Paulo e acertado tudo quando, exatamente uma semana depois, todo o nosso dinheiro foi bloqueado pelo Governo? Foi por um triz que não consegui concluí-la.

– Para vocês deve ter sido horrível – comentou Carla, pensativa. – Agora, para mim, que não tinha nada no banco, não fez a menor diferença...

Caíne envolveu novamente a moça em seus braços e, após uma troca de beijos, Carla perguntou:

– E seu irmão, não sente saudade dele?

Ela pôde sentir o leve estremecimento que suas palavras provocaram no namorado. Caíne, desviando os olhos para a janela, respondeu:

– Ele era um problema, sabe? Nasceu para ser a "ovelha negra" da família e morreu, honrando o seu título. Que eu lembre, jamais se deu bem, nem comigo nem com meus pais, um verdadeiro *"porra louca"*. Nunca levou nada a sério, era um irresponsável. Não, definitivamente, não sinto sua falta!

---

*O plano Collor foi instituído em 16 de Março de 1990, um dia depois de Collor assumir a presidência e combinava liberação fiscal e financeira com medidas radicais para estabilização da inflação.(N.A)

– Sua morte foi por acidente de carro, não foi?

Caíne balançou a cabeça afirmativamente e numa voz indefinida, disse:

– Não quero mais falar sobre isso! Que o passado fique no passado!

– E a esposa dele? Vocês ainda mantêm contato?

– Nunca cheguei a conhecê-la pessoalmente. Quando eles se casaram, eu estava na Itália, fazendo intercâmbio, não vim para o casamento e o acidente ocorreu enquanto eu ainda me encontrava por lá, e após sua morte ela cortou relações com meus pais.

– E você nunca teve curiosidade em conhecê-la?

– Eu não, para que?

– Ela é herdeira de tudo ainda, não? Quero dizer, da parte que cabia a seu irmão.

O rosto de Caíne adquiriu uma expressão grave antes de responder:

– Pela lei, apesar de eles terem casado sob o regime de comunhão de bens, ela não tem direito a nada, pois meu irmão morreu antes de meus pais, ou seja, ele ainda não havia recebido a parte da herança que lhe caberia por direito. Se houvessem tido filho, então este herdaria a parte, o que também não aconteceu. Ainda bem que a lei é justa!

Ele suspirou e, num tom inconformado, continuou:

– Porém, infelizmente, meus pais por gostarem muito dela, acharam que ela deveria receber os 50% da herança que caberia a meu irmão. Para que isto ocorresse, ambos fizeram um testamento a seu favor.

Quando eles me revelaram isso, achei um absurdo, pois afinal, seria demais esta fulana abocanhar metade daquilo que meu pai vem construindo com seu próprio suor, empenho e sacrifício só porque esteve casada com meu irmão por menos de dois anos. Além do que, muito do patrimônio que construímos foi depois da morte de meu irmão e com a minha ajuda, o meu empenho, o meu esforço.

21

Tentei tirar esta ideia maluca da cabeça deles, mas não me ouviram; então pedi a um amigo que é advogado para procurá-la a fim de propor-lhe um acordo. Para meu espanto nem foi preciso fazer acordo algum, a mulher simplesmente assinou de bom grado um documento, abrindo mão da herança.

– E seus pais estão a par do que você fez?

– Logicamente que, não!

– E ela, digo a viúva de seu irmão, não pode voltar atrás... querer anular tal renúncia?!

– Agora, ha... ha... já é tarde!!!

O prazer com que Caíne pronunciou a última frase surpreendeu Carla.

– Poxa, depois dessa... – murmurou ela fazendo-se de vítima.

– É melhor casarmos com separação de bens...

O moço deu-lhe um beijo carinhoso e respondeu:

– Não, com você é diferente, meu amor, você merece, ela não...

Houve uma breve pausa até que ela dissesse:

– Minha mãe achou que você era casado.

– Eu? – espantou-se Caíne, recuando o corpo. – De onde ela tirou essa ideia mais absurda?

– Não sei, e o pior é que minha mãe tem ótima intuição.

– O que está insinuando? Acredita mesmo que eu seja casado?

– Pode ser. Por que não? A gente ouve falar de casos assim constantemente.

– Carla! Não acredito que você esteja me dizendo isso. Jamais poderia achar que você ou sua mãe pudessem pensar tal coisa de mim.

– Calma, pensar não ofende!

– Se acha que minto para você, comece a me seguir, então. Sinceramente, estou chocado!

– *Tá* bom. Vou contratar um detetive para segui-lo e descobrir se minha mãe está certa ou não. Mas tem uma coisa: se ela estiver certa, além dos bofetões que vou lhe dar, terá de me pagar um prêmio.

– O que seria?... Ah!... Já sei... Uma viagem à Irlanda.

– E com escala na Itália, para visitar meu irmão.

– Francamente... Eu mereço ouvir tudo isso!

Caíne, balançou a cabeça inconformado, mas ao mesmo tempo achando graça daquilo. E na primeira deixa, perguntou:

– E quanto ao seu irmão, como é o relacionamento de vocês?

– Melhor, impossível. Foi sempre assim desde que éramos crianças. *Nos* adoramos até hoje.

Caíne surpreendeu-se com a sinceridade da namorada.

– Só há uma coisa que eu não entendi... – continuou Carla.

– Ai, ai, ai... – brincou Caíne, readquirindo o bom humor. – O que é desta vez?

– Você disse que quando seu irmão morreu, você estava no exterior, na Itália, certo? E mesmo assim, você não veio para o enterro?

– Não dava! É lógico que quis vir; apesar de tudo, ele era meu irmão! Mas até chegar aqui levaria muito tempo, e foram meus próprios pais que me aconselharam a não vir.

Caíne tomou fôlego e, seriamente, completou:

– Bem, mas não quero me casar com uma mulher que tenha desconfiança do próprio marido.

– Nem eu – respondeu Carla também seriamente. – Vamos mudar de assunto, afinal, tudo isso é *bullshit*. Ah! Quase que me esqueço! Tenho uma coisa para você!

Carla abriu a gaveta de sua escrivaninha, de onde tirou um cartão postal e passou para as mãos do namorado.

Caíne sorriu, admirando o cartão postal com a foto de Yoko Ono ao lado de John Lennon no início dos anos 70.

– Assim que o vi, lembrei-me de você – explicou Carla, amavelmente. – Ainda acho que esta adoração por Yoko Ono revela que você tem certa queda por mulheres orientais!

O rosto do namorado enrubesceu. Carla, sem notar, sugeriu:

---

*Bullshit! "Cascata!", "Tretas!", "Lorota!" ou "Bobagem!" (N. A.)

– Que tal se neste fim de semana formos comer panqueca?

– Panqueca?! – Caíne franziu a testa – Você me leva a cada restaurante que eu, às vezes, me sinto uma cobaia. Lembra-se dos dois últimos a que fomos? Você afirmou com tanta convicção de que eram excelentes, que não sei quem os havia indicado, que ninguém poderia deixar de ir. Além de extremamente caros, a comida era péssima!

– Não seja cruel! – defendeu-se a jovem. – Você é que não gostou, eu amei!

– Amou? – Caíne ergueu a voz em sinal de protesto.

– E, não?

– Não, você disse que era uma comida insossa.

– Isso depende do que você entende por insossa, meu bem. O que eu quis dizer com comida insossa foi que...

E assim os dois ficaram trocando ideias. A verdade é que Carla era uma pessoa que poderia encontrar mil significados dentro de suas observações, assim como um desenho de uma criança onde o adulto enxerga somente um simples desenho e ela relata uma história com começo, meio e fim.

III

Foi na segunda-feira, 1º de outubro, que as aulas do nono estágio começaram. Seriam todas as segundas, quartas e sextas, das 18 às 21 horas.

Para espanto de Nancy, Ana Lúcia deu pouca importância ao fato de três alunos terem desistido de fazer o curso na última hora, forçando a escola a manter uma turma composta apenas por sete alunos e não de dez como era o esperado.

A implacável diretora manteve-se calma, ao invés das crises e ataques histéricos que costumava dar, quando algo não saía como planejado. Os ares de seu novo apartamento deveriam estar lhe fazendo muito bem, concluiu Nancy.

Às dezoito horas em ponto, Marcos Depp entrou na classe e gostou do que viu à sua frente. Não havia nada além de cadeiras vazias. Nenhum aluno estava ali. Checou outra vez em sua pasta para se certificar se estava na sala de aula correta: "9º estágio/sala 13". Não havia dúvidas; ele estava no local certo.

Calmamente, pôs o material em cima da mesa, sentou-se, deu um gostoso bocejo e ficou ali tamborilando com os dedos, ao aguardo da chegada dos pupilos. Estava quase cochilando quando foi despertado por uma voz dizendo: "Excuse-me?*".

– *Sure,* pode entrar – apressou-se em dizer.

Ele ergueu os olhos e avistou uma nissei, magra, de não mais que um metro e sessenta de altura, cabelos e olhos pretos e a quem imediatamente apelidou de "Pimpolho".

– É esta a sala do nono estágio? – perguntou ela apressadinha e meio sem paciência.

– É, sim. Mas como vê, ninguém apareceu até agora. Qual é o seu nome?

– Cleuza Yoko Sarai.

– Sou Marcos, o professor de vocês. Você é nova na escola ou... veio de outra unidade?

– Vim da unidade Cidade Jardim. Infelizmente, eles lá não conseguiram formar o nono estágio para continuarmos. Também dos dez alunos do oitavo estágio, cinco foram reprovados e três não quiseram continuar a fazer o curso neste mesmo ano. Preferi vir para cá, quero terminar o curso o mais rápido possível e pegar meu certificado.

"Ah! O famoso certificado tão almejado por todos", confabulou Marcos com seus botões. Incrível como as pessoas davam importância àquele certificado sendo que ele não era reconhecido por nenhum órgão de ensino, servia apenas para comprovar que o aluno fez o curso, nada mais.

Resurgindo de seus pensamentos, Marcos perguntou:

---

*"Com licença", "Sure = Com certeza/ É lógico!/Claro!". (N. do A.)

– Quem era seu professor?

– Um tal de Knight.

– Ah, já ouvi falar. Ele é inglês, se não me engano, não?

– Não, é canadense, mas viveu praticamente a vida toda na Inglaterra. É *cricri*, chato e um tanto traiçoeiro. Imagine só reprovar cinco alunos da turma! E a meu ver não foi por motivos de incompetência, mas sim, por motivos pessoais.

Do lado de fora da classe ouviram-se os passos de alguém, subindo a escada com certa rapidez e, de repente, ouviu-se um barulho estranho, um gemido abafado e novamente um barulho, dessa vez mais forte como se alguma coisa tivesse se espatifado no chão. Marcos saltou da cadeira e correu para ver o que tinha acontecido. Chegando lá, avistou um rapaz caído ao chão, de quatro, tentando se levantar.

– Posso ajudar? – perguntou, enquanto descia em seu auxílio.

– Obrigado, não precisa, acho que pisei num de meus cadarços desamarrados.

O jovem passou a mão pelo joelho para tirar o amassado da calça e, em meio a risos, segredou:

– Mas é bom tomar um tombo de vez em quando, nos faz acordar!

– Tem certeza de que não se machucou? – insistiu Marcos olhando atentamente para o jovem.

– Sim. Estou bem. Só está doendo um pouco os joelhos, mas nada grave. Coisa de Marte em Capricórnio.

Marcos franziu a testa, considerando o jovem muito estranho. Deveria ter uns vinte anos, estatura mediana, cabelos pretos num corte que lhe caía muito bem, sobrancelhas cheias, nariz um tanto aquilino e peso na medida certa.

Os dois subiram até a sala. Ao chegarem diante da sala 13, o rapaz comentou:

– Esta é a minha classe!

– E, *by the way, I'm your teacher!** – apresentou-se Marcos.

---

*A propósito, sou seu professor. Em inglês no original. (N. do A.)

– *Nice to meet you!*(1) Eu sou Fábio, Fábio Augusto, e acho... não, tenho certeza de que estou atrasado para aula.

– *No problem...*(2) O primeiro dia é assim mesmo. Entre, só veio você e... – antes que Marcos pudesse completar o que dizia, a voz exaltada de Fábio Augusto o interrompeu:

– Cleuza! – exclamou feliz.

– *Hello,* Fábio – cumprimentou a moça sem a mesma empolgação.

Os dois sentaram-se e Marcos perguntou em inglês:

– Então vocês já se conhecem?

– Fizemos o sétimo e o oitavo estágios juntos na Cidade Jardim – respondeu Fábio Augusto apressadamente.

– Então você conseguiu escapar das garras do Knight?

– Ih! Nem me lembre... Aquele professor é louco. Pisciano é tudo igual. Você acredita que ele vendia sanduíches na classe?

– Não! – exclamou Marcos, perplexo.

– Sim, e ele vendia bastante. Acho que ganhava mais com a venda destes do que com as aulas propriamente falando. O mais engraçado é que parecia que dava mais atenção em sala de aula aos seus fregueses, sendo inclusive, menos exigente na correção de suas provas.

– Parecia, não! – retrucou Cleuza. – Ele realmente agia assim!

– Após percebermos isso – continuou Fábio –, quem não comprava suas guloseimas passou a comprá-las, ao menos no dia das provas, a fim de garantir boas notas. Até que eram muito gostosas...

Guloseimas?... De onde ele desenterrara aquela palavra?, perguntou-se Marcos em silêncio.

– É verdade. Ele fazia uns *biscuits*(3) deliciosos – admitiu Cleuza.

– Ah, se fosse aqui! – opinou Marcos. – Se nossa diretora Ana Lúcia ficasse sabendo, esse cara já estaria no olho da rua. Pelo que sei, isso não é permitido em hipótese alguma. Houve uma

---

(1)"Prazer em conhecê-lo!", (2)"Sem problema!", (3)"Biscoitinhos".

professora que começou a trazer coisas para vender e Ana ficou sabendo e quase a demitiu. Agora, também é sacanagem forçar os alunos a comprarem os sanduíches, ou melhor, "guloseimas", só para garantir boas notas. Jamais eu faria isso com meus alunos. Pelo visto há pessoas dispostas a qualquer coisa em troca de dinheiro.

– Isso é coisa de Peixes – explicou Fábio Augusto, bastante certo do que dizia.

– Isso é coisa do Brasil – retrucou Cleuza. – A situação aqui é tão periclitante que antes eu estava convicta de que o novo governo havia acertado no alvo do progresso para todos nós, hoje, já não sei... Tudo está me parecendo cada vez mais incerto e inseguro. Pessoas perdendo emprego, dinheiro preso nos bancos, não sei onde iremos parar...

A voz de Cleuza demonstrava verdadeira preocupação.

– Mas ainda pode dar certo, sou otimista – opinou Marcos que chegara até a rezar para o presidente eleito ganhar a eleição.

Marcos não era uma pessoa que desistia tão fácil das coisas, também era alguém difícil de admitir que poderia estar errado.

Política foi um bom tema para dar início à primeira aula do estágio*, cada um dava suas opiniões e possíveis soluções para uma melhora da economia do país.

Antes de deixarem a sala de aula, Fábio quis saber o signo do seu mais novo professor de inglês.

– Touro – respondeu Marcos, caprichando na pronúncia.

Fábio fez uma careta enigmática e, sem comentários, partiu.

IV

Quando Marcos se encontrou com Martha, sua irmã...

– *What about your new class?*** – perguntou ela, sorridente.

– Só vieram dois alunos – respondeu o irmão em meio a um bocejo.

---

*A conversa em sala de aula era obrigatoriamente feita em inglês, porém, aqui é transcrita em português, exceto algumas expressões e palavras mais conhecidas.
**"E quanto a sua nova classe?" Em inglês no original. (N. do A.)

– Isso é o que eu chamo de começar bem um novo estágio – riu ela. – O que você vai fazer agora?

– Tenho mais uma turma.

– Ah, é! Me esqueci por completo! Bom, tenho de ajudar Ana Lúcia nos preparativos da decoração para a festa de Halloween.

– Mas é só no final do mês!

– E será que você ainda não aprendeu que Ana Lúcia jamais deixa as coisas para a última hora?

– *Meus pêsames* – brincou Marcos, batendo em retirada.

Martha resolveu tomar um pouco de ar antes de ir enfrentar o "furacão", como apelidara mentalmente sua diretora.

Saiu da casa número 2 e caminhou pela pequena rua até a casa número 1 sem nenhuma pressa. A rua onde se localizavam os dois imóveis era agradável e bem vigiada, pois a escola mantinha seguranças ali. O clima era excepcional, já que ficava ao lado do Parque Ibirapuera. Para ela, era o melhor ponto de São Paulo. Ali se podia ao menos respirar ar puro, bem... quase puro.

Martha era muito parecida fisicamente com o irmão: seus cabelos também eram pretos, olhos castanhos e seus óculos tinham o mesmo tipo de armação, o que fez com que um dia, Ana Lúcia lhe perguntasse, se, às vezes, não se confundiam e pegavam os óculos um do outro por engano.

Era uma moça calma, bem reservada, de aparência singela e se vestia de maneira discreta. Depois de formada em advocacia numa das melhores faculdades do estado, preferira trabalhar como professora de inglês, porque... Bem, volta e meia, ela se fazia a mesma pergunta, por que mesmo? Nem ela se lembrava.

Martha atravessou a porta de entrada da casa 1 que dava para a recepção da escola, cumprimentou Nancy que lhe retribuiu com um sorriso, pois estava, como sempre, ocupada ao telefone e foi até a mini lanchonete que havia ali. Pediu uma xícara de café para a atendente e a bebeu com sutileza. Seria bom para fazê-la ter forças suficientes para aguentar o "furacão". Respirou fundo e partiu rumo

---

*Halloween = Festa do dia das bruxas. (N. do A.)

29

à sala dos professores que ficava ao lado da sala da diretoria, guardou seu material ali, ajeitou-se e só então seguiu para a diretoria.

Ao chegar lá, assustou-se ao ver Ana Lúcia, experimentando uma peruca loira. Após se recobrar do impacto, concordou consigo mesma que a diretora, de cabelos loiros, faria a noiva de Frankenstein parecer miss. Jamais havia admitido a hipótese de que as pessoas, ao mudarem a tonalidade de seus cabelos, pudessem ficar asquerosas, mas ali, bem à sua frente, estava um exemplo vivo disto.

Martha deu uma tossidinha a fim de avisar a diretora que já se encontrava ali a sua espera.

Ana Lúcia virou-se para ela como um raio e ao vê-la, gargalhou.

– Oh! Martha, eu estava experimentando esta peruca que achei aqui no meio da decoração do dia das bruxas e... – dando mais uma olhada no espelhou dependurado na parede – queria me ver como fico loira.

Martha teve a sensação de que, brevemente, veria Ana Lúcia de cabelos loiros. Evitando transparecer o cinismo na voz, ela disse:

– Ah... pensei que havia decidido usar uma peruca. Está em moda hoje em dia...

– Ah, sem dúvida, mas, não... – respondeu Ana Lúcia firmemente enquanto guardava a peruca, de modo um tanto estabanado, na caixa de decorações. – Não acho que fique bem para mim, meu marido não iria aprovar, quero dizer, usar peruca ou tingir meu cabelo de loiro. Se bem que, às vezes, me dá vontade... O que falta é coragem!

Nesse momento passou pela cabeça de Martha a visão da cara do marido de Ana Lúcia, ao vê-la, usando uma peruca loira. Conteve-se para não rir.

– Certas mulheres mudam a cor do cabelo uma, duas, três vezes por ano com a maior naturalidade, não sei como conseguem... – continuou a diretora no seu tom estridente. – Acho que terei de me contentar com os meus cabelos escuros pelo resto da vida!

As duas riram.

– E você, Martha? Já pensou em mudar a cor dos seus alguma vez?

– Nunca! – respondeu Martha, apressada e horrorizada só de se imaginar de cabelos loiros.

– Camila, minha irmã, é uma dessas mulheres que adoram mudar seu visual constantemente. Uma hora, tinge de loiro, noutra, de acaju, depois de castanho claro ou escuro e tudo com uma facilidade impressionante. Além disso, ela está sempre procurando usar roupas de cores exuberantes como roxo, lilás, e modelitos diferentes... O que mais me impressiona é que não importa o que ela vista, tudo sempre lhe cai bem. Ela tem um tremendo bom gosto...

– Há mulheres que têm este dom – opinou Martha.

– Dizem que estas alterações ajudam a não só levantar o astral de uma pessoa, como também influenciar positivamente em sua personalidade.

Martha concordou:

– Acho que isso é verdade, pois toda vez que me imagino mudando meu ritmo e estilo de vida, me vejo com outra aparência. Gostaria de mudá-la realmente, acho que sou muito conservadora em meu modo de vestir e até no agir. Gostaria de ser mais liberal, principalmente comigo mesma, mas... fui acostumada assim dentro de casa, sempre naquele modo conservador e agora fica muito difícil quebrar estes velhos padrões mentais. Acho que para isto seria necessário fazer um curso de neurolinguística*.

– Será que realmente isso funciona? – indagou Ana Lúcia, transparecendo dúvida.

– Dizem que, sim... Por falar em Camila, como vai ela?

– Muito bem, New York está lhe fazendo maravilhas.

– Você deve sentir muito a falta dela, hein?

---

*A Programação Neurolinguística (PNL) ajuda o indivíduo a entender melhor como o ser humano pensa, age e se comunica, para que seja capaz de identificar e aproveitar suas capacidades para alcançar com sucesso seus objetivos. Há muitos cursos e livros de grande sucesso sobre o tema. (N. do A.)

– Não imagina como! Camila é como uma filha para mim, *you know*... Quando mamãe morreu, ela era praticamente um bebê. Acabei, não porque o quisesse, tendo de assumir o papel de nossa mãe. Mas, tenho de aguentar; esta distância entre nós duas, afinal, não será eterna. A pós-graduação e a especialização terminarão em breve. O importante é que ela as termine, pois, profissionalmente lhe será extremamente compensador.

Ana Lúcia sorriu para si mesma, visualizando a irmã com o certificado na mão e acrescentou:

– Não é incrível a diversidade e qualidade de cursos que o exterior oferece? Lembro-me de que quando estudei lá, ficava fascinada com tantas opções.

– Eu imagino...

– Você nunca viajou para o exterior?

Martha fez que não, com a cabeça.

– Não?! Martha, você precisa ir, vale a pena qualquer esforço. Vá ao menos por uma semana, se bem que não é o suficiente, porque o bom mesmo é viver por lá, pelo menos, de um a três meses. Vou ficar pegando em seu pé para ver se você toma coragem e vai. Às vezes, precisamos de incentivo.

As duas continuaram batendo papo enquanto preparavam a decoração para a festa de Halloween. Foi assim que Martha teve novamente a impressão de que Ana Lúcia não era tão má pessoa, como todos na escola a pichavam. Uma pessoa na posição dela necessitava ser austera e extremamente meticulosa para que uma escola não se debandasse. Tudo bem que, às vezes, ela exagerava, entretanto, talvez esse fosse o único modo de ela saber administrar. Teve também a sensação de que por trás daquela couraça de ferro que Ana Lúcia exibia, no fundo havia uma mulher, muitas vezes, só e incompreendida.

Essa era Martha Depp, sempre procurando ver o melhor das pessoas, o que teria sido um dilema se tivesse exercido a carreira de

---

*"Você sabe..." Em Inglês no original. (N. do A.)

advogada. Talvez fosse esse um dos motivos que a fizeram optar por ser professora.

V

Uma hora depois, Martha e Marcos voltavam para casa, de carro, pela Radial Leste. O irmão estava esparramado no banco, agradecendo a Deus por aquele meio de locomoção.

– Hoje, depois que Ana Lúcia falou da Camila, sua irmã, que está fazendo pós-graduação em Nova York... – comentou Martha. – Sugeriu-me que eu conhecesse o exterior, disse que é uma maravilha, que faz maravilhas por nós. Você sabe que ainda sinto vontade de morar fora do país por uns tempos? Ainda me arrependo de não ter ido quando surgiu aquela oportunidade de fazer intercâmbio. Se papai e mamãe não tivessem feito tanta chantagem emocional...

Marcos deu uma franzidinha na testa e opinou:

– Martha, para morar no exterior é preciso grana...

– Eu sei, poderia juntar alguma, lá poderia *descolar* um emprego, a maioria das pessoas faz isso...

– Não sei, não, Martha. Você sabe quais são os tipos de trabalho que uma estrangeira geralmente arranja por lá... O de babá, por exemplo, não serviria para você que detesta crianças; o de empregada ou faxineira, idem, afinal, você não é chegada a lavar sequer um copo, quanto mais tirar um cisco do chão; o de garçonete, talvez, mesmo assim, não creio que aguentaria o *tranco,* que muito menos se sujeite a tal. Além disso, esses empregos são ilegais. Você corre o risco de ser pega pela Imigração e ser deportada do país, sem piedade. E tem mais, você é uma pessoa que gosta de conforto e se alguém quer conforto por lá, precisa ganhar muito dinheiro.

Pelos comentários que ouvi de quem já morou no exterior e fez este tipo de trabalho, os salários pagos por estes serviços não dão para comprar o conforto que você tanto preza. Portanto, acho melhor pensar bem, para não cometer uma tolice.

– É... Você tem razão, meu irmão – concordou Martha com um quê de desapontamento.

O exterior só é uma maravilha para a Ana Lúcia e a irmã dela porque ambas não precisam trabalhar para se sustentarem, lembre-se de que dinheiro não é problema para elas.

– É... Se não fosse essa bendita falta de dinheiro, tudo seria bem mais fácil. Acho que seria bom se eu acertasse na loteria ou noutro jogo qualquer, daí poderia fazer o que bem entendesse... Tomara que a sorte, um dia, venha bater a minha porta.

Marcos com uma guinada súbita de bom humor, sugeriu:

– E tomara que nesse dia você não esteja em casa para eu poder atender à porta.

Martha riu.

VI

A segunda aula do nono estágio se deu na quarta, 3 de outubro. Foi então que Marcos teve a oportunidade de conhecer todos os alunos e, assim, começar as aulas no seu ritmo normal. Ele já conhecia quatro deles, Luiz, Carla, Kátia e Patrícia, havia sido o professor deles no terceiro estágio.

Como de costume, iniciou, falando um pouco de si mesmo:

– Para os que ainda não me conhecem, meu nome é Marcos Depp, sou professor desta escola há quase dez anos, o que significa que... – ele baixou a voz – aturo a diretora por todo este tempo.

Todos caíram na risada.

– Ela é tão chata assim, é? – perguntou Fábio Augusto, curioso.

– Não é que ela seja chata – explicou Marcos com ponderação. – Na verdade, exerce seu papel de diretora com profundo empenho, no que está muito certa. O problema é ouvi-la falar, sua voz é muito aguda, chega a perfurar os tímpanos como se fossem lâminas... Fala tão alto e conversa com você a um palmo de distância, que dá vontade de andar pela escola com algodões nos ouvidos.

Todos riram mais uma vez.

Carla, percebendo que Caíne não compreendera o que Marcos dissera em inglês*, aproximou-se de seu ouvido e traduziu o que havia sido dito. Só então Caíne achou graça.

– Minha irmã, Martha, também é professora aqui – continuou Marcos, animado. – É advogada, mas optou por ser professora, não me perguntem o porquê... Uns dizem que ela é a cara da Velma do Scooby Doo.

Novos risos.

– Eu, particularmente, adoro ufologia. Venho estudando o assunto já há algum tempo, participo de palestras, inclusive já tirei uma foto do que parece ser um disco voador.

Todos o olharam surpresos. Marcos abriu sua pasta e de lá tirou a foto em questão e passou aos alunos.

– Esta foto foi tirada quando fiz uma viagem ao Mato Grosso – explicou. – Havia parado no acostamento de uma estrada para fotografar uma paisagem que me chamou atenção. Naquele momento não notei absolutamente nada no céu. Foi só quando a foto foi revelada que percebi esse estranho ponto acinzentado que vocês veem aí entre as nuvens.

Para me certificar se isto seria um cisco qualquer que estivesse na lente na hora de bater a foto, enviei-a para um laboratório especializado para ser analisada e foi constatado que realmente era algo que estava no céu naquele momento.

Até mesmo Patrícia, Luiz, Carla e Kátia que já haviam visto a foto a olharam novamente com admiração. Principalmente Carla. Caíne, por sua vez, olhou-a com certa desconfiança. Marcos percebeu seu ceticismo. Percebeu também que Cleuza não se convencera muito de sua autenticidade.

Após isto, Marcos deu espaço para cada aluno se apresentar aos colegas da classe.

---

*Lembrando o leitor, mais uma vez, que tudo que era dito em sala de aula era feito em inglês. ** Velma é uma das personagens do famoso desenho animado de Hanna-Barbera chamado Scooby Doo (N. A.)

Cleuza foi a primeira.

– Meu nome é Cleuza Yoko, faço Letras na USP e trabalho como secretária em uma empresa de exportação e importação no período da tarde. Gosto muito de ouvir música e de praticar meu inglês em conversas... *That's all!*(1)

Em seguida, quem se apresentou foi um moço de aparência um tanto anêmica, magro, de óculos redondinhos, cabelos castanhos e encaracolados, pele clara e um aspecto sério que foi quebrado assim que começou a falar.

– Meu nome é Luiz Collombus. Já tive a oportunidade de ter Marcos como meu professor... Sou engenheiro, trabalho em uma multinacional já há alguns anos, meu esporte favorito é tênis, e sempre que posso o pratico. Gosto muito de ler e sempre que encontro um tempo de folga, mergulho numa boa leitura. Ah! Também gosto do U2.

Todos sorriram para ele.

Em seguida, foi a vez de uma moça de voz rouca, corpo ereto, cabelos cacheados (que mais pareciam resultados de uma permanente mal sucedida) se apresentar. Seus olhos, pretos como duas bolas de gude, quando fixavam em alguém, conseguiam paralisar, amedrontar, desconcertar e fazê-la sentir-se como se estivesse sendo interrogada por militares durante a ditadura no Brasil.

Ela fumava com a maior naturalidade possível, ignorando, na *cara dura,* a placa de aviso "Don´t smoke, please"(2). Após prejudicar seus pulmões com mais uma tragada, disse finalmente:

– Meu nome é Patrícia Neves de Abreu. Sou recém-formada em turismo. Meu passatempo favorito é ouvir música e ler bons livros. Adoro ficção científica e romance policial. É claro que, sempre que posso, vou ao cinema. Adoro ver bons filmes.

Marcos percebeu que ela olhava fixamente para Fábio Augusto que estava ficando extremamente incomodado com aquilo.

Patrícia deu mais uma tragada e inclinando-se para frente, ainda fixando os olhos no rapaz, completou:

(1)"É tudo!" (2)"Não fume, por favor!"(N. do A.)

– O que acho mais fascinante nessa vida é observar as pessoas, tentar descobrir o que se passa em suas mentes, aquilo que não revelam a ninguém... Por isso minha mãe sempre me diz que eu deveria ter feito psicologia em vez de Turismo, *well,* quem sabe, um dia...

Carla Gapello apresentou-se a seguir:

– Bom, estou no último ano da faculdade de turismo na USP. Tenho a intenção de morar uns tempos na Itália, mas... – ela segurou as palavras, deu uma olhada para Caíne que estava à sua esquerda e prosseguiu – ...talvez a paixão me segure por aqui.

Nesse momento, Marcos teve a impressão de que Cleuza havia sido despertada de um transe.

Carla continuou:

– Meu hobby favorito é colecionar matérias, fotos, discos e CDs do U2 de quem sou fã ardorosa. Devido à vontade de querer aprender a cantar todas as letras de suas músicas e querer entender seus significados, meu inglês melhorou consideravelmente. Bem... *That´s all, Folks!**Ah! Ia me esquecendo! Também já fui aluna de Marcos e sou amiga do Luiz desde que me conheço por gente e de Kátia e Patrícia desde o primeiro estágio da What's Up!

Caíne foi o próximo a falar. Estava com uma aparência mais saudável que o normal, talvez devido ao bronzeado na pele que indicava que havia passado boas horas à beira de uma piscina, tomando banho de sol. Deu um sorriso meio sem graça, parecia um tanto inseguro quanto ao seu inglês.

– Bom... Eu vim do interior de São Paulo... – começou ele com um inglês entrecortado – sou dono de uma farmácia, moro na capital há pouco tempo. A princípio... pensei... até que não iria me acostumar com o clima e com o povo da cidade, pois dizem que o paulistano é muito frio, mas, até o momento todos têm se mostrado gentis e calorosos, assim como minha namorada que se encontra aqui ao meu lado.

---

*"É tudo, pessoal!"(N. do A.)

Caíne dirigiu os olhos para Carla e lhe deu uma piscadela. Só, então, prosseguiu:

– A coisa que mais gosto de fazer nas minhas horas de folga é tocar bateria.

– *That´s interesting!(1)* Que *hobby* diferente – exclamou Marcos atento ao fato de que o aluno o lembrava alguém, mas até o momento não sabia quem.

– Eu gosto de tocar batera(2) há muito... muito tempo – continuou Caíne ainda se atropelando com as palavras. – Duro é aguentar as reclamações dos vizinhos... É, tenho que admitir que ter um vizinho baterista não é lá um presente dos deuses. No início pensei até em aprender guitarra, baixo, já que eram menos barulhentos e mais fáceis de levá-los para qualquer lugar, mas, descobri que nada substituía o prazer que eu sinto ao tocar uma *batera*.

Sendo assim, o jeito foi revestir meu quarto à prova de som. Depois que me mudei para São Paulo, tive de fazer o mesmo no apê onde estou morando para poder continuar a tocá-la, a fim de evitar que o som vaze e... ocorram reclamações indesejáveis e a visita da polícia.

Todos acharam graça.

– Cruzes! Eu é que não queria ter você como meu vizinho! – exclamou Patrícia, demonstrando repugnância por meio de uma careta.

– Mas o som não vaza! – defendeu-se Caíne.

Marcos percebeu que não só ele, mas a maioria dos presentes na sala havia percebido a dificuldade de Caíne com o inglês. As palavras, além de mal pronunciadas, estavam gramaticalmente incorretas na construção da frase. Deveria ser nervosismo, pensou ele.

– Caíne... – comentou Fábio Augusto, pensativo. – É a primeira vez que ouço este nome...

---

(1)"Interessante!" (2) É como também os músicos chamam o instrumento musical bateria. (N. do A.)

– Isto é coisa da minha avó – explicou o rapaz. – Queria porque queria que o neto tivesse este nome... Era o nome de um personagem de um de seus livros favoritos... Como ela estava muito doente quando eu nasci, minha mãe resolveu realizar seu desejo para agradá-la.

Fábio assentiu enquanto Marcos continuava se perguntando com quem Caíne parecia.

A próxima aluna a falar foi uma nissei, de pele morena, cabelos negros, com um jeitinho bem reservado. Ao falar, usava um tom de voz baixo e tinha um pouco do sotaque do interior paulista.

– Meu nome é Kátia Homa. Também sou recém-formada em Turismo. Gosto muito de estudar a língua Inglesa e por isso, empenho-me ao máximo para aprendê-la. Quero no futuro estudar outras línguas, quem sabe o francês ou o italiano. Acho São Paulo um lugar muito louco para se viver, prefiro os lugares tranquilos; nada melhor do que paz e ar puro do interior. Sempre que possível, passo os fins de semana por lá para refrescar a cabeça. Só moro aqui nesta cidade por causa da oportunidade de trabalho, senão...

Depois de uma breve pausa, como se estivesse consultando a memória, para ver se ainda teria algo mais a dizer, ela finalizou:

– *That´s all!*

Fábio Augusto falou a seguir. Estava visivelmente incomodado com o olhar descarado de Patrícia sobre ele. "Por que será que ela me olha desse jeito?", perguntava-se, irritado. "Até parece uma águia faminta".

Se não fosse um defensor dos animais, não pensaria duas vezes em pegar uma espingarda e dar cabo daquela ave. Teria imenso prazer em ver suas penas flutuarem no ar após o tiro certeiro.

– Meu nome é Fábio Augusto Barbera. Venho da unidade da Cidade Jardim, onde tive a oportunidade de estudar com a Cleuza...

Ele lançou um olhar para a moça que lhe sorriu amarelo.

– Meu passatempo predileto é ouvir música, assistir à televisão e ler livros, principalmente romances policiais.

Patrícia, sorrindo, comentou sensualizando a voz:

– Temos algo em comum, *my darling!**

Fábio endereçou a ela o mesmo sorriso amarelo que havia recebido de Cleuza. "Ai, se eu tivesse uma pistola aqui!", pensou, prensando os dentes.

– Enfim – continuou, amaciando a voz –, gosto de fazer coisas comuns como todo mundo... tal como estudar astrologia.

A revelação despertou o interesse dos colegas de classe.

– A propósito, qual é seu signo? – perguntou Fábio para Patrícia e depois para os demais.

Descobriu-se, então, que Patrícia, Carla e Kátia eram de Sagitário; Luiz de Virgem e Caíne de Leão. Patrícia mencionou que iria querer saber detalhes sobre seu signo mais tarde. E assim a aula começou.

VII

Após a aula de sexta feira, 5 de outubro, Marcos convidou todos para irem a uma pizzaria, que ficava na própria Brigadeiro Luiz Antônio, a uma quadra da escola. Martha e Nancy Murdov, a secretária da escola, também juntaram-se a eles.

O lema era procurar falar somente em inglês. O único que não parecia muito a fim de cumprir o trato era Caíne, que, volta e meia, atropelava as palavras, perdia a paciência e completava o que estava dizendo em português mesmo. Talvez estivesse sentindo dificuldades com a língua, por falta de traquejo, prática, ficara enferrujado com o tempo!, pensou Marcos. Talvez fosse a famosa "vergonha" que o estivesse impedindo de deixar fluir o seu inglês!

Um inglês que com certeza deveria ser muito bom; caso contrário, Ana Lúcia não o teria posto naquele estágio, a não ser que estivesse querendo terminar o ano, mostrando a todos, mais uma vez, que sua unidade fora a que mais atraíra alunos e obtivera o maior lucro do ano dentre todas.

Teria ela chegado ao ponto de se fazer de surda para garantir sua vitória anual?

---

* "Meu querido(a)!" (N. do A.)

Foi na quarta aula que Marcos sugeriu a todos fazer um Amigo Secreto, ou Amigo Oculto, como também é conhecido, para ser revelado na última aula do curso.

A sugestão foi aceita por todos com empolgação, exceto por Cleuza, observou Marcos, cuja expressão facial revelou total desagrado com aquilo.

– Não acha que é muito cedo para tirarmos os papéis? – interveio Caíne.

Marcos foi rápido na explicação:

– Sorteamos o Amigo Secreto com bastante antecedência para podermos trocar recadinhos.

Caíne pareceu não entender. Marcos explicou:

– Vamos supor que você tirou o Luiz, mas no dia da troca de recadinhos, que ocorrerá uma vez por semana, você poderá enviar um ou mais bilhetes, não só para ele, seu amigo secreto, mas também para qualquer um dos participantes, ou para todos, se preferir. Você decide. Deve assiná-los com um apelido ou mais, quantos quiser, que só serão revelados no final. Antes, porém, cada um vai tentar adivinhar qual era o apelido ou apelidos que cada um usou. Tornando assim, a brincadeira mais intrigante e confusa, o que ajuda muito a todos a praticar o inglês de uma forma divertida.

Caíne achou graça, nunca havia participado de um Amigo Secreto daquele modo.

Marcos fez uma exigência: que todos os recadinhos deveriam ser escritos em inglês.

Com o consentimento de todos, Marcos convidou Martha e Nancy para participarem da brincadeira.

– Quanto mais gente melhor – alegou.

Patrícia fez questão de escrever os nomes dos participantes nos papeizinhos para serem sorteados. Assim que terminou, dobrou um a um, pôs todos na palma de sua mão, juntou com a outra, apertando-as ligeiramente. Chacoalhou com o propósito de misturar bem os papéis e, finalmente, cada um tirou o seu papelzinho.

Marcos, que gostava de observar tudo e todos, ficou atento ao rosto de cada um, ao ler o nome de seu Amigo Secreto. Foi difícil fazer uma análise da reação que tiveram, mas todos demonstraram contentamento, visto que já estavam se relacionando muito bem uns com os outros.

O sinal tocou e Patrícia saiu com Kátia em busca de Nancy, para que ela tirasse o papelzinho dela. Pelo caminho encontraram Martha que aproveitou e também tirou o seu.

– Só falta elas tirarem elas mesmas! – murmurou Patrícia para Kátia. – Então teremos de sortear tudo outra vez!

Mas isto não aconteceu.

A primeira troca de bilhetes foi marcada por Marcos para a quarta-feira seguinte, uma vez que a próxima sexta seria feriado. Foi sugerido também que a leitura dos bilhetes fosse feita na pizzaria, a uma quadra da escola o que todos aprovaram de imediato.

Nancy se ofereceu para levar uma caixa de sapato onde todos depositariam seus bilhetes, para depois serem distribuídos. E assim foi feito. No dia combinado, todos levaram bilhetinhos que foram depositados na referida caixa.

Ao término da aula, conforme sugerido, todos foram à pizzaria onde um dos participantes entregou os bilhetes para cada destinatário. Após todos terem sido distribuídos, cada um teve de ler em voz alta, todos os recebidos, o que era muito divertido, pois cada recadinho trazia uma gozação melhor que a outra, e os apelidos eram magníficos, desde *"Asshole"*, *"Mr. Fussy"*, *"Bullshit Company"*, *"Dick"*, *"Little Black Curly Hair"* e outros mais. Todos tiveram uma noite diferente e bastante agradável.

Marcos percebeu que aquela turma era, sem dúvida, a que lhe dava mais prazer em lecionar.

VIII

Certo dia, ao ouvir Fábio Augusto falando sobre signos, Ana Lúcia quis tirar informações sobre o dela. Foi assim que os dois se tornaram grandes amigos, batendo longos papos toda vez que se encontravam pela escola. Caíne e Luiz viviam a tirar sarro do rapaz, verificando se em seus ouvidos não havia algodão, já que vivia grudado com a tal "Alto-falante", como Luiz havia apelidado a diretora.

Foi no dia 26 de outubro, quando se deu a terceira troca de recadinhos entre os participantes do Amigo Secreto, que algo estranho aconteceu.

Como de costume, após a aula, todos se reuniram num local para a distribuição, desta vez numa choperia. Um deles chacoalhou a caixa onde os bilhetes haviam sido depositados, a fim de que se misturassem e depois foi entregando um a um para cada destinatário.

Nesse dia, Carla recebeu três, Marcos, oito, Luiz, cinco, Fábio, dez, sendo que dos dez, oito tinham a mesma letra e sua intuição disse que todos haviam sido enviados pela mulher águia, Patrícia.

Cada um foi lendo os bilhetes que recebeu como ditava a regra da brincadeira. Era riso para todo lado, pois eram escritos com muito bom humor.

Foi quando Caíne foi ler os seus, que algo surpreendente aconteceu. Seu rosto se tornou sério diante do primeiro bilhete que abriu e leu em silêncio. Todos riram da sua expressão, pensaram que estivesse brincando.

– Leia! Leia! Leia! – berraram, animadamente.

– Não pode deixar de ler nenhum, Caíne – lembrou Patrícia, lançando um rápido olhar malicioso para Fábio. – Ainda que seja extremamente picante tem de lê-lo!

A expressão de Caíne continuou a mesma, parecia pouco à vontade.

Todos recomeçaram a gritar: Leia! Leia!

– Hei, estamos esperando! – berrou Patrícia.

Com certa dificuldade o moço finalmente leu em voz alta para todos ouvirem:

– Você vai morrer!

Os risos se dissiparam.

43

– *What's that?*(1) – estranhou Marcos. – *What about the message?*(2)

– É isso o que está escrito – respondeu Caíne, um tanto sem graça.

– Ah! Eu não acredito – exaltou-se Patrícia, arrancando como um raio o bilhete das mãos do rapaz.

Suas sobrancelhas arquearam, ao ler o que estava escrito ali.

– Deixe-me ver... – pediu Kátia. – Gente! É verdade! Vejam todos! Mas que brincadeira de mau gosto!

Nisso ouviu-se um estrondo, que fez com que a maioria dos integrantes da mesa tivessem um baita susto. Um garçom havia derrubado uma bandeja cheia de pratos.

– Foi só um lenço que caiu – brincou Luiz corado até a raiz dos cabelos.

Todos ali quiseram dar uma olhada no estranho bilhete que Caíne havia recebido. Uns, com cara de perplexidade, outros, com cara de cinismo e Fábio Augusto, achando aquilo o máximo como um tema para iniciar um romance policial.

– Obrigado pela mensagem sinistra – agradeceu Caíne em tom de zombaria. – Seja quem for, vou dar o troco, esperem só!

Falou em português mesmo.

Carla sentiu que no íntimo, ele não havia gostado da brincadeira.

– Parece que o autor do bilhete tentou não ser esquecido deste Amigo Secreto – opinou o moço – e, pelo visto, conseguiu atingir seu objetivo; todos irão se lembrar deste recadinho para sempre!

Todos riram exageradamente novamente devido ao efeito de vários copos de chope e um certo constrangimento.

– Uma salva de palmas para o autor do recado mais criativo desse Amigo Secreto, minha gente! – sugeriu Luiz, elevando a voz.

---

(1)"O quê?!" (2)"E quanto a mensagem?" (N. do A.)

Todos riram e bateram palmas. Nenhum dos bilhetes foi tão criativo quanto aquele que Caíne recebera. Embora ele tivesse levado o bilhete em tom de brincadeira, Carla notou que alguma coisa nele havia mudado, uma leve tensão transparecia em seu semblante o que a deixou intrigada.

IX

Dia seguinte, por volta das 18h30, o telefone tocou na casa de Cleuza Yoko que saía de seu quarto e num berro alertou a mãe que ela mesma atenderia a ligação. A mãe, que já estava a caminho, voltou, resmungando algo em japonês.

Cleuza agarrou o aparelho, e, logo após dizer "alô" reconheceu de imediato o dono da voz do outro lado da linha. O desânimo se estampou em seu rosto.

– Ah... é você... Tudo bom? – sua voz demonstrava total desinteresse. – É, não vai dar, viu, estou em época de prova, está muito puxado... Sim, estou ocupada agora... eu agradeço; depois a gente se fala...

E, assim, Cleuza bateu o telefone no gancho, exclamando em voz alta:

– Ai, essa Besta Careca não me deixa em paz, que ódio!

Besta Careca era o apelido que ela havia posto no seu patrão, um cara bem mais velho do que ela que vivia querendo namorá-la.

Assim que se dirigia para o quarto, o telefone tocou outra vez.

– Se for a Besta Careca novamente, eu me mato! – berrou.

Atendeu a ligação, dessa vez, com um seco "Alô!", mas imediatamente constatou tratar-se de outra pessoa, uma voz bastante familiar.

– Tudo bem? – disse ela, num tom completamente diferente de voz, desta vez, bem suave.

– Estou ligando para saber como você está – disse a voz do outro lado da linha.

– Bem. E você?

– Muito trabalho, sabe como é, se queremos dinheiro, temos de trabalhar muito, viver de olhos abertos para ninguém passar a perna na gente, enfim... Tenho uma péssima notícia para lhe dar.

Antes que Cleuza pudesse dizer alguma coisa, a voz bem conhecida de Caíne continuou:

– Não vamos poder sair hoje, como havíamos combinado. Eu...

– Como, não? – explodiu ela. – Eu já estou cansada de fazer o papel da outra, de ficar sempre para trás em tudo. Para mim chega, Caíne! Se você me quer, tem de largar dela o quanto antes, e... dou-lhe até amanhã... somente até amanhã para você decidir de vez se fica com ela ou comigo!

– Você precisa me dar mais um tempo, meu amor, a gente não acaba um namoro assim de uma hora para outra e, mesmo que eu termine com a Carla, não poderemos aparecer juntos assim de imediato... Vai ficar muito chato. Ainda mais nós três estudando na mesma classe da What's up! Tenha só mais um pouco de paciência, espere ao menos o curso acabar, é só mais um mês e a gente... Eu prometo que termino com ela.

– Você disse mais um mês?! – irritou-se Cleuza, novamente.

– Você pensa que é fácil, Caíne?! Eu acho... Acho não, por que quem acha, não acha nada, que você não gosta de mim; devo ser mais uma das suas tantas outras. Eu não vou esperar. Se me quer, eu lhe dou o prazo para terminar com Carla até amanhã... Amanhã à tarde e nada mais!

– Não seja turrona, meu amor. Você vai mudar de ideia. Escute, amanhã a gente poderia repetir a dose naquele motel da semana passada, hein, o que acha?

– Vá pro inferno! – berrou Cleuza, batendo com tudo o telefone no gancho.

Por um minuto, ela permaneceu ali na esperança de que o aparelho fosse tocar novamente, o que não aconteceu. Diante do estado da filha, a mãe foi até ela saber o que havia acontecido.

Aproximou-se com cautela da jovem e deu uma leve tossidinha para anunciar sua presença ali:

– Algum problema, filha?

– Não! – respondeu Cleuza, secamente.

– O jantar já está pronto.

– Não quero comer agora.

– Mas vai esfriar.

– Depois eu esquento!

Cleuza correu para o seu quarto e se fechou lá, batendo violentamente a porta ao adentrar o recinto.

A mãe comentou baixinho, consigo mesma:

– Caíne, hein? Então, esse é o nome do rapaz por quem ela anda apaixonada... Mas que nome diferente, hein?

X

A festa de Halloween se deu na quarta seguinte, 31 de outubro. Estava divertidíssima, mas teria sido bem mais se Ana Lúcia tivesse aparecido com a peruca loira, sobre a qual Martha contara a todos.

Fábio Augusto era uma pessoa que, como se costumava dizer, vivia com a antena ligada, e ele estava mais atento do que nunca naquele dia, onde ouviu conversas fúteis e interessantes ao mesmo tempo.

As pessoas estavam distribuídas pelo pequeno salão em grupos de todos os tipos de idade, entre eles, havia casaizinhos de namorados.

Patrícia estava conversando animadamente com Kátia, Luiz, Marcos e Martha. Só ela falava e ria ao mesmo tempo. Carla e Caíne se incluíram no grupo.

– Que mentira você está contando para eles, Patrícia? – perguntou Caíne, com fala mole, visivelmente embriagado.

– Estou lhes contando uma piada, mas não me peça para reiniciá-la, pois já fiz isto três vezes – respondeu a moça secamente e terminou a que contava.

Todos riram, exceto Caíne, que após sorver um pouco mais da vodca com gelo e limão, disse:

47

– Pois eu tenho algo muito melhor para contar para vocês do que a sua piada. É uma história real e de arrepiar!

Patrícia olhou-o indignada pelo fato de ele tê-la interrompido sem a menor cerimônia.

– Meu bem, acho melhor você parar de beber – alertou Carla, verdadeiramente preocupada com o estado do namorado.

– Que nada, meu amor – reagiu ele –, jamais devemos deixar de aproveitar um minuto sequer de nossa vida, vai que no outro dia morremos e aí...

– Ai, que horror! – exclamou Kátia. --- Que ideia!

Caíne, inconveniente como nunca, continuou:

– É a história de uma moça que se tornou amante de um dos caras mais respeitáveis de uma cidade do interior, e o pior é que ela era amicíssima da mulher do cara, vejam só vocês! A esposa descobriu tudo, ouvindo um telefonema pela extensão e coitada da amante, dizem que de vingança a mulher contratou dois homens para fazer um sequestro relâmpago da amante, ex-amiga, mui amiga e levaram-na para uma fazenda de gado onde forçaram-na a comer... – ele parou e riu – cocô de vaca.

Todos exclamaram "Yeca!!!". Carla sentiu até náusea. Patrícia engoliu em seco.

– É verdade! – afirmou Caíne, rindo e trançando as pernas.

– A que ponto chega uma vingança, hein? – disse Martha.

– Mas também, por que ela tinha de se meter à besta com o marido da outra? Além de tudo era sua melhor amiga! – opinou Luiz.

– O marido também deveria ter comido a tal... yeca – opinou Carla –, pois ele também é culpado na história, poderia ter evitado a aproximação da moça e contado à esposa. Mas não! Homens são todos iguais, nenhum presta!

– Eu presto! – protestou Luiz. – Não se esqueça de que foi a amiga da esposa do cara quem começou com tudo isso! Então quem não presta é a mulher!

– Ah, que gracinha ele... – caçoaram Carla, Martha e Patrícia ao mesmo tempo.

– Você sabe se foi ela quem começou? Pode ter sido muito bem ele – argumentou Carla, levemente enfurecida.

– Vocês só querem ver o lado de vocês, não? – revidou Luiz, fingindo-se de machista. – Mulher é sempre a coitadinha...

Marcos notou que Caíne de tão embriagado que estava, a qualquer segundo, cairia ao chão e que os olhos de Cleuza que se encontrava a poucos metros deles, volta e meia, cruzavam com os dele.

Num tom de voz ainda mais mole, o moço embriagado voltou a falar:

– E... sabem o que é o mais engraçado em toda esta história? A tal amante não só se chamava Patrícia, mas era também a cara da Patrícia!

Todos riram. Patrícia não pareceu gostar muito da indireta.

Carla, percebendo o estado crítico de Caíne, fez um sinal discreto para o Luiz ajudá-la a levar Caíne para fora do salão.

O rapaz atendeu seu pedido prontamente como faz um cão domesticado. Enquanto o encaminhavam para fora, Caíne, rindo, repetia:

– O nome dela era Patrícia, Patrícia, ouviram? E era a cara da Patrícia!

Marcos a fim de melhorar o clima entre todos voltou-se para a aluna e sugeriu:

– Bom... Podemos retornar as piadas agora, Patrícia?

– Não! – respondeu ela, secamente. – Perdi totalmente o pique para contar piadas. Vou procurar uma bebida.

XI

Minutos depois, em outro canto do salão, Cleuza estava conversando com Fábio Augusto.

– Você não tem cara de quem gosta de solidão – dizia o rapaz – e, segundo o seu signo, isso é a última coisa que ele deseja. Aquário gosta de agito, aventura, amigos...

– É, pode ser... – respondeu ela por responder. – Mas meu ascendente é Touro e você sabe, Touro é mais assentado.

– Depende. Conheço taurinos que quando resolveram se assentar, sentaram-se numa flor onde havia uma abelha extraindo pólen e... levaram uma ferroada daquelas que nunca mais os permitiu se acomodar outra vez.

Cleuza deu um sorrisinho amarelo e perguntou:

– Você é capaz de olhar para uma pessoa que nunca encontrou antes e dizer qual é o signo dela e acertar?

– Às vezes, sim. Às vezes, acerto o ascendente dela, mas erro o signo; outras, o contrário. Varia.

– E quando uma pessoa não tem certeza da hora em que nasceu, é possível, mesmo assim, descobrir o seu ascendente?

– Às vezes dá, outras, não. O Marcos, por exemplo, não sabe exatamente a hora em que nasceu; segundo seus pais a hora que consta na certidão de seu nascimento está errada, mas também não soubera dizer com precisão a hora certa, somente que foi entre 17h e 17h40. Neste caso o ascendente dele pode ser Escorpião ou Libra. O duro é que ora ele age como Escorpião, ora como Libra... Acho mesmo que o ascendente do Marcos caiu na cúspide.

– Cúspide? – para Cleuza aquilo era grego.

– É quando o horário de nascimento de uma pessoa pega a passagem de um signo para o outro. É o caso do Luiz, por exemplo; seu signo é Virgem, mas seu ascendente é Câncer com Leão, porque caiu na cúspide.

– Ah, é? E como fica então? Quero dizer, quando uma pessoa tem dois ascendentes?

– Neste caso a pessoa terá características dos dois signos.

O olhar de Cleuza ainda se mantinha atento à porta, esperando que Caíne retornasse. Como ele estava demorando, ela começou a

50

ficar nervosa. Mas Fábio nem se deu conta do estado emocional da colega.

– Por que muitas vezes pessoas do mesmo signo são tão diferentes?

– Exatamente por causa do ascendente delas. Carla, por exemplo, é Sagitário, com ascendente em Sagitário; Kátia, Sagitário com ascendente em Câncer e, Patrícia, Sagitário com ascendente em Touro, o que é bem fácil de perceber, pois ela fala mais que a boca.

– O que você quer dizer com isso? Meu ascendente é Touro e eu não falo mais que a boca – defendeu-se Cleuza.

Sem dar atenção ao comentário, Fábio Augusto continuou:

– A posição da Lua no mapa astral também influencia nestas diferenças.

Ao avistar Nancy ao longe, Fábio comentou:

– Ah! Você sabia que a Nancy tem ascendente em Aquário?

– Sei, e daí?!

– É curioso observar como os aquarianos gostam de estar sempre em companhia de outros aquarianos, mesmo os que possuem somente o ascendente em aquário. A Nancy e a Ana Lúcia são um bom exemplo disso. Ambas têm ascendente em Aquário, por isso, estão sempre de segredinhos. Acho que Aquário só consegue colo quando está junto de outro aquariano. E com você, é assim?

Sem ouvir a pergunta de Fábio, Cleuza perguntou:

– Qual é, afinal, o signo da Ana Lúcia?

– Ana Lúcia?! Ela é de Escorpião.

– Dizem que este signo é fogo, não?! Vingativo...

– É a fama! – respondeu Fábio e neste momento deu uma olhadela pelo salão. – *Cadê* a Carla? Não a vejo.

– Ela deve estar lá fora. Foi com o Luiz levar o Caíne para tomar um pouco de ar. O coitado mal conseguia parar em pé. Está *travado*.

– Talvez não esteja assim, por causa da bebida... – murmurou Fábio, com um olhar malicioso.

51

– Como, assim? – Cleuza empertigou-se.

– Talvez alguém tenha posto veneno em seu copo, para matá-lo. Lembra-se do bilhete que ele recebeu na última sexta-feira?

– Bilhete? Ah, sim! Só você mesmo para se lembrar daquilo num momento desses. Que imaginação, meu Deus!

– Pode ser, não pode? – indagou Fábio, com certo prazer na voz.

– Nós vivemos em São Paulo, meu caro Fábio, não na Inglaterra, na época de Sherlock Holmes.

– Eu sei, por isso vivemos nesse tédio sem fim. Se vivêssemos em meio a assassinatos e aventuras, a vida, tenho certeza, seria menos *boring.**

– *Boring...* Epa! Lá vem o Luiz.

Luiz juntou-se a eles.

– *Cadê* o Caíne? – perguntou Fábio.

– Eu e Carla tivemos de levá-lo para seu apartamento. O cara bebeu muito. Ele disse que preferia se deitar e que amanhã já estaria restabelecido.

– Nossa! Não sabia que ele bebia assim – disse Cleuza pensando alto, como se tivesse esquecido por uns segundos as pessoas ao seu redor.

– Nem eu – acrescentou Fábio, observando com curiosidade o rosto da nissei a sua frente que baixou a cabeça ao notá-lo.

Marcos e Martha ouviram atentamente mais uma piada de Patrícia que resolvera contá-las após muita insistência de Marcos. Ao terminar, Patrícia ficou quieta; neste momento, Ana Lúcia se uniu a eles. Seu traje de Bruxa estava impecável, a maquiagem era primorosa, como se fosse feita para atuar num filme de terror, produzido em Hollywood. O marido não ficava atrás, caracterizado de Vampiro, os dois pareciam ter retornado dos reinos dos mortos.

Luiz, de longe, reparava no casal. Segundos depois, indagava a Cleuza e Fábio que estavam ao seu lado:

---

*Entediante. (N. do A.)

– Como será que ele a aguenta, hein?

Os dois acharam graça.

– Você já imaginou quando Ana Lúcia se irrita com o marido? Coitado. Deve furar-lhe os tímpanos com sua voz irritante. Dizem que a voz dela é tão estridente que consegue atravessar as paredes do LAB e olha que o lugar é à prova de som, nem o barulho do trânsito da Avenida Brigadeiro Luiz Antônio consegue vazar ali. É de uma mulher como Ana Lúcia que todo homem precisa, só assim, garantimos que nossa cabeça fique sem galhos. Afinal, quem vai querer uma mulher autoritária e de voz estridente como a dela?

Cleuza notou que Luiz também estava bastante alto.

– Não está bebendo, Cleuza? – perguntou ele, subitamente.

– Não sou de beber muito e também estou tomando certos remédios, os quais não podem se misturar com bebida alcoólica.

– Um conhecido de meu pai costumava tomar aspirina com uma dose de uísque para dor de cabeça e nunca teve problemas. Acredita?

Nisso, Ana Lúcia e o marido juntaram-se a eles.

Ana apresentou Fábio Augusto ao marido.

– Este é o Fábio de quem lhe falei, querido. Um *expert* em astrologia!

Fábio se envaideceu todo.

– Já que nos encontramos, meu caro... – disse o marido de Ana. – O que diz do meu signo?

– *Qual é? – perguntou Fábio.*

– Adivinhe – desafiou o homem, já se sentindo diante de um charlatão.

– Não sou bom em adivinhação.

– Tente, pelo menos.

Visto que o rapaz não estava disposto a arriscar, o marido de Ana acabou revelando:

– É Áries.

– É um bom signo – argumentou Fábio. – É o primeiro do zodíaco, se dá muito bem com Escorpião.

Dessa vez foi Ana Lúcia quem se envaideceu. Seu marido, curioso, perguntou a seguir:

– Dizem que escorpiniano é o signo mais ciumento do zodíaco, e um dos piores signos, é verdade?

– Isso depende muito do ascendente e de onde está a lua...

– Bem, a minha lua está no céu, né?

O marido da diretora soltou uma gargalhada. Ana aproveitou a pausa para falar:

– Fábio, meu bem, você acredita que ele sabe o signo da maioria das pessoas da escola, tanto que até chama muitas delas por seu próprio signo?

– É mais fácil do que ficar decorando nomes – argumentou o rapaz. – No primeiro semestre da minha faculdade havia noventa alunos em minha classe. Em menos de um semestre eu não só sabia o signo e o ascendente de todos como também dos professores e amigos de outras classes.

– Dizem que a primeira coisa que ele pergunta ao encontrar alguém é: "Qual é seu signo?".

A voz de Ana Lúcia revelava que ela também havia se excedido na bebida.

– Tanto que muita gente o apelidou de "Qual é seu signo?" – completou Luiz. – Já sugeriram até propor a uma fábrica de brinquedos que lance um bonequinho chamado Fabinho, que, ao se apertar sua barriguinha, ele fala: "Qual é seu signo? Qual é seu signo?".

Luiz imitou a voz de boneco infantil.

Todos caíram na risada. Minutos depois, Fábio contou:

– Um amigo meu que também era astrólogo e que também tinha o mesmo hábito de perguntar isto, passou por maus bocados quando foi estudar nos Estados Unidos. Vivia perguntando a todos que encontrava nos bares, festas e escola, tanto para homens quanto para mulheres: *What's your sign?** As pessoas olhavam esquisito

---

*"Qual é seu signo?". (N. do A.)

para ele, o que o fez pensar que a astrologia ou mesmo um astrólogo não era muito bem quisto por lá.

Um dia então, ao perguntar para uma moça, qual era seu signo, ela quis saber qual era a intenção por trás daquilo, pois nos Estados Unidos, esta pergunta significava uma cantada. Ele ficou chocado. Foi então que compreendeu os estranhos olhares das moças e dos homens aos quais tinha feito tal pergunta.

– O que o levou a estudar astrologia? – perguntou o marido de Ana Lúcia, a seguir.

– Pura curiosidade. Uma de minhas professoras na faculdade, que já dava cursos a respeito, resolveu montar uma turma na própria faculdade, para os que tivessem interesse no assunto e foi, assim, que tudo começou. Fiquei tão surpreso com o que aprendia nas aulas que não consegui mais parar de estudar.

Fábio notou que a maioria da turma havia se juntado a eles e prestava atenção ao que dizia, o que o fez sentir-se um rei, perceber mais uma vez o quanto gostava de ser o centro das atenções.

– Sua irmã Camila é quem vai gostar de conhecê-lo – comentou o marido de Ana Lúcia. – Ela é quem gosta destas coisas!

– Nem fale – respondeu a esposa –, inclusive, tenho várias amigas querendo fazer mapa astral com você, Fábio. Você precisa me dar seus cartões de visita.

– Eu também vou querer! – adiantou-se Patrícia, entrando na conversa e na rodinha de pessoas. – E Ana, querida, não se esqueça de dizer que o astrólogo é um gato!

Fábio deu um sorriso sem graça. Nancy notou o quanto ele era tímido e se esforçava para não deixar transparecer.

– Já mostrei para vocês o meu sorriso de Bruxa? – perguntou Ana Lúcia, a seguir.

Todos ficaram alarmados. Ela soltou um grunhido e depois uma gargalhada, imitando uma bruxa. Todos estremeceram por dentro. Em seguida o marido a levou para dançar. "Graças a Deus" pensaram todos, ao mesmo tempo.

– Como ela imita bem uma bruxa – comentou Patrícia ainda com os ouvidos ardendo.

– Imita, não! – respondeu Luiz ligeiro como Mercúrio. – Ela é uma bruxa!

Em seguida virou mais um copo de ponche, engolindo tudo de uma só vez, como se estivesse tomando guaraná.

XII

Minutos depois, Martha pegou Fábio pelo braço e o puxou para o lado a fim de poder conversar em particular.

– Estou precisando fazer uma consulta rápida – disse ela de modo simpático. – Estou pensando em morar no exterior por um tempo; só que o dinheiro que possuo mal dá para a passagem e para pagar a estadia por uns dias. Terei de arranjar um emprego para me manter, se quiser passar umas semanas por lá. O que você acha, ou melhor, o que os astros dizem?

– Teria de fazer seu mapa astral* para verificar suas tendências – respondeu Fábio com sinceridade.

Nisso, Marcos juntou-se a eles.

– Eu também gostaria de fazer um "Star chart"* se tivesse dinheiro sobrando...

– Vejo que você, Marcos, é mesmo um típico taurino – pontuou Fábio, olhando com atenção para o professor.

– É mesmo?! Por quê?! – interessou-se o professor.

---

*O mapa natal ou mapa astral (Star Chart) mostra a posição correta dos astros e dos signos do zodíaco em relação à Terra no momento de nascimento de uma determinada pessoa. De acordo com a astrologia a disposição de onde os planetas se encontravam no Céu no momento em que você nasceu trazem fortes indicações esotéricas e antigas de informações importantes como: personalidade, características físicas, temperamento, predisposições de vida, indicações sobre saúde, vida profissional, vida afetiva e tendências de destino. Para interpretação correta do posicionamento dos planetas e seus aspectos, é necessario consultar um astrólogo ou alguém que entenda do assunto. (N. do A.)

– Porque todo taurino é parente do Tio Patinhas!*

Marcos riu e confessou:

– Por incrível que pareça, ele sempre foi o meu personagem favorito de desenho animado.

Num outro canto do salão, Luiz se aproximou de Nancy que agora conversava com Kátia e Carla e disse:

– Nancy, eu não sabia que era psicóloga... Francamente, você não tem jeito de psicóloga...

– E psicólogo tem alguma característica marcante que revele a sua profissão? – perguntou ela, com ar de mofa.

– Sim, todo psicólogo é recalcado.

As três mulheres arregalaram os olhos, surpresas pelo comentário. Nancy não acreditou no que ouviu.

– Se bem que agora, observando-a um pouco melhor – continuou Luiz, sem nenhum tato –, você tem sim, um certo recalque!

– Sabe, querido amigo... – argumentou Nancy, afiada. – Tudo de negativo que você nota no outro, na verdade, reflete uma característica que você rejeita ver em si mesmo.

– Não me venha com essa... – defendeu-se Luiz, mostrando-lhe a língua.

Enquanto Cleuza ouvia Patrícia relatar suas histórias, alguém surgiu por trás dela e pegou em seu braço. Ao virar-se, sentiu um frio percorrer-lhe a espinha. Estava cara a cara com seu patrão, a Besta Careca como ela o havia apelidado.

---

*Tio Patinhas (*Scrooge McDuck*), é uma personagem de ficção criado pelo cartunista Carl Barks. Sua primeira aparição em quadrinhos se deu em dezembro de 1947. O nome original de Patinhas, Scrooge McDuck, se baseia no avarento Ebenezer Scrooge, personagem principal do *Conto de Natal* de Charles Dickens. Tal como muitos outros habitantes de Patópolis, Patinhas se tornou popular no mundo inteiro, mais ainda na Europa, e tem sido traduzido em inúmeros idiomas. (N. do A.)

– Cleuza, que bom te ver aqui! – exclamou ele, visivelmente feliz pelo encontro.

"Gostaria de dizer o mesmo", pensou ela.

– Vim com o Bruninho que trabalha com a gente. Juro que pensei em encontrá-la, mas achei que você, como é tão recatada e caseira, não viria a este tipo de festa, ainda mais vestida assim.

Seus olhos percorreram-lhe o corpo, parando em cada curva e fazendo-o suspirar.

Cleuza na realidade não estava completamente vestida a caráter, apenas usava um vestido comprido, preto e umas aranhas presas no cabelo. O tal Besta Careca ficou ali, quase babando ao contemplar a mulher dos seus sonhos.

Após insistir pela milésima vez para que ela lhe concedesse uma dança, ela lhe disse não. A cada não, seu tom de voz ia demonstrando o quanto ele a estava irritando e que, se não fosse seu patrão, já o teria mandado para o inferno. Ela podia ser meiga, mas sua paciência tinha limites!

Assim que ele a deixou para buscar ponche, Fábio Augusto se aproximou dela e cochichou em seu ouvido:

– Ele é seu carma*!

Ela virou-se para ele e fulminando-o com os olhos, bramiu:

– *Go to hell! (Vá pro inferno!)*

Fábio Augusto riu.

Marcos se aproximou dela e num tom amistoso, comentou:

Carma ou *karma* é um termo de uso religioso dentro das doutrinas budista, hinduísta, jainista e sikhista, adotado posteriormente também pela Teosofia, pelo Espiritismo e por um subgrupo significativo do movimento New Age, para expressar um conjunto de ações dos homens e suas consequências. Este termo, na física, é equivalente a lei: "Para toda ação existe uma reação de força equivalente em sentido contrário". Neste caso, para toda ação tomada pelo Homem ele pode esperar uma reação. Se praticou o mal então receberá de volta um mal em intensidade equivalente ao mal causado. Se praticou o bem então receberá de volta um bem equivalente ao bem causado. (N.A.)

– Cleuza, você me parece irritada. O que houve?

– É o Fábio que fica me irritando e aquele ali, aquele careca, aquela Besta Careca, que não desgruda do meu pé... Esse povo do *mangue* é fogo!

– Às vezes, é bom ter alguém no nosso pé, nem que seja uma besta careca... – confidenciou Marcos com certa amargura.

A resposta de Cleuza a seguir o surpreendeu:

– Sabe, eu não preciso de ninguém, o meu coração já tem dono!

Marcos notou que seus olhos mudaram ao dizer aquelas últimas palavras, sentiu que ali estava uma pessoa realmente apaixonada. Estaria ela apaixonada por quem ele estava pensando?

Kátia ia passando por Fábio Augusto quando ele perguntou:

– Já vai embora?

– Sim, estou esgotada. E amanhã tenho que levantar cedo.

– Eu também. Por sinal, amanhã será comemorado o aniversário do César, um escorpiano, grande amigo meu. Se bem que, ultimamente, só nos encontramos em festas de aniversário. Incrível, como se a gente deixar, ficamos sem ver os amigos, por muitos anos, não? Não só os amigos, os parentes também. Eu, por exemplo, tenho inúmeros parentes que moram encostadinhos de minha casa, e nem assim nos vemos com frequência...

– Nem me diga! Depois que mudei para São Paulo, perdi muito o contato com meus amigos. Bom, deixe-me chamar a Patrícia para irmos.

Alguns minutos depois, Nancy caminhou sorrateiramente até Luiz, que se encontrava sentado numa cadeira com o corpo todo esparramado. Ela notou que seu olhar estava fixo em Carla. Mal piscava os olhos.

– Pelo visto, alguém bebeu em excesso, hein? – disse ela procurando ser gentil.

– Eu?! – respondeu ele, lançando um olhar de soslaio para ela. – Posso beber ainda o dobro, que aguento!

– Notei que estava observando a Carla.

– Ah! – grunhiu ele.

Nancy pôde notar que suas palavras não caíram muito bem nos ouvidos do moço de não mais que 25 anos. Seus olhos fuzilaram os dela quando se encontraram. Seu ar calmo pareceu dissipar-se como por encanto. Estava furioso. Apertava as mãos, esforçando-se por controlar os nervos. Ele levantou-se e sem dizer uma palavra deixou Nancy ali sozinha. Talvez ela tivesse lhe dito aquilo por vingança pelo que ele dissera dela há pouco.

Antes de a festa terminar, personalidades se confundiam em meio às fantasias de Drácula, bruxas e bruxos e olhares sinistros abrangiam o pequeno salão. Todos caprichavam na interpretação para dar um clima sinistro à festa. Mas certo alguém não estava interpretando; pelo contrário, estava maquinando alguma coisa, alguma coisa diabólica.

O olhar de Nancy se encontrou com o de Marcos, os dois sorriram; os de Cleuza cruzaram com os de Fábio, enquanto Luiz a observava, com um olhar curioso; os olhares da Besta Careca cruzaram com os de Ana Lúcia e os de Ana Lúcia cruzaram com os de Martha. Nada mais aconteceu de interessante, mas para alguém dali o melhor ainda estava por vir.

A noite esfriou.

XIII

Todos acordaram na manhã de 1º de novembro exaustos. Porém, na sexta-feira seria feriado e poderiam, então, descansar. O dia foi corrido para todos. Carla estava aturdida com um trabalho de conclusão de uma matéria. Em breve estaria livre de tudo aquilo. À noite, durante um intervalo da novela, a mãe lhe perguntou:

– Filha, por que você não sugere ao Caíne que a leve para conhecer seus pais no feriado de amanhã?

– Eu acredito que ele já deva ter ido visitá-los, mãe. Tentei falar com ele hoje o dia todo e não consegui.

– Que estranho. Viajar sem avisá-la?

Um ar matreiro apareceu no rosto da mãe. Ela realmente não confiava no moço, aprendera a não duvidar de sua intuição que o considerava um safado.

– Ele deve me ligar daqui a pouco – respondeu a filha, concentrada num jovem modelo de uma propaganda.

Foi mais a mãe de Carla do que ela própria quem esperou que Caíne ligasse naquele dia, o que não aconteceu. Por insistência da mãe, Carla ligou para o apartamento dele mais uma vez antes de ir dormir, mas o telefone chamou, chamou e ninguém o atendeu.

– Será que aconteceu alguma coisa com alguém de sua família? – perguntou ela para a mãe.

– Não sei. Se você quiser, podemos ir até o apartamento dele e ver se...

Carla a interrompeu.

– A esta hora? A senhora está louca?

– Bem... é que...

– A senhora é muito desconfiada, mãe! Caíne deve ter ido mesmo ver os pais. Não deu tempo de me ligar... é só isso.

Carla lhe deu um beijo de boa noite e disse:

– Durma com os anjos.

Um vento gelado entrelaçou os prédios de São Paulo.

XIV
Manhã do dia 2 de novembro de 1990

Ainda era bem cedo quando Carla Gapello foi despertada pelo toque do telefone.

– Alô – disse ela, com a típica voz de quem acaba de acordar.

– Eu gostaria de falar com Carla Gapello, por favor – anunciou a voz do outro lado da linha.

– Sim, é ela quem fala – Carla sentou-se na cama.

– A senhora conhece um rapaz chamado Caíne Quintana?

– Sim, é meu namorado – respondeu ela, começando a ficar nervosa.

– Bem... eu tenho uma má notícia para lhe dar... – fez-se um silêncio. – Ele está morto.

Carla ficou boquiaberta. Sua mãe, que ia entrando no quarto para perguntar quem era ao telefone, teve um sobressalto ao ver o rosto da filha. Carla disse mais algumas palavras e desligou. Olhou para a mãe e disse:

– Era da polícia... Disseram que o Caíne morreu. Encontraram meu telefone em sua agenda telefônica.

– Meu Deus! Mas como? Tão moço... Foi acidente? – desesperou-se a mãe.

Carla, olhando para ela, respondeu apreensiva:

– Não foi um acidente, mãe. Caíne foi assassinado.

– Assassinado?! – horrorizou-se a senhora e um ligeiro tremor percorreu-lhe o corpo.

– Em seu próprio apartamento – continuou Carla, calmamente. – Uma vizinha encontrou o corpo.

– Mas que horror! Não se tem mais segurança em lugar algum. Está vendo? Quando eu falo que São Paulo está uma loucura, vocês duvidam, dizem que estou exagerando. E olha que a segurança num apartamento é dez mil vezes maior que a de uma casa!

Carla estava imersa em seus pensamentos, paralisada, porém, não havia lágrima em seus olhos. A mãe sentou-se ao seu lado e passou a mão em sua cabeça.

– Sei como você deve estar se sentindo, filha. É horrível, eu sei. Quando perdi seus avós, pensei que iria morrer junto, mas a gente sobrevive, sabe, a vida tem que continuar.

A voz da mãe soou agitada, as palavras amontoavam-se umas sobre as outras.

– Eu sei, mãe – respondeu Carla com voz distraída –, não é isso que me preocupa...

– O que é então?

– Há algo que está martelando em minha mente... Sabe o Amigo Secreto que lhe contei que estamos fazendo na What's Up!? Pois é, na última sexta-feira trocamos os recadinhos como de costume. Caíne recebeu um bilhete estranho, estava escrito: "Você vai morrer!".

As sobrancelhas da mãe se arquearam.

– Todos riram e eu, particularmente, achei bem engraçado também. Afinal, aquilo só poderia ser uma brincadeira... Mas agora depois do que aconteceu, já não sei mais o que pensar! Parece-me esquisito que apenas seis dias depois, Caíne esteja morto e além de tudo, assassinado. Não é muita coincidência?

A mãe franziu a testa.

Carla achou que todos os seus amigos e colegas de classe do curso de inglês, deveriam ser informados do acontecido. Era costume seu anotar o telefone de todos inclusive o do professor. Um hábito que a princípio parecia ser sem importância, mas que diante de algo inesperado como aquilo, fazia sentido.

Foi por pouco que ela não pega Luiz Collombus em sua casa, ele já estava praticamente dentro do carro para seguir viagem. O rapaz ficou abestalhado com a informação. Marcos Depp também. Acreditando que Kátia e Patrícia já tivessem viajado para Ribeirão Preto àquela hora do dia; Carla decidiu ligar mais tarde para a casa da mãe de Patrícia em Ribeirão, para lhe dar a notícia.

Cada um parecia mais chocado que o outro, ao saber do ocorrido. Cleuza chegou a desligar o telefone sem dizer uma só palavra; Carla pensou que a ligação havia caído.

Fábio Augusto ficou atiçado, quis saber detalhes, mas tudo que ouviu foi que os pais de Caíne haviam ligado para ela naquele ínterim e pedido gentilmente, se possível, que ela fosse se encontrar com eles no apartamento de Caíne, à tarde. O que Carla concordou, prontamente.

– Importa-se que eu vá junto? – perguntou Fábio Augusto, ansioso por uma resposta afirmativa.

Não importava o que ela respondesse. Ele daria um jeito para participar daquele encontro sem problema algum, era mestre na arte de entrar em festas e locais onde não era permitido.

Carla não se opôs à sua presença; muito pelo contrário, aceitou de bom grado, pois assim teria alguém como companhia.

Fábio não conseguiu segurar a excitação que aquela notícia lhe dera. Pulou ao telefone outra vez e discou um número rapidamente.

– Alô – disse uma voz calma e jovial do outro lado da linha.

– Elmior? É você? Tenho algo muito interessante para lhe contar. Um amigo... um colega de classe do curso de inglês foi assassinado em seu apartamento ontem à tarde, encontraram-no esta manhã.

A pessoa do outro lado da linha nem precisou perguntar quem era, já que a voz de Fábio Augusto era inconfundível.

– Primeiramente, bom dia, Fábio. Acalme-se e fale de preferência um pouco mais devagar e não precisa gritar. Estou ouvindo você muito bem.

– Eu não estou gritando. É o eco deste maldito hall – explicou Fábio num tom ainda mais alto.

– Sei... – respondeu Elmior, afastando ligeiramente o telefone do ouvido.

O rapaz repetiu a história toda, desta vez com mais calma.

– Como é o nome da vítima?

– Caíne... alguma coisa.

– Quintana?

– É isso mesmo, como sabe?

– Teixeira, o delegado que está cuidando do caso é meu amigo. Por acaso me contou. Estou indo para a delegacia agora mesmo. Quer ir?

– Adoraria! – exclamou Fábio, eufórico.

– Eu passo para apanhá-lo na sua casa se preferir.

– Ótimo! Enquanto isso, tomo o meu café da manhã. E Elmior, prepare-se! Tenho algo a lhe contar que o deixará deveras chocado!

Fábio pôs o telefone no gancho e correu, saltitando, eufórico, para a cozinha.

Elmior Aldor era um senhor por volta de seus 60 anos, mas aparentava no máximo 40, de olhos azuis, cabelos castanho-claros, ligeiramente ralos, peso ideal e 1.80 m de altura. Vestia-se impecavelmente. Trabalhara na polícia por muito tempo e depois de se aposentar, ajudava as autoridades quando um caso de assassinato despertava a sua atenção. Fora isso, atendia solicitações particulares.

Na delegacia, tanto Elmior Aldor quanto Fábio Augusto Barbera obtiveram informações mais precisas sobre o assassinato.

Caíne Quintana fora morto com um tiro de revólver, calibre 38 mm. Segundo o legista, o assassinato ocorreu por volta das 15h da quinta-feira, 1º de novembro de 1990. Caíne foi encontrado por uma de suas vizinhas. Ao retornar para casa no dia anterior, por volta das 18h, notou a porta do apartamento de Caíne, entreaberta, nada alarmante, achou que o vizinho deveria estar de saída. Naquela sexta-feira, por volta das seis da manhã, quando ia saindo para caminhar no Parque do Ibirapuera, como de costume, a mesma vizinha achou estranho que a porta do apartamento ainda estivesse entreaberta, pensou que o morador a tivesse somente encostado e, com o vento, ela tivesse aberto. Pensou que ele saíra com pressa para viajar e, por isso, não a fechara com a devida atenção, ato típico dos moços.

Como não queria deixar a porta daquele jeito, foi até lá e chamou pelo morador. Não obtendo resposta, resolveu dar uma espiada no interior do apartamento. Foi então que avistou o corpo caído na sala. Ligou para a polícia imediatamente.

Tudo no apartamento de Caíne estava em plena ordem, não havia sinais de luta. Somente um copo desses de vinho, quebrado ao chão e outro sobre a mesa. Os resíduos deixados pela bebida não eram nada mais que de um refrigerante de guaraná.

Segundo o porteiro do prédio, que trabalhou no período da tarde, quando o crime aconteceu, nenhum estranho foi visto entrando no edifício sorrateiramente nem a vítima chegou a receber alguma visita. Se alguém entrou no apartamento, só pode ter entrado com o próprio morador, no seu carro, pela garagem e subido sem ser notado. O prédio não dispunha de sistema de câmeras* para registro. A polícia encontrou em sua agenda telefônica um cartão escrito: "De Carla para Caíne, com todo o amor", foi isto que levou as autoridades a procurar na letra "C" da agenda o nome de Carla e entrar em contato com ela.

Através dos documentos de Caíne, puderam encontrar o nome do pai e depois localizar seu telefone na mesma agenda e lhes comunicar o acontecido.

Aparentemente, nada havia sido roubado, inclusive uma boa quantia em dólares foi encontrada em uma espécie de caixa de metal dentro do guarda-roupa de um dos quartos. Nos cômodos do apartamento também não foram encontradas impressões digitais a não ser da própria vítima; a única diferente, encontrada na maçaneta da porta da entrada pertencia à vizinha que descobriu o crime.

Os investigadores ficaram surpresos ao verem uma bateria no canto da sala. Jamais haviam visto uma daquela qualidade. Importada, uma fortuna com certeza! Um deles brincou:

"Aposto que o moço virou presunto porque um dos vizinhos não aguentava mais ouvi-lo tocar bateria diariamente!".

Outro riu e lhe chamou a atenção para o fato de a sala ser toda revestida à prova de som.

"Isso que é gostar de *batera*, hein?".

Assim que Elmior Aldor e Fábio Augusto receberam as informações de Teixeira, o delegado amigo de Elmior, Fábio pediu permissão para falar. O delegado ouviu com a máxima atenção o que o rapaz contou sobre o estranho bilhete ameaçador que a vítima recebera na sexta-feira anterior ao crime, durante a distribuição dos recadinhos do Amigo Secreto que estava sendo realizada pela turma do nono estágio da escola What's Up! English Course.

---

*Estamos falando de 1990 em que esse procedimento não era popular como nos dias de hoje. (N. do A.)

A suposição de Fábio era simples, quem havia escrito aquele bilhete, havia assassinado Caíne Quintana. Portanto, o assassino só poderia ser um dos participantes do Amigo Secreto.

As únicas palavras de Teixeira foram proferidas no ouvido de Elmior Aldor:

– *Caraca,* esse garoto está delirando, deixe-me averiguar o que interessa e se livra dele, por mim, por favor.

Fábio Augusto percebeu o desinteresse por parte do delegado. Teixeira limpou a garganta com voracidade e numa tossida forte cuspiu o catarro em seu lenço. Fábio sentiu-se a um passo de vomitar de nojo. Antes de sair da sala da autoridade, fez-lhe sua típica pergunta corriqueira:

– Qual é seu signo?

O delegado olhou-o espantado e respondeu ser de capricórnio.

– *I hate Capricorns!* – resmungou o jovem astrólogo assim que ficou de costas para ele.

Teixeira fez um gesto com o dedo ao redor de seu ouvido, insinuando que o rapaz só poderia ser biruta.

Após o encontro com o delegado, Elmior estava levando Fábio Augusto em seu carro de volta para sua casa.

– E então, Elmior, o que acha a respeito da história do bilhete do Amigo Secreto? Se duvida que eu esteja falando a verdade, saiba que tenho testemunhas: todos estavam lá, não só ouviram Caíne ler o recadinho, como também fizeram questão de ler o próprio bilhete com seus próprios olhos de tão espantados que ficaram. Aquele delegado capricorniano ridículo pode não querer me dar ouvidos, mas uma coisa é certa... é coincidência demais, não acha?

– Eu devo admitir que é, de fato – afirmou Elmior, com sinceridade.

– Não acha que deva investigar? – perguntou Fábio Augusto ansioso para ouvir um "sim".

– Me conte novamente exatamente o que aconteceu.

---

*Detesto capricórnios! (N. do A.)

Fábio Augusto relatou-lhe todo o acontecimento envolvendo o tal do bilhete ameaçador que Caíne recebera na noite da última sexta-feira.

– Entendi, quer dizer que estão participando deste Amigo Secreto os alunos e o professor?

– Não exatamente. Marcos, o professor, com o consentimento de todos os alunos convidou, Martha, sua irmã, que também leciona inglês na mesma escola, para participar da brincadeira e também convidou Nancy, a secretária da escola, por ser muito querida por todos. Marcos queria mais participantes para tornar a brincadeira mais interessante.

– E quantos são os alunos na realidade?

– São sete, ou melhor, eram sete. Há a Carla, que era namorada de Caíne; a vítima, Patrícia, Kátia, o Luiz, a Cleuza que veio da unidade Cidade Jardim, assim como eu, e... eu.

Fez se um momento de silêncio, por fim, Elmior disse:

– Ok! Não custa nada eu dar uma investigada. Devo admitir que essa história do bilhete me deixou bastante curioso.

Fábio mal conseguiu esconder o sorriso de satisfação.

– Será importante que eu converse com cada um dos participantes. Quando podemos começar?

– Hoje mesmo! – exclamou Fábio Augusto, empolgado. – Me ofereci para ir com Carla ver os pais de Caíne. Assim posso conhecê-los e participar da conversa. Quem sabe, consigo alguma pista, depois posso levá-la até sua casa e aí conversaremos. É lógico que ela ainda não sabe disso, mas acredito que ela não fará nenhuma objeção.

– Será mesmo? E se ela, não só ela, assim como os demais não quiserem colaborar com a investigação?

– Acredito que ninguém irá se opor, porque se isto acontecer, irá mostrar que ela, a pessoa, está com medo de se envolver e fará dela suspeita; afinal quem não deve, não teme. Talvez a única pessoa dali que pode reclamar e não querer colaborar é a Cleuza, a tal garota oriental, ela é mais *cricri*. Mas se ela agir assim, de qualquer modo estará mostrando que esconde alguma coisa comprometedora.

Elmior, rindo, comentou:

– Pelo visto você ainda não desistiu da vontade de desvendar um mistério, hein?

Fábio nem precisou responder, já que seu sorriso de empolgação disse tudo por ele. Elmior sabia que quando Fábio se propunha a fazer ou viver uma experiência, nada o impediria. Queria tanto viver na vida real uma história de mistério que, com certeza, seria capaz até de criar uma.

Os pensamentos de Elmior foram interrompidos pelo barulho de uma moto passando velozmente por seu carro. Após isso, voltou-se para o colega sentado ao seu lado e disse:

– Vamos ver se sua suposição está certa, meu caro Fábio.

Fábio manteve o sorriso, porém, parecia estar longe dali, mergulhado num mundo em que só ele tinha acesso.

– No que está pensando? – quis saber Elmior, curioso.

– Estou analisando astrologicamente todos os envolvidos no caso.

– E a que conclusão chegou?

– Temos três sagitarianas, Carla, Patrícia e Kátia. Pessoas aparentemente calmas, porém, com mudanças repentinas de humor. Quando acometidas de atitudes injustas para com elas, são capazes de destruir aquele que as fez passar por tal situação...

Temos um virginiano, o Luiz; gente nascida sob este signo, se acha sempre um filho sanduíche. O próprio ato de usar um bilhetinho ameaçador é um ato minuciosamente bem pensado, comportamento típico de seu signo.

Temos Cleuza, uma aquariana, um signo frio quanto aos sentimentos, capaz de matar quem ama sem sentir pela perda.

Temos um taurino, Marcos, o professor. Touro é um signo possessivo e impaciente, capaz de lutar com unhas e dentes pelo que é seu, principalmente no que se refere a dinheiro.

69

Martha, a irmã de Marcos, é de Áries, regido por Marte, o planeta da guerra. Faz e diz as coisas num impulso, sem pensar nas consequências na maioria das vezes.

Nancy, a secretária, é de Leão; essa é fogo, capaz de fazer qualquer coisa, caso alguém lhe puxe o tapete ou queira aparecer mais do que ela.

Fábio falava em voz alta como que filosofando consigo mesmo:

– Mas isso não é o suficiente para traçarmos o perfil de cada um. É importante conhecermos o ascendente e a posição da Lua dos envolvidos, só assim poderemos ter uma ideia mais nítida de suas tendências.

Elmior apenas ouviu os comentários do amigo com a devida atenção. Aprendera a não duvidar mais do assunto após ter lido um livro de astrologia da famosa astrologa inglesa Liz Greene, que Fábio Augusto lhe presenteara certa vez.

O livro o fez realmente conhecer a astrologia a fundo e aprender a diferenciá-la da astrologia explorada por jornais, revistas e programas de rádio e TV.

Porém, poderia um estudo astrológico dos suspeitos de um assassinato revelar o assassino?, perguntou-se Elmior Aldor um tanto cético.

XV

Como combinado, Fábio Augusto passou na casa de Carla para apanhá-la para ir ao edifício onde morava Caíne, local em que seus pais aguardavam por ela. A mãe dela também foi junto. De imediato, Fábio se simpatizou com a mulher, considerou-a agradável, saudou-a, fazendo sua pergunta costumeira:

– Qual é seu signo?!

– Sagitário.

– Igual ao da filha. Curioso... – disse o rapaz, por dizer.

Ele notou que o rosto de Carla não escondia o abatimento pelo sofrimento que estava passando; ao contrário da mãe que não demonstrava nenhum. Para Fábio Augusto ela só estava ali por causa da filha, pois do contrário, estaria gastando seu tempo com algo mais interessante e proveitoso.

Pelo caminho, ele contou as duas mulheres sobre sua hipótese e que Elmior Aldor, seu amigo detetive, havia aceitado fazer uma investigação particular, uma vez que o ridículo e imbecil delegado capricorniano havia ignorado e desdenhado o que ele lhe revelara.

– Não acha que agiu precipitadamente, Fábio? – questionou Carla, um tanto preocupada. – Eu também me lembrei do bilhete assim que soube do acontecido, mas tratei logo de considerar o fato uma mera coincidência. A meu ver, foi bom que esse delegado não tenha lhe dado crédito. Você poderia, ou melhor, ainda, pode complicar a vida de algum de nós por uma bobagem.

– Se for uma bobagem – respondeu Fábio, decidido –, a pessoa dirá que foi ela que escreveu o tal bilhete. Verificaremos onde estava na hora do assassinato; se tiver um álibi, encerramos o assunto. É simples! Mas não acredito que a pessoa contará que foi ela quem o escreveu, não por receio de se complicar diante do que aconteceu, mas por ter sido ela, de fato, quem assassinou Caíne.

Carla moveu a cabeça num gesto de dúvida, enquanto que sua mãe sacudiu a cabeça de modo curioso.

Fábio Augusto então informou a Carla que após a visita aos pais de Caíne, ele havia combinado com o detetive Elmior Aldor de levá-la à casa dele para trocarem umas palavrinhas. Como previra, a curiosidade e o espírito de aventura sagitariano de Carla fizeram-na não se importar em ir até lá.

– Um detetive? Nunca conheci um pessoalmente! – alegrou-se ela, diante do convite.

Os olhos da mãe piscaram, preocupados.

– E afinal, a polícia já tem alguma pista? – perguntou.

– Não, ainda.

– A que horas mesmo o crime foi cometido? – quis saber ela.

– Segundo o legista, por volta das 15 horas.

– Que horário estranho para se cometer um assassinato, não acham?

– Se é que assassinatos têm um horário certo para acontecer – retrucou Fábio Augusto com seu humor ácido.

Em menos de dez minutos, os três já se encontravam na portaria do edifício onde Caíne residira. Após se identificarem, subiram. Assim que o elevador foi se aproximando do andar, Carla não conteve as lágrimas.

– Você precisa ser forte, minha filha – encorajou sua mãe, olhando-a gravemente, com certa pena.

Para surpresa dos três, ao saírem do elevador, depararam-se com um senhor bem em frente à porta do apartamento de Caíne, aguardando por eles.

Era o próprio pai de Caíne quem estava ali. Um senhor de aparência cordial e séria ao mesmo tempo. Assim como a mãe de Carla, não demonstrava ter sequer deixado cair uma lágrima pela morte do filho. Deveria ser bastante frio, de um autocontrole admirável. Não havia o menor sinal de choque ou de pesar, exceto talvez por certa rigidez de atitude. Apresentações foram feitas e cumprimentos trocados.

Ao adentrarem o apartamento, encontraram uma senhora visivelmente arrasada pelo acontecido, era óbvio que a mãe fora bem mais apegada ao filho.

– Eu gostaria de estar conhecendo vocês em outras circunstâncias – disse Carla com a voz tristonha. – Nunca numa situação como essa!

– Eu entendo, minha filha – respondeu a mãe de Caíne enquanto terminava de cumprimentá-los.

Todos sentaram-se. Apesar de estarem exatamente na sala onde o assassinato havia sido cometido, o clima do lugar era sereno, isento de qualquer vestígio fatídico.

– Tudo isso é tão estranho que nem sei o que pensar – comentou Carla em tom sincero. – Inclusive falamos de vocês pouco tempo atrás. Caíne me parecia gostar muito de vocês dois.

72

Tanto Fábio Augusto quanto a mãe de Carla notaram o olhar espantado do senhor Quintana.

– Há quanto tempo vocês se conheciam? – perguntou a senhora Quintana a Carla Gapello.

– Há quase um ano.

– Um bom tempo, hein?... – a mãe de Caíne, pareceu estudar atentamente o rosto da jovem, com seus olhos calmos, cinza-esverdeados, medindo-a numa mirada rápida, mas precisa. – E como ele andava ultimamente?

– *Consideravelmente bem...*

Carla foi interrompida pela pergunta do sr. Quintana.

– Ele ainda continuava trabalhando em sua farmácia? Quero dizer ele ainda a possuía?

Carla franziu a testa.

– Mas é lógico que, sim... o senhor...

– Não me compreenda mal. Primeiro nos diga o que exatamente nosso filho lhe contou a respeito de sua farmácia.

Carla relatou tudo o que Caíne lhe contara. A esposa volta e meia olhava discretamente para o marido, mas este não tirou o olhar por um só momento dos olhos de Carla.

– Na realidade – disse o homem com ênfase – Caíne já não trabalhava mais comigo há muito tempo. Esta farmácia aqui de São Paulo, a que ele dizia fazer parte da minha rede de farmácias, jamais fez parte dela. Caíne a montou por conta própria. Sinto lhe informar, mas Caíne tinha o dom de saber mentir como poucos. Meu f... filho não era exatamente o que se pode considerar um homem de brio. Caíne aprontou poucas e boas das quais não quero nem me lembrar.

O homem, lançou um olhar para a esposa que baixou a cabeça, entristecida.

Carla se contraiu na cadeira, alarmada. Sua mãe e Fábio Augusto também demonstravam surpresa.

– Eu não entendo – murmurou Carla – Caíne me disse que era o filho adorado de vocês...

73

O senhor pareceu se incomodar com o comentário. Disse:

– A principio eu amava Caíne tanto quanto meu outro filho, mas após várias decepções com ele esse amor morreu.

Os lábios de Carla se abriram e um ar de espanto nublou seus olhos.

– Eu não entendo, ele dizia que seu outro filho é que era um problema!

Nisso, a senhora Quintana começou a chorar, o marido a abraçou e, pela primeira vez, puderam notar uma lágrima sair de seus olhos. Ele inclinou a cabeça com brandura e após confortá-la, voltou a falar, desta vez sua voz trazia um profundo sentimento:

– Abel, nosso outro filho era maravilhoso... Uma excelente pessoa... Infelizmente Deus o levou de nós, muito cedo.

Era a primeira vez que sua voz deixava transparecer alguma dor.

Fez-se um breve silêncio na sala e foi a mãe de Carla quem o rompeu, perguntando:

– Mas por que Caíne mentiria a respeito do irmão?

O pai olhou firme nos olhos dela, com um uma expressão envolta de tristeza e ao mesmo tempo de fúria e respondeu:

– Caíne sempre teve ciúmes do irmão, quando Abel... – o homem deteve-se, tinha visíveis dificuldades em falar do assunto – quando Abel morreu, Caíne sequer veio para o funeral, não foi por não poder realmente, ele não se importou. Esta foi uma das primeiras atitudes que começaram a nos desapontar e a revelar a índole de meu filho.

Carla lembrou-se da explicação que Caíne lhe dera a respeito do motivo pelo qual ele não havia podido vir naquela ocasião. Ele lhe parecera tão convincente, ainda era difícil acreditar no que seu próprio pai estava lhes contando.

Lembrou-se a seguir da sensação que sua mãe tinha de que Caíne tinha algo a esconder e agora ela sabia que a intuição da mãe estava certa o tempo todo, ela acertara mais uma vez. De repente, era ela, Carla, quem se sentia decepcionada também com Caíne Quintana.

Carla voltou a prestar atenção no que o senhor Quintana dizia:

– Por mais que haja uma criação sadia, que os pais deem o mesmo tipo de criação, afeto e carinho para seus filhos, nem sempre os resultados são os mesmos. A natureza de cada um é diferente, antes fossem todas iguais, iguais às de Abel.

O homem mordeu os lábios para não chorar. Respirou fundo e continuou:

– Não podemos esquecer que os meios de comunicação e as más companhias influem no comportamento do indivíduo, estes aspectos podem deteriorar qualquer educação sadia que qualquer pai possa ter se esforçado para dar a seu filho, ainda mais se sua natureza for suscetível a estas influências.

A mãe de Carla pediu licença para falar:

– Desculpe dizer, mas minha intuição sempre achou que havia algo de estranho com Caíne, era como se ele escondesse algo, na realidade achei que fosse casado...

– Casado?! – espantou-se o homem. – Não, que o saibamos, mas pode ser; tratando-se de Caíne, tudo era possível. Ele era um Don Juan inveterado, costumava ter uma garota em cada cidade onde possuímos uma filial da rede de farmácias. É lógico que isso foi durante a época em que ele cuidou da parte administrativa e supervisão delas, antes de...

– Mudar-se para São Paulo... – adiantou-se a senhora Quintana, como se quisesse interromper o que o marido estava prestes a dizer.

Fábio Augusto ficou cabreiro: Antes do que...? O que o pai de Caíne ia dizer que a esposa achou melhor interrompê-lo?

– Gostaria muito de recebê-los em casa para um jantar – convidou a mãe de Carla.

– Eu agradeço, mas iremos ficar muito pouco tempo por aqui. Somente o necessário para ocorrer a cremação e visitarmos uma

75

pessoa muito querida; depois regressaremos para o interior. Não posso deixar meus negócios sozinhos, mandarei meu funcionário de confiança vir acertar o que for preciso, com relação aos negócios que Caíne tinha aqui.

– É uma pena! – disse a mãe de Carla com visível desapontamento.

– Quer dizer que a farmácia daqui não fazia mesmo parte de sua rede de farmácias? – era Fábio agora quem perguntava.

– Não!

– Se precisarem de mim para alguma coisa, por favor, é só me procurarem – prontificou-se Carla.

Os pais da vítima se entreolharam rapidamente, foi a senhora Quintana quem falou desta vez:

– Gostaríamos apenas de lhe pedir uma coisinha. Se você se sentir confortável para fazer, é lógico.

Carla assentiu com a cabeça, com certa apreensão.

– Queríamos lhe pedir para apanhar as cinzas no crematório, quando estiverem disponíveis e...

A mulher não conseguiu ir além, foi o marido quem completou a frase por ela.

– E fizesse o que achar melhor com elas... Você com certeza é a pessoa indicada... uma vez que foi com quem Caíne teve maior contato nos últimos meses.

Carla não sabia o que dizer. Ao mesmo tempo que se sentia lisonjeada, por outro lado, ficara chocada com o pedido. Era macabro demais. Concordou, por educação. No íntimo teria recusado, só em pensar em ter de pegar uma caixa com cinzas de um morto, arrepiou-se dos pés à cabeça.

Os cinco se despediram e na saída, Fábio Augusto voltou-se para o casal e disse:

– Só gostaria de lhes falar sobre o Amigo...

Antes que continuasse, Carla o interrompeu:

– Agora não é hora para isso, Fábio...

– Pode falar... – disse o Sr. Quintana, positivamente.

– Não é nada importante – respondeu Fábio a contragosto.

As despedidas foram refeitas e o Sr. Quintana os acompanhou até o elevador. Antes que a porta se fechasse por completo, o homem, olhando firmemente para Carla, disse:

– Não importa o que tenha acontecido, você é uma moça muito bonita, muito jovem e merece ser feliz. Não se prenda ao passado e aos erros cometidos nele, muito menos a Caíne, ele não merece, busque o melhor para você.

Fábio teve a impressão de que o homem parecia estar tentando dizer algo mais com aquelas palavras, como se nas entrelinhas houvesse uma mensagem subliminar que só Carla compreenderia.

Assim que a porta do elevador se fechou e este começou a descer, Fábio desabafou:

– Eu nunca vi um pai assim.

Virou-se para Carla com um olhar sério:

– Mas por que você não me deixou contar sobre o Amigo Secreto?

– Porque agora não é hora. Deixe a polícia fazer isso – respondeu ela, impaciente.

– A polícia?! Já lhe disse que eles não estão nem aí com esta história!

– Acredito que nem os próprios pais de Caíne estejam muito preocupados com quem tenha feito essa barbaridade com ele. Que homem frio, meu Deus!

Carla estava visivelmente indignada.

Assim que atravessaram a recepção do edifício, o porteiro veio na direção deles, avisá-los que aguardassem um pouco ali, pois a senhora Quintana estava descendo, trazendo uma carteira que alguém esquecera lá.

Fábio Augusto mexeu em seu bolso e descobriu ser dele. Carla balançou a cabeça em desaprovação. Ele, dando de ombros, argumentou:

– O que posso fazer? Esqueci!

Depois da mulher entregar a carteira a Fábio, falou:

– Obrigada pela atenção de vocês mais uma vez – e baixando a voz, acrescentou – sei que ficaram um tanto surpresos a respeito do que meu marido disse sobre Caíne, mas meu filho no fundo tinha um bom coração. Não merecia morrer desse jeito, eu sei que vão pensar que isso é coisa de mãe, mas a verdade é que... – ela virou a cabeça para trás, como que para certificar-se se o marido não estava ali para ouvi-la – no fundo tivemos um pouco de culpa por ele ter crescido como cresceu, sabe?

Meu marido se ligou muito ao primeiro filho, tinham mais intimidade, se combinavam mais, diferentemente de Caíne que nascera com outra personalidade. Meu marido é muito tradicional, incapaz de perdoar deslizes de um moço inexperiente.

Ela calou-se.

Fábio sentiu sua língua coçar de vontade de perguntar à mulher quais teriam sido estes deslizes.

A senhora voltou a falar:

– Ah! Por favor, estou doando a bateria de Caíne para quem se interessar pelo instrumento, afinal não há por que guardá-la e jogar fora seria um tremendo desperdício. Se souberem de alguém que a queira porque realmente goste do instrumento, podem vir apanhá-la aqui.

– Se soubermos de alguém, entraremos em contato – prontificou-se Carla, solícita.

– Caíne tinha verdadeira paixão pelo instrumento, não conseguia viver sem. Acredito que era um modo de extravasar seus desagrados com a vida ou... consigo próprio.

A voz da senhora sumiu conforme foi terminando a frase, porém, ela fez um esforço visível para controlar-se. Olhou para os três ali presentes, com um olhar grave e compassivo como que buscasse apoio que, de certo modo, encontrou nos olhos de Carla. Então acrescentou numa voz embargada de emoção:

– Vou me lembrar dele eternamente quando vir uma banda na TV.

Seus olhos encheram-se de lágrimas outra vez, Carla a abraçou fortemente.

Os nomes de Carla e Fábio Augusto foram deixados anotados na portaria, a título de identificação, caso um dos dois viesse buscar a bateria. Dali os três partiram para a casa de Elmior Aldor.

XVI

Ao chegarem à residência de Elmior, Carla parou por alguns segundos na calçada para admirar a beleza arquitetônica da casa, estilo anos cinquenta, uma sobrevivente das demolições. Era o modelo exato da casa de seus sonhos, a qual teria um dia se conseguisse juntar uma boa quantia de dinheiro; afinal uma casa daquele tamanho deveria custar uma boa fortuna.

Não só a casa lhe chamou a atenção, a Avenida Lacerda Franco onde ela fora construida, também. Já ouvira falar dela, mas nunca estivera ali antes. Dali podia se ver o pico da torre da Igreja Nossa Senhora da Glória, outra belíssima construção. E não muito longe dali ficava o famoso Largo do Cambuci, outra preciosidade de São Paulo.

Quando Elmior Aldor surgiu na varanda da casa tanto Carla como a mãe rapidamente o mediram de alto a baixo. Ele não correspondia à imagem que fizeram de um detetive. Na realidade, Carla duvidou que fosse um. Chegou a pensar que era invenção de Fábio Augusto.

Diante do caloroso aperto de mão e do modo com que Elmior olhou para ela, com natural admiração, Carla começou a mudar seu ponto de vista a respeito do detetive.

As apresentações foram feitas e todos se acomodaram na grande sala do casarão de Elmior Aldor. Tanto Carla quanto sua mãe demoraram-se a percorrer a sala com os olhos. Era muito ampla, a maior que já haviam visto até então em suas vidas. Possuía uma janela avarandada, as paredes eram cobertas por um papel de parede de finíssimo acabamento e decoradas com vários quadros pintados a óleo com belíssimas molduras douradas. As cortinas eram beges, com padrões modernos.

Havia um divã no canto e diversas almofadas espalhadas pelo chão. Havia ainda uma grande cristaleira em nogueira, uma mesa com diversas cadeiras em estilo moderno, também em nogueira. No meio, entre os sofás *Chesterfield,* havia uma pequena mesa de tampo de vidro e um belíssimo vaso de cristal. Não passou despercebida aos olhos de Carla, a imensa lareira ao fundo da sala.

Uma casa com lareira, pensou ela com seus botões. Como poderia ter esquecido este detalhe na casa de seus sonhos? Teria de acrescentá-lo o mais rápido possível.

– E então... – disse Fábio dando início à conversa. – A polícia conseguiu averiguar mais alguma coisa?

– Até o momento, nada que não saibamos – respondeu Elmior, prontamente.

– Bom – continuou Fábio, alvoroçando-se todo –, eu tenho algumas novidades para lhe dizer a respeito de Caíne.

A seguir relatou tudo aquilo que haviam conversado com os pais do moço. Elmior ouviu-o atentamente e, em certos momentos, erguia as sobrancelhas surpreso.

Assim que o amigo terminou sua narrativa, o detetive voltou o olhar para Carla e, num tom amável, falou:

– Fábio me cortou a respeito do recadinho do Amigo Secreto, que Caíne recebeu na sexta-feira passada. Apesar de Teixeira, o delegado encarregado do caso não ter dado a mínima para isso, devo admitir que me senti atraído a investigar o caso.

Ele fez uma pausa e, olhando atentamente para ela, perguntou:

– E você, o que acha desta hipótese?

Os labios de Carla se abriram mas as palavras demoraram para serem projetadas:

– Para dizer bem a verdade, assim que fui informada a respeito do assassinato, a primeira coisa que me veio à cabeça foi exatamente o tal bilhete. Até comentei com minha mãe. A mãe concordou com a cabeça.

– Devo admitir que a coincidência é notável sem dúvida; mas nada, além disso, pois assassinatos só acontecem quando há um motivo por trás, um bom motivo, e neste caso não acredito que alguém de nós, dos participantes do Amigo Secreto, tivesse uma ponto de assassinar Caíne.

– Ao menos que saibamos – murmurou Fábio Augusto, enquanto esfregava o nariz.

Ignorando o comentário, Carla continuou:

– Eu não escrevi o tal bilhete e não faço a mínima ideia de quem possa tê-lo escrito. Penso que, se realmente foi uma brincadeira, uma coincidência, o remetente do bilhete vai acabar se revelando, não acham?

– Talvez não, pois a pessoa pode ficar receosa de que seu bilhete possa ser mal interpretado pela polícia – opinou Elmior Aldor.

Carla fez ar de quem diz "Talvez...".

– Há quanto tempo vocês estavam namorando? – perguntou Elmior a seguir para ela.

– Cerca de um ano, praticamente. Nos conhecemos casualmente na faculdade quando, segundo ele, fora para pedir informações sobre um curso. Começamos a conversar, trocamos telefone, enfim aquele velho esquema.

Apesar de tê-lo namorado por todo esse tempo, o pouco do que sabia sobre ele, como descobrimos, era mentira. Jamais me passou a ideia de que fosse má pessoa que aprontasse coisas por aí. Pelo visto das mais terríveis, pois o pai se recusou a comentá-las.

– O que Caíne contou exatamente a você que difere da versão do pai? – indagou Elmior.

– Segundo Caíne ele havia se mudado para São Paulo para administrar uma das filiais da rede de farmácias da família Quintana, bem como expandi-la pela cidade.

– Mas isto era mentira – adiantou-se Fábio.

Carla prosseguiu:

– Contou-me que sempre fora o braço direito do pai e que Abel, seu irmão, um *porra louca*.

– Também mentira! – adiantou-se Fábio, mais uma vez.

Carla continuou sem interrupção:

– Caíne contou-me que Abel tinha morrido num acidente de carro há alguns anos atrás, fato este confirmado pelos pais e, segundo ele, era Abel quem o detestava e não o contrário como seu pai nos informou. Pelo visto, Caíne deveria sentir realmente muito ciúme de Abel. Já ouvi falar de ciúme entre irmãos, mas nunca pensei de fato que isto pudesse acontecer a este ponto.

– E Abel era solteiro, casado?

– Casado. Mas não chegou a constituir família, uma vez que morreu cerca de um ano e pouquinho após o matrimônio. Sei disso porque Caíne me contou, não chegamos a falar sobre estes detalhes com os seus pais.

– Mas podemos confirmar – lembrou Fábio com vivacidade.

– Compreendo... – murmurou Elmior, pensativo. – Caíne chegou a comentar com você alguma coisa sobre herança?

– Sim.

Carla relatou a Elmior tudo o que Caíne lhe contou que havia feito com à viúva do irmão para que ela não viesse a receber a herança que os pais quiseram lhe dar de livre e espontânea vontade.

– Esperto, ele, hein? – ronronou Fábio.

Carla prosseguiu:

– Os pais de Caíne nada sabem a respeito deste documento que ele pediu a viuva de seu irmão para assinar. Ao menos foi o que ele me disse. Se isto for verdade, ficarão chocados com mais esta atitude do filho.

– Ou talvez não – objetou Fábio –, por já estarem acostumados as suas tramoias. Se eles não sabem nada sobre este documento e se você não lhes disser nada a respeito, eles jamais virão a saber e a viúva receberá a tal herança do mesmo jeito. Este documento nunca surgirá para impedir que ela receba o que o casal deixou de herança para ela. Mesmo que o pai encontre o documento entre as coisas de Caíne, ele o rasgará com certeza.

– Excelente observação, meu caro Fábio – elogiou Elmior num tom teatral e, voltando-se para Carla, perguntou:

– Afinal, por que Caíne se desentendeu com o pai? Por que deixou de trabalhar com ele e veio abrir uma farmácia sozinho aqui em São Paulo?

Carla chegou a abrir a boca, mas antes que a primeira palavra fosse sequer articulada, Fábio Augusto respondeu:

– Isto não ficou claro. Pareceu-me em certo momento da conversa, que ele ia nos contar algo, talvez fosse isso, mas sua mulher, ao meu ver, interrompeu o marido de propósito, mudando de assunto completamente.

– Para o pai ter se decepcionado com o filho, Caíne só pode ter feito alguma coisa muito séria, caso contrário já o teria perdoado, não acham?

Dessa vez foi a mãe de Carla quem opinou:

– Por mais sistemático que seja um pai, cedo ou tarde, sempre perdoa a seus filhos.

Elmior assentiu, Fábio interveio:

– Lembrem-se de que Caíne era o administrador das rede de farmácias de seu pai antes de vir para São Paulo. Talvez o desentendimento entre os dois se deu por algo que envolva dinheiro. Roubo, desvio... Já ouvi falar de muitos casos em que o próprio filho roubou o pai nos negócios.

– Será que ele roubou o próprio pai? – alarmou-se Carla chocada com a hipótese.

– É uma hipótese, mas isso só o pai de Caíne é quem pode confirmar – concluiu Elmior Aldor.

– Meu Deus! Carla, querida, veja só do que escapou... Não podemos mesmo confiar em mais ninguém – agitou-se a mãe da jovem, balançando a cabeça desconsoladamente. Seu aspecto agora era de uma mulher perplexa e aturdida.

– Eu ainda não posso acreditar – revidou Carla –, Caíne falava de tudo com tanta convicção... O engraçado é que ele fazia e dizia as coisas mais comuns, não era um namorado de fazer muitas perguntas, o que é muito bom, pois quando se pega muito no pé, incomoda.

Elmior riu.

– Eu não suporto que peguem no meu pé – esbravejou Fábio Augusto.

Elmior em meio a risos perguntou:

– Como foi que vocês decidiram estudar juntos na...

– What's Up! English Course? – adiantou-se Fábio, percebendo que Elmior havia esquecido o nome da escola de Inglês.

– Bem... – Carla tomou fôlego, inclinou o corpo para frente até apoiar seu cotovelo na coxa da perna direita e depois seu rosto sobre a mão direita e explicou: – Caíne sabia que eu estudava inglês lá, inclusive fora muitas vezes me buscar ao término das aulas. Ele próprio já cogitava a ideia de ir estudar ali, para não deixar que seu inglês enferrujasse, o senhor sabe que se não praticarmos uma língua, a esquecemos. Caíne aprendeu inglês quando morou cerca de meio ano na Inglaterra, na época que foi estudar na Itália. Como já estava na Europa, resolveu aproveitar o embalo.

A decisão em começar a fazer o curso, acho que se deu, de repente, sem sequer me comunicar, simplesmente foi até à escola, fez os testes escrito e oral e matriculou-se. Depois, na mesma tarde, foi até minha casa contar-me o que havia acabado de fazer e que por incrível que parecesse ele havia conseguido entrar direto no nono estágio, justamente o estágio que eu iria fazer a seguir. Foi assim que acabamos caindo na mesma classe. Uma tremenda sorte!

– Quer dizer que ele conseguiu entrar direto no nono estágio da What's Up?! – espantou-se Fábio. – *I'm chocked!* Nossa, seu inglês deveria ser muito bom!

Houve um silêncio momentâneo, antes de Carla voltar a falar:

---

*Estou chocado! (N. do A.)

– Ele teve mesmo uma tremenda sorte, levando-se em conta o fato de que a escola é super, hiper exigente quanto à avaliação do aluno para determinar o nível em que ele pode começar o curso na escola.

É necessário que o aluno passe por dois testes, um escrito e outro oral; no caso de Caíne, ele teve sorte nos dois, principalmente no teste oral que foi aplicado pela própria diretora da escola, uma daquelas à moda antiga, osso duro de roer, super, hiper-exigente, meticulosa que não perdoa um errinho sequer de pronúncia. Não deixa escapar nada, uma entonação errada... Foi sorte mesmo, pois a meu ver, o inglês de Caíne, digo oral, não era tão bom assim, não a ponto de entrar direto naquele estágio da What's Up!.

Sorte que nada, pensou Elmior Aldor. Aquilo era uma estratégia da diretora para não perder alunos ou para preencher o número de alunos para abrir uma classe. Sua próxima pergunta foi:

– Quais dos colegas de classe você já conhecia?

– Patrícia e Kátia. Estudo com elas desde o primeiro estágio da What's Up!. Nos tornamos grandes amigas desde então. O Luiz, eu conheço desde criança, inclusive foi estudar lá incentivado por mim.

– O Luiz faz parte da família – comentou a mãe de Carla com a sensação crescente de estar participando de um filme de detetive.

– Dali os únicos que eu realmente não conhecia, eram o Fábio e a Cleuza – concluiu Carla.

– E quanto a Caíne, ele conhecia alguém dali?

– Bem, tirando a mim, é lógico, o Luiz, a Kátia e a Patrícia que já haviam saído conosco várias vezes nos fins de semana, acho que... mais ninguém.

– Que você saiba, não é? – aventou Fábio Augusto maliciosamente.

– Sim, ao menos que eu saiba, ah!... creio que ele conhecia, se não me engano, a Martha, não, desculpe-me, acho que era ela quem o conhecia ou lhe fazia lembrar alguém, uma coisa assim... mas posso estar enganada.

– Nós não nos conhecíamos, com certeza! – afirmou Fábio Augusto, convicto.

Elmior lançou um olhar apreciativo para ele e depois, dirigindo-se à Carla, continuou:

– Você notou alguma coisa diferente em Caíne nas últimas semanas, nos últimos dias?

– Não – a resposta da jovem foi precisa. – A não ser que parecia estar trabalhando além do normal, dizia-se estar cansado... Bem, se isso era verdade, sabe lá Deus, não é? Agora começo a duvidar de tudo.

– E quanto ao professor, já o conhecia?

– Sim. Marcos deu aula para mim no terceiro estágio do curso.

– E as duas mulheres que foram convidadas a participar do Amigo Secreto?

– Nancy e Martha? Bem, impossível não conhecer Nancy uma vez que ela é a secretária da escola, conversa com todos dali e é amiga e confidente da maioria dos alunos. Quanto a Martha, bem... – Carla parou para refletir. – Acho que foi no quarto estágio que a conheci; sim, foi isso mesmo, só fui saber que era irmã do Marcos muito tempo depois.

– Já que você conhece o Luiz desde criança, o que poderia nos dizer sobre ele?

Carla fez uma longa pausa antes de responder e quando o fez, tinha certa hesitação na voz:

– O Luiz, é um doce de pessoa, posso pôr minha mão no fogo por ele. O conheço muito bem, não seria capaz de matar uma mosca. Ele está definitivamente fora de cogitação...

Calou-se por segundos, olhou a mãe, respirou fundo e continuou num tom mais ponderado:

– Para uma pessoa matar alguém, é preciso ter sangue frio, ou... – ela hesitou, seus lábios tremeram ligeiramente, por fim concluiu: – Ou estar fora de si... com muita raiva!

– Talvez você nunca tenha visto Luiz com raiva! – sugeriu Fábio.

– Na verdade, não – afirmou ela com precisão.

– Costuma-se dizer que quando se tira uma pessoa doce do sério ou ela atinge seu limite de paciência, ela vira um bicho! – acrescentou o astrólogo metido a detetive.

– O Luiz tem paciência de Jó – defendeu-se Carla. – É bom por natureza. E como já disse, é preciso ter um motivo, um bom motivo para assassinar alguém. Que motivos teria ele?

– Ciúme? – sugeriu Fábio Augusto, rapidamente. – Talvez estivesse apaixonado por você!

Tanto a mãe como a filha olharam para Fábio, transparecendo espanto.

– O Luiz apaixonado por mim? – riu Carla. – Ridículo!

– Talvez ele nunca tenha lhe dito – insistiu Fábio Augusto, persuasivo.

– Ai, Fábio! Você e suas ideias. Isso não tem cabimento – Carla parecia incomodada com a hipótese.

Nisso, sua mãe pediu licença para opinar:

– Eu acho possível sim que ele tenha se apaixonado por Carla com o passar dos anos; mas não quero dizer que mataria alguém só para poder ficar com Carla, isto não!

– De onde a senhora tirou essa ideia, mamãe? – exaltou-se Carla, olhando para a senhora com espanto.

– Uma vez o Luiz comentou algo a seu respeito com voz e um brilho no olhar de apaixonado que me fez pensar que talvez seu sentimento por você, fosse bem mais do que de amigo. Comecei a reparar bem nele desde então, e minhas suspeitas foram se confirmando. Luiz realmente gosta de você, filha, atrevo-me a dizer que a ama.

Carla, olhos abobados, questionou:

– E por que nunca me contou isso?

A mãe deu de ombros. Carla, retomando a postura, voltou a defender o amigo:

– Mesmo que isto seja verdade não faz dele um assassino.

87

Elmior assentiu e passou para a sua próxima pergunta:

– E quanto aos demais?

– Bem... a meu ver todos são excelentes pessoas. Kátia é um doce, Patrícia, Nancy, Martha e Marcos, idem. Quanto ao Fábio, se eu não o conheço, o senhor o conhece há mais tempo do que eu e pode tirar suas próprias conclusões. Resta somente a tal Cleuza, uma moça frágil a meu ver, uma assassina muito improvável.

Carla calou-se, balançou a cabeça e argumentou:

– Convenhamos que, apesar da tremenda coincidência, a hipótese de que o assassino seja o autor daquele bilhete, é fantasiosa demais... Não sei se deveríamos dar muita atenção a isso, não sei se o senhor realmente deveria perder seu tempo com isso, talvez o tal delegado tenha tomado a atitude certa.

Mirando Elmior com um olhar atento, ela perguntou:

– Acredita mesmo que possa haver alguma relação entre o bilhete e o assassinato de Caíne?

– Ainda é muito cedo para responder, minha jovem – respondeu Elmior, ponderado como sempre.

Carla fez uma careta duvidosa e acrescentou pensativa:

– Os assassinatos são na maioria das vezes cometidos por dinheiro, ninguém dali lucraria com a morte de Caíne; acho que o senhor deveria procurar por uma pessoa que lucrasse com a morte dele. Se ficar preso a este detalhe do bilhete de Amigo Secreto, estará direcionando a atenção para o lugar e suspeitos errados.

– A cunhada dele – cogitou Fábio Augusto elevando a voz.

Todos os olhos se voltaram para ele.

– Sim – enfatizou o rapaz. – É ela quem lucra mais com a morte de Caíne.

Carla, transparecendo cansaço, interrompeu a conversa:

– Se o senhor não se importar, eu gostaria de ir embora, estou esgotada.

– Absolutamente! Eu sei o quanto está sendo difícil esse momento para você.

Todos se levantaram e se despediram de Elmior Aldor. Carla ao apertar sua mão falou:

– Lembrei-me agora de algo curioso. A expressão do rosto de Caíne ao ler o bilhete com a ameaça. Ele ficou calado a princípio, acredito que se Patrícia não tivesse insistido para que ele lesse o tal bilhete, não o teria lido.

Ele chegou a fazer piada a respeito do bilhete, mas não pude deixar de notar que seu rosto demonstrava uma certa apreensão. Eu diria que aquilo realmente mexeu com ele.

Neste ínterim, a mãe de Carla havia ido até a uma estante onde se encontrava o aparelho de som do dono da casa junto a uma vasta coleção de vinil.

– Mas veja só! – exclamou ela. – Que arsenal de discos. Pelo que vejo, tem todos os do Rei e os da Bethânia. São meus favoritos também.

Elmior sorriu e a mulher comentou:

– Como é bom ouvir canções de amor, não? Elas nos fazem tão bem, aquecem nossos corações.

Elmior percebeu que aquela senhora era sem dúvida uma romântica assim como ele. Seria Carla tão romântica quanto a mãe?, perguntou-se.

Quando se dirigiam à porta, o bom detetive levantou uma nova questão a jovem:

– Agora me bateu uma dúvida quanto ao seu sobrenome. É Gapello ou Gapelli?

Tanto a mãe como a filha olharam para ele com certo espanto.

– O senhor sabe que aconteceu uma coisa engraçada? – explicou a mulher. – Em nossos registros está Gapello, mas meu filho, João Otávio, que mora na Itália já há um bom tempo, descobriu que um de nossos parentes se enganou na hora de registrar o nome e trocou o sobrenome de Gapelli por Gapello; então, na verdade, nosso sobrenome é Gapelli, mas no registro consta Gapello. Por quê? Há algo de especial nisso?

– Não, só perguntei por curiosidade, tenho uma amiga cujo sobrenome é Gapelli.

Fábio que se encontrava já cruzando o portão da frente da casa, virou-se para trás com o olhar curioso. Em seguida, Carla juntou-se a ele.

– Pobre Carla, está arrasada – segredou a mãe para Elmior enquanto se despediam mais uma vez.

– É compreensível – respondeu ele. – Mas me diga, a senhora, como toda mãe, deve conhecer sua filha como ninguém, certo?

Ela sorriu orgulhosa.

– A senhora acha que Carla estava realmente levando a sério esse namoro?

– Oh, sim. Levando muito a sério. Jamais vi Carla se interessar por um rapaz desse jeito, falava o tempo todo dele, até comentei com meu marido: "Carla realmente encontrou o homem de sua vida". Eu temia por este relacionamento, pois minha intuição, como disse, dizia que o moço não era flor que se cheirasse. Por isso digo, sem pudor algum, que foi melhor que ele tenha morrido. Foi um mal necessário para proteger minha filha. Sabe lá com o que mais esse moço estaria envolvido, podia ser até um traficante de drogas ou qualquer coisa do gênero, a gente nunca sabe, não é? Ainda mais nos dias de hoje.

Novas despedidas e os três partiram.

Assim que Fábio Augusto retornou para a sua casa, a primeira coisa que fez, foi ligar para Elmior Aldor e saber o porquê da pergunta sobre o sobrenome de Carla, se aquilo tinha algo a ver com as investigações.

Elmior, rindo, respondeu:

– Não, nada a ver, apenas uma ideia que me ocorreu.

Fábio Augusto não se deu por satisfeito com a resposta, para ele, Elmior suspeitava de alguma coisa envolvendo o sobrenome de Carla, mas não quis contar. O telefonema terminou com os dois combinando que fariam uma visita a What's up! por volta das 10 horas do dia seguinte.

Apesar de ser sábado seguido de feriado, mesmo sabendo que a maioria dos alunos faltaria, a escola não havia emendado, os professores tiveram de comparecer. Exigências de Ana Lúcia, a desagradável, mais um dos apelidos de mais fino trato que os professores lhe deram e com razão.

XVII

Ao chegar a casa, Carla foi informada pelo pai que Luiz já havia ligado três vezes para saber como ela estava e que pedira para que retornasse a ligação quando chegasse, caso se sentisse disposta a fazê-lo.

Carla ficou surpresa com o recado, pois pensou que Luiz havia seguido viagem como planejara, após falar com ela pelo telefone naquela manhã.

Carla ligou para o amigo após o jantar, que se resumiu numa pequena porção de sopa, por estar completamente sem fome. Contou ao amigo de infância os últimos acontecimentos. Inclusive tudo o que descobriu sobre Caíne. Luiz pareceu reagir naturalmente, sem grande emoção àquilo tudo. Nem a hipótese que Fábio havia levantado fez sua voz transparecer alguma surpresa.

Carla então lhe comunicou que o detetive Elmior Aldor estava querendo ter uma palavra com cada um dos participantes do Amigo Secreto. Luiz aceitou receber o tal detetive, por volta da quinze horas do dia seguinte, achou melhor que o encontro ocorresse no escritório de seu pai, pois poderiam ficar mais à vontade do que em sua casa. Antes de desligar, Carla quis saber:

– Só não entendi uma coisa, Luiz. Era para você estar viajando a uma hora dessas. Por que cancelou a viagem?

Luiz, ainda que se atrapalhando com as palavras, respondeu:

– Não poderia ir, não depois de tudo o que aconteceu. Sei que isso a afetou muito... Fiquei preocupado com você.

Após deixar bem claro para o amigo de que ela estava bem, realmente bem, Carla conseguiu terminar a ligação.

Em seguida, Luiz ligou para a casa de Fábio que se encontrava no banho. O chamado caiu na secretária eletrônica. Luiz riu ao ouvir a mensagem:

"No momento não posso atender. Ou é porque estou no banho, ou dormindo, ou ouvindo música, ou fazendo amor. Deixe seu recado, entro em contato!".

Luiz repetiu o que havia dito a Carla, acrescentou apenas o endereço do escritório do pai. Pediu que confirmasse se eles iriam ou não.

Quando saiu do banho, Fábio pegou o recado, e ainda nu retornou a ligação. Um homem com sotaque italiano atendeu ao chamado e lhe informou que o filho havia saído. Fábio pediu a ele, então, para informar Luiz que ele, Fábio Augusto, ligara para confirmar que se encontrariam na tarde do dia seguinte como combinado.

Em seguida, Fábio ligou para Cleuza e lhe contou as últimas. Ela parecia sem vida ao telefone, sua voz estava apagada, entristecida. O jovem teve a impressão de que ela estava dopada. Ficou combinado então, que ele iria com Elmior a sua casa, no dia seguinte, por volta das 17 horas. Para seu espanto, ela aceitou de bom grado, sem oposição.

Fábio pôs o telefone no gancho e espreguiçou-se; um ar de felicidade e satisfação estampou-se em seu rosto. De repente notou que ainda continuava pelado e o quanto era bom ficar assim. Abriu sua agenda e anotou: próximas férias, ir a uma praia de nudismo!

Naquela noite...

Carla já havia se recolhido em seu quarto quando a mãe chegou trazendo uma xícara de chá de hortelã; era uma desculpa, só para certificar-se do estado da filha. Encontrou-a chorando.

– Parece um pesadelo tudo isto, mãe... – desabafou a jovem. – Por que ele teve de morrer? Por quê?

A resposta da mãe foi precisa:

– Talvez para o seu próprio bem, minha filha.

XVIII
Manhã de sábado, 3 de novembro de 1990
Marcos estava sozinho na sala dos professores da escola, ajeitando uns papéis dentro do armário dos professores quando alguém deu um toque na porta, o que o fez dar um salto e deixar os papéis todos caírem ao chão.

Ao virar-se viu a figura de Fábio Augusto, encarando-o com um sorriso largo no rosto, um tanto quanto diabólico, na opinião de Marcos que o fez murmurar alguns palavrões em alemão.

– Ah! Que susto, Fábio! – disse, por fim.

– Ah... Te assustei, é? Desculpe, mas eu tinha que avisá-lo que estava aqui esperando ser notado, já há uns dois, três minutos. Você estava tão mergulhado em seus pensamentos que eu poderia ficar parado aqui por horas sem que você me notasse.

O rapaz ajoelhou-se para ajudar Marcos a pegar os papéis.

– Eu realmente não percebi sua chegada. Estava concentrado no que fazia...

Marcos levantou-se do chão e ajeitou tudo novamente no seu devido lugar.

– Mas que surpresa você por aqui, a esta hora – disse com profundo interesse sobre o que fizera Fábio Augusto ir até a escola àquela hora, num sábado após um feriado, num final de semana prolongado? Teria ele maiores informações sobre o assassinato de Caíne?

– Vim até aqui para trocar umas ideias com você... Eu realmente estive pensando... Pensando a respeito da morte de Caíne. Aquilo me chocou tremendamente, sabe?

– É, a mim também! Foi uma coisa horrível, chato mesmo! São Paulo começa a me apavorar, ainda mais sabendo que ele foi morto dentro do seu próprio apartamento. Nem em apartamento se tem mais segurança.

– É, isso acontece em todo o mundo: crimes, roubos, estupros, enfim... Mas não é bem isso que está me incomodando. É a respeito do Amigo Secreto.

– Ah, o Amigo Secreto! É verdade, mas não se preocupe, a pessoa que tirou Caíne dará o presente àquele que ficar sem presente; o que obviamente só poderá ter sido quem Caíne tirou.

– Não é disso que estou falando, Marcos. É a respeito do bilhete, do recadinho, o que Caíne recebeu na última sexta-feira, lembra?

– Ah!... Eu... Já nem me... lembrava mais daquilo... Ah! Você deve estar achando espantoso que o remetente do bilhete tenha, de certo modo, previsto a morte de Caíne? Mas acontece... os ufólogos dizem...

Fábio o cortou:

– Você não percebe? Aquele bilhete tem algo a ver com o assassinato de Caíne.

Fábio pôde ver as pupilas do professor dilatarem-se por trás das grossas lentes de seu óculos.

– Fábio, me desculpe, mas você está viajando *na maionese!* Acho que... acho não, tenho a absoluta certeza, de que se você não tivesse falado disso agora, eu particularmente, jamais teria me lembrado daquilo – disse Marcos secamente.

– Não sei se sabe, mas não foram encontradas marcas de briga no apartamento de Caíne, nem mesmo algo foi roubado. O apartamento estava intacto e não há indícios de que a porta tenha sido forçada.

Conclusão, quem entrou lá, entrou com o consentimento de Caíne, porque era alguém que ele conhecia. E tem mais, havia dois copos com refrigerante, o que confirma a presença de alguém, alguém que ele não esperava que fosse fazer o que fez.

Fábio calou-se e as palavras seguintes foram ditas mais para si mesmo do que para o colega professor:

– Infelizmente os copos não ajudaram muito a polícia, o que não estava quebrado continha as impressões digitais de Caíne;

naquele que estava espatifado no chão foi impossível colher as impressões digitais.

Marcos, de testa franzida, comentou:

– Eu não sabia a respeito desses detalhes. Bom, para falar a verdade, não estou sabendo de nada detalhadamente. Você é quem está me trazendo as primeiras notícias. A única informação que tenho é a que Carla me passou ontem pelo telefone.

– Por isso é que estou aqui, para saber o que você acha dessa minha suposição.

Fábio viu as mãos do professor se crisparem sobre o joelho e notou o súbito endurecimento dos músculos do rosto, mas a resposta dele soou precisa:

– Eu acho um pouco... um pouco, não, totalmente absurda!

– Absurda?! Como absurda?! – protestou Fábio. – Um cara recebe um bilhetinho de Amigo Secreto dizendo: "Você vai morrer" e seis dias depois é assassinado. Não, isto não é absurdo, Marcos. Aquele bilhete está ligado ao assassinato.

– A pessoa que escreveu o bilhete logo dirá que foi ela e... – Marcos calou-se, mudando o tom continuou – pensando bem, a pessoa que escreveu jamais dirá que foi ela. Deve estar com medo de que alguém possa vir a pensar exatamente o que você está pensando, ligar uma coisa a outra, tornando-a suspeita deste assassinato. Se é que ela própria se deu conta de tal coincidência.

– Por isso terei de fazer minhas investigações.

– Eu imagino – riu Marcos, ao visualizar Fábio Augusto com a roupa de Sherlock Holmes, andando pelas ruas de São Paulo.

– Eu não tenho dúvidas – continuou Fábio, convicto –, quem escreveu aquele bilhete matou Caíne. Um dos participantes do Amigo Secreto é o assassino. Você ri, não é? A gente não sabe o que há por trás das pessoas. O que nós sabemos um dos outros na classe são apenas detalhes superficiais... Nós...

Fábio foi interrompido pela voz inconfundível de Ana Lúcia, que soou na sala:

– Com licença? Fábio Augusto, querido, há um senhor na recepção procurando por você. Ele disse que vocês marcaram um encontro aqui, é verdade?

Fábio concordou com a cabeça.

Ana Lúcia se aproximou dele e falou em voz um pouco mais baixa:

– Marcos e Martha me contaram esta manhã sobre o tal aluno que foi assassinado, horrível. Se você estiver a par dos detalhes do acontecido, me conte depois.

– Terei o maior prazer. Espere-me aqui que eu volto já.

Fábio deixou a sala, saltitando de empolgação.

Ao notar que a janela da sala dos professores estava aberta e que ficava ao lado da janela da sala da diretora, Marcos tratou logo de se desculpar:

– Acho que estávamos falando muito alto, não é? Ou melhor, Fábio estava falando muito alto, desculpe-me se a perturbamos.

– Não ouvi nada – respondeu ela, placidamente. – Ando meio surda, sabe... acho que a acupuntura que venho fazendo afetou um pouco a minha audição.

Ela virou-se para mostrar a ele a orelha cheia de agulhinhas.

– E funciona?

– Ao menos tenho dormido com maior facilidade.

– Martha é quem estava pensando em fazer.

– Se ela quiser, posso lhe passar o telefone do meu acupunturista, ele é ótimo.

Segundos após, Fábio Augusto reapareceu ao lado de Elmior Aldor.

– Marcos, Ana, este é meu amigo detetive, Elmior Aldor.

Ana Lúcia analisou Elmior da cabeça aos pés, o mesmo fez Marcos com um olhar desconfiado. Após as devidas apresentações, Fábio explicou:

– Elmior ajuda a polícia em casos de assassinato um tanto quanto mirabolantes demais. No momento ele está investigando a hipótese que levantei.

96

– Hipótese?! Que hipótese? – surpreendeu-se a diretora, arregalando os olhos, levemente assustada.

Foi Marcos quem respondeu e com certo sarcasmo na voz:

– De que um dos participantes do Amigo Secreto que estamos fazendo no nono estágio, assassinou Caíne Quintana.

– Não! – exclamou Ana Lúcia, perplexa. A cor de seu rosto desapareceu por segundos.

– Sim! – reforçou Fábio Augusto, dramático como um personagem de Shakespeare.

– E de onde você tirou esta ideia? – a voz de Ana soou um pouco mais aguda que o normal.

– De um bilhete de Amigo Secreto – adiantou-se Marcos mais uma vez, como quem diz "Você acredita nisso?".

Fábio contou tudo o que acontecera na troca de bilhetes da última sexta-feira. O rosto de Ana Lúcia começava a dar alarmantes sinais de apoplexia.

– Pobrezinho, sua cabeça deve estar embaralhada de tanto estudar astrologia – murmurou a mulher, penalizada. – E você contou isso à polícia?

Fábio fez que sim, com a cabeça:

– E o que eles acharam?

Fábio fez uma careta antes de responder:

– Não deram muita trela, mas meu amigo Elmior Aldor, sim!

Elmior achou melhor explicar:

– Pois é, o delegado que está cuidando do caso não demonstrou nenhum interesse, mas eu, devo admitir, achei o fato curioso demais, afinal é muita coincidência, não acham? Por isso resolvi investigar!

Tanto Ana Lúcia quanto Marcos menearam a cabeça afirmativamente.

– Só para tiramos a cisma – concluiu Elmior Aldor.

Ana Lúcia após breve reflexão, fez um pedido muito sério ao detetive:

– O senhor pode investigar o quanto quiser, só lhe peço que faça isso sem causar problemas à minha escola, e peço a você também Fábio. Se as pessoas ficarem sabendo desta história, por mais que seja inverídica, a nossa boa reputação pode ser afetada. Vocês sabem como são boatos, mesmo não sendo verdadeiros, às vezes, podem denegrir não só uma empresa como uma pessoa, injustamente.

– Eu entendo a senhora perfeitamente – respondeu Elmior já sentindo seu tímpano latejar, devido à voz ardida e aguda daquela mulher que ele classificaria como sendo de personalidade forte e marcante.

– Mas o senhor acha mesmo que possa haver relação entre o bilhete e o crime? – perguntou Marcos a seguir. – Eu, particularmente, não consigo ver alguém de nossa turma com sangue frio, com garra para praticar tal ato.

– Eu concordo com Marcos – afirmou Ana Lúcia, olhando seriamente para o detetive. – Posso dizer que conheço muito bem a maioria dos participantes deste Amigo Secreto, se bem que as pessoas não são o que geralmente aparentam ser. Todos têm um lado maldoso por trás de si. Uma coisa meio Mr. Jekyll and Hyde*.

"Essa deve ser a tal patroa chata que ninguém quer ter", pensou Elmior e concluiu que seus pensamentos estavam certos ao ver o rosto impaciente de Marcos, olhando para a diretora que completou:

– Eu vou ter de informar à direção geral da escola a respeito do que está havendo para saber quais medidas devem ser tomadas neste caso. É meu dever, como diretora, mantê-los sempre informados; não posso só falar por mim, o senhor entende? Somos uma rede e essa história, como já disse, poderia afetar a nossa respeitabilidade no mercado.

– Eu entendo a senhora – respondeu Elmior, placidamente –, mas fique tranquila, serei discreto e não deve se preocupar, pois na

---

*Citação do personagem do famoso livro *O médico e o monstro* escrito pelo autor escocês Robert Louis Stevenson e publicado originalmente em 1886. O Dr. Henry Jekyll se transforma no misantropo Edward Hyde por meio de uma fórmula inventada pelo próprio.(N.A.)

realidade como já lhe afirmei, estou fazendo uma investigação particular. Puramente particular.

Para Elmior, Ana Lúcia era o tipo de profissional que sabia separar muito bem o racional do sentimental. Seria capaz de defender o nome de sua escola acima de qualquer sentimentalismo barato. Poderia ser tida como chata, mas por ser assim, é que com certeza conseguiu pôr a unidade onde era diretora no patamar em que se encontrava.

– Bom, se precisarem de mim, estou em minha sala – encerrou a diretora, deixando o aposento.

Ao chegar à porta, deu de cara com Martha que ia entrando.

– Martha querida, você precisa saber das últimas.

Em segundos, a mulher lhe contou alto e em bom som tudo o que havia sido dito naquela sala, sem esquecer nenhum detalhe. Falou num ritmo só, sem tomar fôlego.

Antes de deixar definitivamente o local, fez mais um pedido, desta vez direcionado a Martha e Marcos:

– Por favor, não comentem essa hipótese do Fábio com os outros professores.

Apesar do tom ameno que usara para fazer o pedido, Martha e Marcos compreenderam que aquilo era bem mais do que um pedido e sim, uma ordem.

A seguir, Martha foi apresentada a Elmior Aldor.

– Só você mesmo, Fábio, para vir com uma ideia dessas – declarou ela, balançando a cabeça, inconformada.

– Quer dizer que a senhorita também não põe fé nessa hipótese? – indagou Elmior prestando bem atenção a moça de quase 30 anos.

– Não! É lógico que não! – respondeu Martha, alterando ligeiramente a voz.

Voltando-se para Fábio, perguntou:

– Diga-me, Fábio... Por que você está tão interessado nisso?

– Ah!... – ele riu, meio sem graça –, sempre gostei de livros e filmes de mistério e detetive e pode estar aqui a minha chance de viver uma grande história de detetive na prática, na vida real.

Marcos e Martha se entreolharam e Elmior aproveitou a deixa para interrogar os dois.

– Se não se importarem, gostaria de lhes fazer algumas perguntas. Importam-se que Fábio Augusto esteja presente?

Tanto Marcos como Martha não se opuseram.

– Pois bem – começou Elmior, dirigindo-se primeiramente a Marcos.

– O que você poderia me dizer a respeito de Caíne?

Marcos refletiu rapidamente e respondeu:

– Eu pouco o conhecia... O que sei dele é o que falou em sala de aula, pouco conversávamos fora da classe.

Martha se utilizou da mesma resposta do irmão.

– Quem pode descrevê-lo melhor, sem dúvida alguma é Carla Gapello. Afinal, ela o conhecia há mais tempo, tiveram muito mais contato que os demais – sugeriu Marcos em tom eficiente.

– É verdade – concordou Martha e ponderando o tom, acrescentou – a única coisa que eu poderia dizer a respeito de Caíne é que ele era um tanto quanto desagradável, sem tato. Na festa de Halloween, por exemplo, fora muito indelicado com Patrícia, também participante do Amigo Secreto.

– E quanto aos demais, o que pode dizer de cada um?

Foi Martha que respondeu primeiramente desta vez:

– Bem, conheço a Nancy mais que todos, por ser ela a secretária da escola. Quanto a Carla, Patrícia, Kátia e o Luiz, conheço os quatro por ter sido professora deles no quarto estágio do curso.

– O mesmo digo eu – adentrou Marcos.

– O Luiz... sabe... – murmurou Martha, hesitante –, nem sei se deveria dizer isso, mas, ocorreu-me agora eu ele deve estar contente com a morte de Caíne.

Elmior, surpreso com o comentário, perguntou:

– Por que acha isso?

– Porque ele é apaixonado pela Carla.

– Como sabe disso? – agitou-se Fábio Augusto.

– Pela Patrícia, é lógico! Foi ela quem percebeu, acha que Luiz esconde esta paixão há muito tempo. E você sabe, dela ninguém consegue esconder nada.

Fábio Augusto ficou alvoroçado diante daquelas palavras, pois elas iam de encontro a opinião da mãe de Carla a respeito dos sentimentos do moço pela filha.

Aproveitando a pausa, Marcos Depp opinou:

– Bem, se o Luiz ficou contente pelo acontecido, Cleuza Yoko Sarai deve estar arrasada a essas alturas.

– Como assim? – Fábio Augusto empertigou-se.

– Estou bastante certo de que Cleuza era apaixonada por Caíne. Sempre a pegava olhando para ele durante a aula, com olhos apaixonados. Para falar a verdade, esta foi a única coisa particular que notei entre meus alunos.

– Cleuza, é mesmo?

Um olhar sorrateiro passou pelos olhos de Fábio Augusto.

– Eu nunca desconfiaria – afirmou Martha.

– Mas também posso estar errado – adiantou-se Marcos.

– Aquarianos pouco deixam transparecer seus sentimentos – explicou Fábio Augusto com ares de quem junta dois e dois.

– Quando o assunto é paixão, não importa qual seja o signo, todos agem do mesmo modo – opinou Marcos, secamente.

Elmior teve a impressão de que Martha tivera um ligeiro estremecimento ao ouvir o irmão pronunciar a palavra "paixão". Teria sido impressão?

A pergunta seguinte de Elmior foi dirigida à Martha:

– Há pouco você disse que Caíne foi indelicado com Patrícia durante a festa de Halloween. O que houve exatamente?

– Caíne contou a todos a história de uma moça do interior que ele conheceu ou ouvira falar, que se tornara amante do marido

101

da melhor amiga e quando ela descobriu se vingou dela de uma forma escrota. No final, ele deu a entender que essa moça era a própria Patrícia.

Marcos interveio:

– Descarte isso Martha, Caíne estava bêbado, completamente bêbado e, com certeza, estava delirando.

– Sim, eu sei, mas não foi o que o rosto de Patrícia me revelou. Não só o dela como o de Kátia também. Lembro-me bem de ter visto Kátia ficar vermelha e trêmula e, depois, Patrícia irritada. Logo, ela e Kátia foram para o banheiro e voltaram de lá transpassadas. Eu, particularmente, tive a impressão de que Caíne não estava delirando, o que ele disse, deve ser verdade. Por isso, ela ficou naquele estado, espantada por ele saber, ter descoberto. Envergonhada por ele ter dito na frente de todos. Temerosa, caso ele continuasse a espalhar tal fofoca.

Martha resumiu rapidamente o que a amiga fizera com a amante. Elmior ergueu as sobrancelhas de espanto.

Fábio Augusto estava, visivelmente, adorando tudo aquilo.

– Isso poderia muito bem ser um motivo para ela querer se ver livre dele. Não nos esqueçamos de que Caíne, no passado, administrou as filiais do pai pelo interior, por isso pode muito bem ter ficado a par da fofoca e a bebida apenas lhe deu coragem de soltar a língua.

Fábio, dramático como os personagens de Shakespeare, falou:

– Eu já posso compreender tudo. Acompanhem meu raciocínio. Depois que Patrícia foi humilhada pela esposa do amante, ela se viu forçada a mudar de cidade para ficar bem longe deste infortúnio e escolhe São Paulo para recomeçar sua vida por ser uma cidade grande onde se pode viver com certa privacidade. Mas, então, quando menos espera, surge um rapaz, Caíne, que traz de volta este passado ao presente, ameaçando sua paz, sua nova vida.

Kátia deve ter ficado aturdida, como você mesma percebeu, Martha, pois logicamente sabe de tudo, uma vez que também é da mesma cidade que a de Patrícia. Patrícia, então, resolve calar a boca de quem ameaça estragar sua paz, vai até o apartamento de Caíne e dá cabo dele. Para mim está tudo muito claro agora!

Fábio fez uma pausa dramática antes de acrescentar:

– Já sei, irei a Ribeirão Preto confirmar essa história.

Martha, sentindo-se um pouco culpada por ter falado aquilo e justo a Fábio, linguarudo e de imaginação excessivamente perigosa, a seu ver, disse:

– Eu contei isso para o senhor para ajudar a mostrar a personalidade de Caíne, só por isso...

– Acalme-se, Fábio – alertou Elmior Aldor com um tom de amabilidade um pouco mais forçada na voz. – Não devemos tirar conclusões apressadas!

Sem lhe dar ouvidos Fábio falou:

– Não podemos descartar o fato de que essa passagem ocorreu um dia antes de o assassinato ter sido cometido. Talvez Caíne estivesse chantageando Patrícia, lembrem-se de que as famílias de Patrícia e Kátia são bastante abastadas, foi Carla quem me contou; ela própria já esteve na casa de ambas no interior algumas vezes.

Todos ficaram reflexivos. Marcos, então, com uma súbita guinada de bom humor, falou:

– Eu acabo de me lembrar de algo! Caíne quase me atropelou um dia aqui bem na frente da escola. Entrou nessa rua que nem um louco. Não me matou por pouco. Talvez esse seja um bom motivo para eu tê-lo matado, não?

Todos riram, exceto Fábio.

– Não quero mais tomar o tempo de vocês – disse Elmior, a seguir. – Peço-lhes, por favor, que me informem, caso se lembrem de alguma coisa que alguém tenha dito ou feito que possa ajudar a desvendar o mistério em torno do assassinato de Caíne Quintana. Sabem como é... Às vezes nos lembramos de coisas que no momento esquecemos por completo.

– Acredito que lhe contei tudo o que sei – afirmou Marcos, convicto.

103

Elmior teve a sensação de que algo preocupava o professor. Talvez ele estivesse escondendo alguma coisa, algo que certamente, não tinha nenhuma intenção de contar.

Martha respondeu o mesmo que o irmão e pediu a Fábio Augusto para mantê-la informada das respectivas investigações da polícia e não das dele, pois estava absolutamente certa de que aquilo que ele supunha, não daria em nada.

Fábio simplesmente a fuzilou com o olhar.

Elmior já deixava a sala quando Martha, num tom preocupado, falou:

– Espero de coração que o que eu tenha dito não prejudique a Patrícia. Foi uma tolice minha ter comentado tal coisa... Às vezes falo coisas sem pensar...

– Típico de Áries – murmurou Fábio Augusto se achando o tal.

– Pode deixar – afirmou Elmior –, serei discreto. E a propósito, que coincidência, você e seu irmão terem escolhido a mesma profissão, não?

– Sou advogada, na verdade – explicou Martha, sorrindo.

– É mesmo? O que faz aqui, então, como professora?

– Eu também sempre me pergunto o mesmo. Por sinal, aqui está repleto de professores e funcionários com diplomas em áreas completamente diferentes das que trabalham aqui. Por exemplo: a Nancy é psicóloga e trabalha aqui como secretária...

– Por falar em Nancy, iremos falar com ela agora – interveio Fábio, pegando no braço de Elmior e o arrastando para fora da sala dos professores.

– Nancy? – inquiriu Ana Lúcia que chegara à porta da sala naquele instante. – Vou cedê-la para o senhor por alguns minutos. Venha vou levá-lo até ela e, enquanto isso, aproveito para lhe dizer o que conversei com os diretores da escola.

Elmior agradeceu.

Assim que restaram apenas Martha e Marcos na sala dos professores, Marcos trocou o sorriso por um rosto preocupado.

Martha ficou imóvel, perdida em seus pensamentos, parecia ter se transformado numa estátua de pedra.

– Esse Fábio está louco! Completamente pirado, meu Deus, lembrar-se daquele bilhete numa hora dessas – esbravejou Marcos, enfurecido –, e falar com a polícia. Ele vai acabar criando confusão para todos nós, dá vontade de dar uns tabefes nesse astrólogo de meia pataca.

Havia tamanha raiva nos olhos de Marcos que fez Martha se encolher toda.

– Isso não vai dar em nada – disse ela, calmamente. – Acalme-se!

Mas Marcos Depp não se acalmou.

IXX

Durante o trajeto até a recepção, Ana Lúcia repetiu para Elmior o que a diretoria geral da escola havia decidido com relação àquela investigação. Não era muito diferente do que ela mesma já havia dito a ele. Salientou apenas que a escola não poderia fornecer quaisquer informações tais como endereço dos alunos, a não ser com um mandado da polícia.

Fábio, de antemão, avisou que aquilo não seria necessário, uma vez que todos da classe possuíam não só o endereço, como também o telefone de cada um dos participantes do Amigo Secreto.

"Engraçado, se todos tinham telefones e endereços, por que não enviar a Caíne o bilhete ameaçador por correio?", perguntou-se Elmior. Mas a resposta veio quase que automática. Não fora feito assim, para que o remetente pudesse ter o prazer de ver seu estado emocional ao ler o bilhete na frente de todos. Talvez o assassino fosse um sádico.

Ana Lúcia encerrou o assunto pedindo, em nome da diretoria da escola, que Elmior fizesse o possível para esclarecer a tal hipótese de Fábio o mais rápido possível e de forma discreta, sem envolver a polícia no caso.

105

– Fique tranquila – garantiu Elmior, polido como sempre.

– Em confio no senhor – salientou Ana Lúcia, sorrindo-lhe, amavelmente.

Elmior retribuiu o sorriso.

XX

A sala do LAB estava vazia e foi para lá que Elmior, Fábio e Nancy se dirigiram. Nancy fechou a porta e os três se acomodaram nas cadeiras em volta de uma mesa.

– Estou curiosa para saber o que um detetive quer comigo – disse Nancy de modo simpático.

– Estou aqui por causa do bilhete do Amigo Secreto que Caíne recebeu na última sexta-feira – explicou Elmior Aldor.

– Ah! O tal famoso bilhete "Você vai morrer!". Foi muito divertido, se bem que a brincadeira de mau gosto me parece, agora, um presságio... mas... espere aí, o senhor não acha que aquilo pode ter uma relação com o assassinato de Caíne, não é?

Fábio, tomado de indignação, respondeu:

– Um rapaz recebe um bilhetinho anônimo dizendo "Você vai morrer" e após seis dias ele realmente morre e, você acha que isto não tem nada a ver, Nancy. Qual é?

– É coincidência demais, não acha? – perguntou Elmior, observando bem a moça.

Houve um intervalo, uma pausa prolongada antes que a secretária voltasse a falar:

– Sim, é... Então, o senhor supõe que o remetente daquele bilhete seja o assassino de Caíne? É por isto que está aqui investigando cada um dos participantes do Amigo Secreto? – Nancy balançou a cabeça pensativa. – Uma coisa é certa, eu não o escrevi, nem o enviei. Além do mais, que motivo teria eu para matar Caíne? Coitada de mim!

– Tudo o que quero é exterminar esta hipótese o mais rápido possível, e para isso preciso da ajuda de cada um dos participantes. O que poderia me dizer a respeito de cada um deles?

106

A secretária sacudiu os ombros.

– Eu sou apenas uma secretária, conheço todos vagamente.

– E quanto a Caíne, qual era sua opinião sobre ele?

– A meu ver, ele era um tipo falso. Destes em que não se pode depositar confiança. Um homem bonito, que faria com que qualquer mulher caísse de quatro por ele. Um Don Juan nato que engana como ninguém uma mulher de coração tolo e inexperiente. Conheço muito bem esses tipos, não são flor que se cheire.

Elmior teve a sensação de que Nancy aprendera muito cedo a proteger seu coração.

– Pobre Carla – continuou a moça. – Acho que foi melhor para ela que tudo isto tenha acontecido. Ela é uma garota e tanto, merece um cara melhor. Sabe... por diversas vezes tive a impressão de que Caíne era casado! Se não fosse casado, talvez juntado. Sabe como é? Amizade colorida, relação aberta.

Houve uma pausa significativa antes que Nancy voltasse a falar. E quando o fez foi num tom de voz ligeiramente diferente.

– Por incrível que pareça, Caíne morava perto de mim.

Tanto Elmior quanto Fábio endireitaram o corpo e apuraram os sentidos.

– Não havia me tocado disso, nem mesmo quando preenchi sua ficha de inscrição aqui na escola. Também não conheço o nome de todas as ruas perto de onde moro, afinal, mudei faz pouco tempo, se bem que acho que ninguém na verdade conhece o nome de todas as ruas próximas a sua casa.

Elmior concordou com um pequeno aceno de cabeça e ela continuou:

– Foi num dia quando saía do supermercado que descobri isto. Cruzei com Caíne quando saíamos do local. Ele não me reconheceu, mas eu, sim. Talvez tenha me reconhecido, mas preferido fingir que não tinha me visto, sei lá. Chamei por ele. Não conseguiu disfarçar o susto que levou ao me ver, quase derrubou o que segurava. Deu-me um sorriso amarelo e me disse que havia corrido até ali

107

para comprar um refrigerante para servir para uma visita; por isso estava com pressa. Antes de ele partir, perguntei se morava perto e ele me disse que sim, a duas quadras dali. Nem tive tempo de explicar que eu também morava próximo, pois ele despediu-se e rapidamente se pôs a andar com passos largos. Foi aí que tive a impressão de que ele escondia algo, desde então fique cismada. Ele me pareceu o marido fazendo compras. Visita uma ova! Segui meu caminho de volta para o apartamento. Ele seguia na frente, rapidamente ganhou dianteira. Vi-o entrar em seu edifício...

Um riso cortou sua fala:

– Desculpe-me, mas continuo achando que o senhor está perdendo o seu tempo com essa história. Não consigo ver nenhuma ligação dos participantes do Amigo Secreto com aquele estranho moço de manias excêntricas, que morava num estranho prédio e que era estranho para nós.

– Estranho? Excêntrico? – murmurou Elmior meio confuso. Antes que pudesse articular alguma frase ou mesmo concluir seus pensamentos, a voz de Fábio o dispersou:

– Quem mais da turma você considera estranho?

Ela ia responder de imediato, mas conteve-se. Disse apenas:

– Ninguém mais.

Elmior levantou-se e lhe agradeceu. Fábio fez o mesmo e antes que deixassem o LAB, Fábio quis saber:

– Por que chamou de estranho o edifício onde Caíne morava?

– Estranho?! – espantou-se ela. – Eu disse isso? Ah! Foi apenas por que achei que era um prédio diferente. Tinha alguma coisa de diferente nele, na fachada, sei lá... devo estar confundindo as bolas...

Fábio visualizando o edifício em pensamento, argumentou:

– Eu estive lá e não me lembro de ter visto nada de estranho ali, nada mesmo!

– Talvez só fosse estranho para mim. É que depois da faculdade fiz um curso de decoração e arquitetura, algo que sempre me fascinou. Desde então, tenho o costume de me apegar a qualquer detalhe arquitetônico, com certeza deve ter sido algo na fachada do edifício que considerei estranho, inadequado. Mas agora não me lembro o que era.

– Se lembrar, diga-me – pediu Fábio, atiçado de curiosidade.

Assim que Nancy se retirou, Fábio voltou-se para Elmior, que parecia estar admirando o LAB e disse:

– Ela é uma ótima pessoa.

– Sim, sem dúvida – respondeu o detetive um tanto disperso.

– Desculpe a minha ignorância, mas, afinal, para que serve esta sala exatamente?

Fábio Augusto riu e confidenciou:

– Você sabe que eu fiz a mesma pergunta quando entrei aqui. Cada cabine aqui comporta um aluno e contém um sistema de gravação que lhe possibilita ouvir uma fita, contendo toda a matéria que ele aprendeu em sala de aula. Nesta fita há sempre um tempo após cada frase dita em inglês, para que o aluno possa repeti-la. Como há um microfone, ao repetir a frase em inglês, ela é gravada. Depois de concluído o exercício, ele pode rebobinar a fita e ouvir o que disse e observar se sua pronúncia está igual à frase em inglês, se não estiver pode regravá-la e, com isso, aperfeiçoá-la. Há sempre um professor monitorando os alunos. Ele fica sentado bem ali, naquela cabine máster.

– É muito bem feito e interessante – elogiou Elmior com sinceridade.

– Esse sistema de LAB é um dos trunfos da escola, é o que difere a What's Up! das demais escolas de inglês do país.

– O mais incrível é como a sala é silenciosa apesar de estar grudada à Avenida Brigadeiro Luiz Antonio.

– A sala foi toda revestida à prova de som, tipo um estúdio de gravação, por causa do barulho da avenida e também para que os alunos gravem sua voz sem ruídos.

Elmior deu sinais de ter gostado muito de estar ali no LAB da What's UP! Englsh Course.

XXI

Assim que o detetive e o rapaz metido a astrólogo se foram, Ana Lúcia apareceu na recepção da escola curiosa para saber o que Nancy havia conversado com o detetive. Ela puxou uma cadeira e se sentou em frente à mesa da secretária. Sem rodeios, disse:

– Estou louca para saber o que você está achando disso tudo. Já estou a par da tal hipótese que Fábio levantou a respeito do assassinato do tal rapaz.

– Para mim Fábio perdeu totalmente o juízo. Onde já se viu acreditar que alguém de nossa turma matou Caíne? – respondeu Nancy com certo aborrecimento.

– É verdade – admitiu Ana Lúcia balançando mentalmente a cabeça. – Eu também acho improvável, se bem que é bastante coincidência, não acha?

Nancy pareceu momentaneamente sem ação. Ana sem se ater a ela, fez um desabafo:

– Só quero que o nome da minha escola fique fora disso tudo. Se isso vaza por aí, principalmente na mão dos concorrentes, teremos sérios problemas: perda de alunos, má fama, prejuízos, decadência. Às vezes um simples boato destrói tudo aquilo que se levou anos para construir com empenho e disciplina.

O tal detetive me parece uma pessoa idônea, diferente da polícia. Eu realmente não confio na polícia deste país, é tanta gente que escapa impune de seus crimes. Minha tia, por exemplo, uma vez foi assaltada, limparam toda sua casa e, mais tarde, descobriu-se que um dos policiais que investigava o roubo estava envolvido com a gang de assaltantes.

Minha irmã, enquanto estudava no interior e precisou da polícia para solucionar uns problemas, eles também de nada serviram. Fiquei chocada com a lerdeza da polícia interiorana, nunca lidei com gente tão lerda. Nesse país às vezes nos dá vontade de fazer justiça com as próprias mãos.

110

– Sem dúvida – concordou Nancy, maquinando alguma coisa na cabeça. – O que falta para muitos é coragem. Quantas pessoas que são vítimas de injustiças, gostariam de acertar as contas com aqueles que a justiça deixou escapar impunemente? Não é só coragem que falta não, é sangue frio, tem de se ter verdadeiro sangue frio para agir assim.

Baixando a voz, Nancy confidenciou:

– Para mim Caíne foi morto por uma de suas amantes.

– Você acha que ele era mulherengo?

– Mulherengo? Sim, sem dúvida. E daqueles que engravidam uma garota e não assumem a criança.

Ana Lúcia pareceu se acender como um vaga-lume.

Nancy contou a seguir para a diretora o encontro que teve com Caíne na saída do supermercado perto de sua casa. Após breve reflexão, Ana Lúcia analisou:

– Vamos supor, Nancy, que a hipótese do Fábio seja 100% verdadeira. Na sua opinião, qual dos participantes do Amigo Secreto teria tido coragem de fazer uma coisa escabrosa dessas?

– Ter coragem para assassinar alguém é uma coisa, ter motivo é outra. As duas coisas precisam se encaixar – respondeu Nancy pensativa e continuou: – As únicas pessoas dali que conheço bem, como você mesma sabe são Marcos e Martha. Não acredito que Marcos tenha coragem de matar alguém, sequer uma mosca e Martha é tão igual a ele...

– Vá saber se Martha não se envolveu com o rapaz?

Surgiu um ar malicioso nos olhos de Ana Lúcia.

– Caíne não parecia ser o tipo de Martha ainda mais a ponto de fazê-la perder a cabeça e matá-lo por amor.

– Quem ama não mata, não é o que dizem?

– Sim. Quanto aos demais... Cleuza, Luiz e Kátia são pessoas, a meu ver, frágeis... Não têm perfil de assassino. Restam-nos Carla e Patrícia e, embora tenham um gênio um pouco mais forte, uma personalidade mais decidida, também não consigo vê-las no papel de assassinas.

Um ar malicioso transpareceu nos olhos da diretora.

– E quanto a você Nancy? Teria você algum motivo para matar aquele rapaz?

Nancy pareceu ter se assustado com a pergunta. Ela própria havia se retirado da lista dos suspeitos há muito tempo, na realidade jamais se viu pertencendo a ela. Em meio a um sorriso sem graça, ela respondeu:

– Ora! Imagina, Ana Lúcia, eu nunca havia visto aquele moço antes de ele vir estudar aqui. Não se mata alguém simplesmente por matar, ao menos é o que eu penso. Há sempre um motivo por trás, um motivo pelo qual vale a pena correr o risco e executar tal tarefa. Espero que aquele detetive leve em conta isso; estou começando a ficar assustada, de repente, somos vítimas da maldade de alguém e acabamos sendo prejudicados.

– Nem me fale. Agora me diga, você estava lá, naquela noite em que houve a troca de bilhetes do Amigo Secreto, qual foi a reação dos participantes, ao ouvirem o rapaz ler o tal bilhete ameaçador?

– Lembro-me apenas de termos rido após a leitura e brincamos com Caíne, mas foi só isso... – subitamente, a expressão do rosto da moça, mudou. – Acabo de me lembrar de algo interessante. Depois de ter mencionado que achava Caíne um tanto excêntrico e estranho Fábio me perguntou se eu achava alguém mais dos participantes do Amigo Secreto "estranho". Até o detetive pareceu-me ficar atento a minha resposta.

– E o que você respondeu? – Ana Lúcia empertigou-se toda, assumindo um ar de inteligência quase sobrenatural.

– Não respondi, mas... eu acho, sim, que alguém mais da turma seja estranho... o próprio Fábio.

– Fábio Augusto?! Talvez seja porque ele seja astrólogo! Astrólogos são excêntricos.

– Não sei... – Nancy pareceu em dúvida, franziu a testa e acrescentou quase num murmúrio: – Ele é estranho por outro motivo... Se não fosse ele ter-se lembrado do tal bilhete, nada disto estaria acontecendo. Afinal, o que ele quer com tudo isso?

112

– Segundo ele me disse, é seu sonho poder resolver um caso de assassinato de verdade. Parece que a polícia o ignorou completamente. Acredito que se não fosse esse senhor... Elmior *something** que é seu amigo, poucas chances haveria de investigação. Se bem que agora, conhecendo Fábio Augusto um pouco melhor, acho que isso seria indiferente, ele mesmo investigaria por conta própria.

– O que ele gosta mesmo é de pôr lenha na fogueira! Só espero que não acabe se queimando – observou Nancy seriamente.

Ana Lúcia, levantou-se e disse:

– O que devemos fazer é ficar alerta a tudo e a todos! Deixe me ir, depois conversamos mais.

Nancy ficou ali, pensando nas esquisitices de Fábio Augusto.

XXII

Elmior tivera de deixar Fábio Augusto em sua casa antes de seguir caminho para encontrar-se com Luiz Collombus, porque o rapaz havia combinado de levar a mãe no batizado da filha de uma prima de quarto grau. Tentara, a qualquer custo, desmarcar o compromisso com a mãe, mas ela mestra na arte da chantagem emocional não o permitiu. O detetive partiu da casa de Fábio sob juramento de que relataria sem omitir uma vírgula sequer, tudo que fosse falado durante as conversas.

Elmior Aldor encontrou um trânsito favorável na Radial Leste que lhe permitiu chegar ao escritório, na Penha, bem antes do que pensara. Pelo caminho, pensou...

O autor do bilhete deveria estar assustado, após saber da hipótese de Fábio e de que um detetive estava investigando o caso; se confessasse ter sido ele quem escreveu o bilhete e provasse onde estava na hora do crime o assunto seria encerrado. Porém, Elmior receava que isto não acontecesse por medo de ele se comprometer.

Até o momento nenhum dos participantes com quem ele havia conversado assumira a autoria do bilhete. Mas ainda era cedo para

---

*"Alguma coisa" (N. do A.)

113

descartar a hipótese desta confissão. Restavam ainda quatro dos participantes para ele averiguar.

Recapitulou o que já ouvira até então de Carla, a namorada; de Fábio, o metido a detetive; de Marcos, o professor dedicado, de Martha, que preferiu ser professora a ser advogada e de Nancy, a secretária...

Algo em seu íntimo dizia que ele ainda estava bem longe da verdade, ou melhor, do que poderia ser a verdade. Enquanto isso, a polícia continuava investigando o crime sob o comando de Teixeira, mas sem obter pista alguma do assassino.

Elmior foi recebido por Luiz como um executivo recebe um cliente. O detetive fizera outra ideia do tipo que seria Luiz Collombus, assim como Luiz também fizera outra ideia de como seria Elmior Aldor.

– Muito prazer, Luiz Collombus a seu dispor – apresentou-se Luiz, apertando a mão de Elmior, num gesto executivo.

Por trás das grossas lentes de seus óculos, Luiz analisou rapidamente o senhor a sua frente e fez comentários consigo próprio.

– Elmior Aldor, a seu dispor.

– Queira sentar-se, por favor.

Assim que ambos se acomodaram, Elmior analisou rapidamente o moço magro, de estatura mediana e olhar anêmico à sua frente. Tinha energia, nervos bem equilibrados, julgamento preciso e força de vontade. Era ao mesmo tempo, sensível, perspicaz e, levemente desconfiado. Naquele momento, se achava plenamente calmo, com certeza, seu estado natural. O que levaria um indivíduo cujo autocontrole era evidente, a perder o controle, isso lhe era uma incógnita.

Após limpar a garganta, Elimior disse ao que vinha:

– Suponho que sua amiga Carla Gapelli, já expôs a você o motivo que me traz aqui.

– Sim, senhor. Gapello, Carla Gapello – corrigiu Luiz com sutileza.

– Desculpe-me é que são tantos sobrenomes... – disse Elmior de modo simpático.

Surgiu um sorrisinho no rosto de Luiz. Ele começara a se simpatizar com o estranho senhor.

– Quero saber, Luiz, o que você acha da hipótese de Fábio Augusto? Já tem uma opinião formada?

– Bem – respondeu Luiz, parecendo procurar as palavras certas para se expressar. – A hipótese do Fábio pode ser verdadeira, sim, o maior problema neste caso é saber quem dos participantes do Amigo Secreto teria sangue frio para cometer um assassinato e o principal, um motivo para isso.

– Tem alguma sugestão?

– Nenhuma. É isto o que mais me intriga. Apesar de eu achar que a hipótese do Fábio Augusto tenha fundamento, não consigo encontrar alguém da turma com motivo, nem com sangue frio para fazer tal coisa.

– Compreendo. A essas alturas nem é preciso perguntar se foi você quem escreveu o tal bilhete, não é mesmo?

Rindo, Luiz, respondeu:

– Eu já teria dito se tivesse sido eu quem o escreveu. Mesmo que essa revelação me pusesse em maus lençóis, pois poderia me fazer suspeito deste crime. Mas eu não o escrevi e não faço ideia de quem fez.

– Conhecia Caíne há muito tempo?

– Não, somente há uns seis, sete meses ou pouco mais... Foi Carla quem o me apresentou.

– O que você achava dele?

– A impressão que tive à primeira vista é que ele não era boa pessoa, mas mudei de ideia com o passar do tempo. Porém, agora, depois do que os pais de Caíne contaram a Carla, parece-me que minha intuição estava certa desde início. Para o próprio pai do moço ter falado dele do modo que falou, ele deveria ser mesmo terrível!

– É verdade.

115

– Temos que tomar muito cuidado com as pessoas que entram na nossa vida. Pobre Carla, escapou de uma!

– Pelo que vejo, vocês se dão muito bem, não? Digo, você e Carla...

– Oh, sim. Nos conhecemos desde que éramos crianças. Estudamos juntos...

– Seria muita petulância da minha parte sugerir que o seu sentimento por ela seja mais que de um amigo?

– Como assim?

Elmior notou que os olhos anêmicos de seu interlocutor transpareceram medo e apreensão.

– É que você falou dela num tom tão carinhoso que pensei...

– Mas o que tem a ver os meus sentimentos para com Carla com o crime?!

– Se seus sentimentos por ela fossem mais profundos, a morte de Caíne poderia tê-lo beneficiado, afinal, Carla estaria livre agora para você, não?

– Mas que absurdo! – Luiz perdeu ligeiramente sua compostura. – Esta hipótese é totalmente descabida! Carla jamais esteve interessada em mim neste sentido, sempre nos demos como amigos, como irmãos.

– Ela nunca esteve interessada em você, mas e você por ela?

Luiz pareceu, por milésimos de segundos, que ia saltar de sua cadeira sobre o detetive, mas com grande esforço procurou controlar os nervos.

– Eu não matei aquele cara, meu senhor! Ainda que amasse Carla, seria tolice da minha parte acreditar que Carla se interessaria por mim se Caíne estivesse morto.

Elmior concordou com um aceno de cabeça.

– Você diria que Caíne era mulherengo? – perguntou a seguir.

Luiz ergueu as sobrancelhas em dúvida.

– Se fosse, sabia disfarçar muito bem quando perto de mim, logicamente porque sabia que eu era muito próximo de Carla e que lhe contaria qualquer um de seus deslizes. Ele apenas agia como um outro cara qualquer, olhava com certeza para outras garotas, comentava sobre elas, coisas naturais de um homem fazer...

– Ele teria outra mulher, outra namorada, escondido?

A pergunta com certeza pegou Luiz de surpresa. Por segundos pareceu incerto quanto ao que responder, por fim disse:

– Não, com certeza, não!

– Você possui algum tipo de arma em casa?

– Não, nem eu, nem meu pai.

O assunto a seguir mudou, Luiz falou de seu trabalho e Elmior lhe contou o que o fez virar um detetive.

À porta, ao se despedirem, Luiz completou:

– Certa vez vi Caíne entregar um remédio de tarja-preta a... se não me engano, a Patrícia, uma das participantes do Amigo Secreto. Foi a partir daí que suspeitei que ele vendia remédios para qualquer um, sem receita. Isto explicaria como sua farmácia tornou-se tão rentável e popular em tão pouco tempo, não concorda?!

Elmior gostou do que ouviu. A hipótese do rapaz apresentava um novo motivo para Caíne ter sido assassinado.

– Senhor Elmior – continuou Luiz – exclua de sua mente a hipótese de eu ter matado Caíne para deixar Carla livre para mim. Como disse, e torno a repetir, seria muito tolo da minha parte assassinar o moço para que Carla ficasse livre para eu conquistá-la.

Elmior Aldor partiu do encontro com Luiz Collombus convicto de que o moço era realmente apaixonado por Carla, e que a ideia de que ela estaria livre agora para ele era, sem dúvida, uma grande esperança.

XXIII

Cleuza Yoko Arai recebeu Elmior Aldor em sua casa sem muito entusiasmo. Estava visivelmente abatida, com olheiras profundas e olhos vermelhos, sinal de que deveria ter chorado muito por algum motivo.

Assim que os dois se aconchegaram no sofá da sala da casa, a mãe de Cleuza apareceu, servindo um copo de água para o visitante.

A mãe era uma senhora pequena de estatura mediana, com expressão simpática, mas um olhar desconfiado. Permaneceu ali, aguardando Elmior tomar a água; assim que terminou, ele devolveu-lhe o copo e novamente agradeceu à mulher que deixou a sala.

O detetive voltou seu olhar a Cleuza e disse:

– Você deve saber o que me traz aqui, não?

– Sim, Fábio Augusto me informou. Deixe-me ver se entendi direito. Fábio acredita que quem enviou aquele bilhete ameaçador para... Cain... Caíne, é o seu assassino. É isso?

Foi com muita dificuldade que ela pronunciou o nome de Caíne e quando o fez, sua voz trazia um profundo lamento.

O detetive assentiu. Cleuza soltou um riso irônico:

– O senhor não acredita mesmo que isso seja verdade, não é? É estúpido demais para ser. Isso só pode ser mais uma das loucuras do Fábio. Aquele garoto é uma piada, digo garoto, pois não passa de um. Das coisas que ele me fala, peneiro três vezes para ver se sobra alguma coisa e acredite, na maioria das vezes não sobra absolutamente nada. Se o senhor observar bem a fundo, nada do que ele diz faz sentido. Segundo soube, o senhor é amigo dele, não é?

Elmior confirmou com a cabeça.

– Nesse caso deve conhecê-lo melhor do que ninguém e, talvez possa me explicar exatamente aonde Fábio quer chegar com toda essa história. Qual é o verdadeiro motivo por trás dessa sua loucura?

– Não vejo a suposição de Fábio como uma loucura, afinal, todos os envolvidos no Amigo Secreto confirmam que Caíne recebeu um bilhete anônimo escrito "You will die!" ou "You gonna die!".

Elmior caprichou na pronúncia.

– O senhor pode não me acreditar, mas eu, sinceramente, havia me esquecido desse tal bilhete ameaçador por completo. Para mim, foi tão sem graça como todas os outros distribuídos aquela noite. Nada nos bilhetes era para ser levado a sério, tudo ali não passava de brincadeira, simplesmente para tirar um sarro.

---

*Formas diferentes de dizer em inglês "Você vai morrer!" (N. A.)

Só Fábio Augusto para se lembrar de uma coisa dessas! Desculpe-me a franqueza, mas não acredito que o senhor tenha caído na conversa daquele maluco.

Elmior respondeu com outra pergunta que lhe veio à mente:

– Como Caíne reagiu ao ler o tal bilhete?

– Normal.

– E os demais?

– Lembro-me que todos riram... Sabe, puxando agora pela memória, lembro-me de que Cain... ele em particular não reagiu exatamente normal diante do bilhete. Na verdade, ao abri-lo, levou um baita susto. Não entendi a razão, até saber o que ele continha. Tive a impressão de que ele não gostou nada daquilo, na verdade, nem um pouco. Terminou o episódio jurando que se vingaria do autor do bilhete no dia da revelação.

– Você tem de admitir que é uma tremenda coincidência o recebimento da ameaça e seu assassinato poucos dias depois, não?

– Com sinceridade, o senhor está perdendo o seu tempo. Segundo soube, o delegado não se interessou pelo caso por achá-lo ridículo demais, totalmente improvável. Não acha que deveria fazer o mesmo? A propósito há quanto tempo vocês são amigos? Digo, o senhor e Fábio Augusto?

– Somos amigos já há alguns anos. Fábio adora mistérios, contei-lhe quase todos os meus casos, acredito que seu sonho, no íntimo, é se tornar um grande detetive.

– Sei. Desculpe-me dizer, com todo respeito, mas será que após todos estes anos de amizade o senhor ainda não percebeu que não se deve levar Fábio Augusto a sério? Eu que o conheço há tão pouco tempo, percebi isso de *cara*.

Cleuza fez uma pausa antes de prosseguir:

– Tá bom, vamos supor que a hipótese levantada pelo Fábio esteja certa, mesmo assim, quem daquela turma iria querer matar Caíne? Se alguém dali lucrasse algum dinheiro com a sua morte, tudo bem, sabemos que muita gente mata por dinheiro, herança, por exemplo. Mas, no nosso caso, convenhamos, nenhum dos participantes lucraria coisa alguma com a morte dele. Portanto, a meu ver, a hipótese de Fábio Augusto é totalmente infundada. Parece para mim tão fictício quanto um romance policial.

– Aparentemente, nenhum dos participantes do Amigo Secreto tem motivos para ter realizado o crime, o meu trabalho é confirmar se realmente isso é verdade por trás das aparências. As aparências enganam, você sabe... Assim que confirmar que nenhum de vocês poderia ter matado Caíne, encerro as minhas investigações. E a propósito o que você poderia me dizer de cada um dos participantes do Amigo Secreto?

– Nada de concreto. Saí com eles somente naqueles três dias em que houve as trocas dos bilhetes, logo depois de lê-los, ia embora. O tempo que nos vemos na escola é mínimo, é uma palavrinha ali, outra acolá e só. Nada mais que isso, nada mais profundo. Não sou muito de ficar batendo papo furado com gente que assim que o curso termina, nunca mais se veem.

Para se dar uma opinião sincera sobre as pessoas temos de conhecê-las a fundo e não superficialmente, não é mesmo?

Entrei no Amigo Secreto para não ser chamada de chata, mas minha vontade era de não ter participado, é cansativo ter de escrever bilhetes toda semana, ainda mais em inglês como o Marcos, nosso professor, exigiu que fizéssemos para que praticássemos a escrita e a leitura. Eu sei que é bom, mas poderia nos incentivar através de algo mais sério e não banal, não acha?

A única coisa que posso afirmar, é que todos os participantes do Amigo Secreto estavam bem unidos. Em apenas um mês, tinham ficado muito amigos, somente eu, por ser antissocial, não fiquei na mesma sintonia.

Quanto a mim, só posso afirmar que não tenho nada a ver com esse crime. São Paulo é muito grande e, com certeza, a polícia logo vai pegar o assassino. Isso é coisa de gangue que assalta apartamentos.

– Então acha que ele foi morto por assaltantes?

– E não? É o que acontece todos os dias segundo os jornais.

– É bom saber, caso não saiba, que nada, absolutamente nada, foi roubado do apartamento de Caíne. Quem entrou lá, não foi para roubar, mas para matá-lo de fato.

– Talvez o bandido tenha disparado a arma sem querer, e, por receio de que um dos vizinhos o tivesse ouvido, fugiu sem ter tempo de furtar alguma coisa.

Cleuza, após um suspiro denotando impaciência, levantou-se e disse:

– Não tenho mais nada a dizer ao senhor sobre o caso, sinto muito não poder ajudá-lo e por ter de encerrar nossa conversa agora, é que tenho coisas para fazer.

– Bem, se é assim, só mais uma pergunta. A senhorita gostava de Caíne Quintana?

Cleuza esmoreceu, aquela parecia ter sido a última pergunta que ela esperava ouvir do sujeito a sua frente. Sua pálpebra tremeu, a boca se entreabriu, havia agora um pesar muito grande estampado em sua face.

– Cain... Caíne... – respondeu ela com certa dificuldade – não tinha motivos para ter sido morto como foi... Daquela forma estúpida e brutal...

– Não sei se soube, mas segundo os pais do rapaz, ele não era boa pessoa, mentiu para Carla, sua namorada...

– Mentiu? – ela pareceu se interessar. Voltou a se sentar.

– Sim.

Elmior resumiu o que os pais da vítima haviam contado a Carla Gapello. Cleuza agora se mostrava atenta e interessada.

– É muito espantoso o que me disse – falou ela. – Jamais pensei que ele era um tipo assim, quero dizer, que aparenta ser um e no fundo é outro. Como o senhor mesmo disse: as aparências enganam!

Cleuza ficou desconcertada novamente na frente do detetive. Levou quase dois minutos até que voltasse a falar e foi como se dissesse para si própria:

– A última vez em que vi Caíne, ele estava completamente bêbado. Foi na festa do "Dia das Bruxas". Acho que ele exagerou na bebida, estava tirando sarro de todo mundo. Teve de ser levado pelo Luiz para casa, ou melhor, pelo Luiz e pela Carla, pois mal parava em pé.

Ela suspirou fundo e com pesar acrescentou:

– Foi a última vez em que o vi.

Ela permaneceu olhando vagamente para o nada, por segundos, só, então, voltou a sua postura anterior.

– Bem, senhor Elmior, não tenho mais nada a lhe dizer.

Elmior deu-lhe um sorriso, mas a jovem não o retribuiu.

– Agradeço muito a sua colaboração – declarou o detetive no seu modo polido de poucos.

– O senhor fala inglês?

– Sim. *A little bit.**

– Tem uma linda pronúncia... A propósito, não sei por que me lembrei disto agora, o bilhete, digo o tal bilhete ameaçador, apesar de Marcos ter frisado que queria todos escritos em inglês, estava escrito em português mesmo. Se alguém quis ficar na história, esse alguém escolheu o momento certo para isso, ainda mais com a vítima da brincadeira, morrendo seis dias depois, não acha?

Nisso o telefone tocou; pouco depois a mãe de Cleuza veio até a sala informá-la que o telefonema era para ela. Cleuza despediu-se de Elmior e disse para a mãe.

– Acompanhe o senhor até a porta, mamãe, por favor.

A mulher atendeu ao pedido, prontamente.

– O senhor é detetive, não é? – perguntou. – Está investigando a morte do tal colega de classe de minha filha, não é mesmo? Cleuza gostava muito do rapaz, desde o acontecido, tem chorado dia e noite. Tive até de lhe dar um calmante. Qual é mesmo o nome do tal moço?

– Caíne Quintana.

---

*"Um pouquinho" (N. do A.)

– Ah, que coincidência! É o mesmo nome do rapaz com quem ela vem saindo ultimamente. Sei disso, não porque ela me contou; Cleuza é muito reservada quanto a isso, mas porque ouvi ela dizer ao telefone.

Passaram-se mil pensamentos simultâneos na cabeça de Elmior que o fez ficar atiçado. Sem mais delongas, ele se despediu e partiu ansioso para ir dividir com Fábio Augusto as últimas descobertas e trocar ideias a respeito.

Naquele dia, Fábio Augusto não regressou para a casa no horário que previu. Após o batizado, houve uma recepção, um jantar em família, do qual sua mãe fez questão de participar, prendendo-o por mais tempo que o esperado. Quando o jantar terminou, ou melhor, quando sua mãe quis ir embora, já era bem tarde e só lhe restou tempo para tomar um banho rápido, arrumar-se e seguir direto para a festa de aniversário de uma amiga "escorpiana típica", como ele a chamava.

Teve de se contentar em saber detalhes da conversa que Elmior tivera com Luiz e Cleuza somente no dia seguinte.

XXIV

Nesse ínterim, Carla ligou para a casa da mãe de Patrícia em Ribeirão Preto para lhe contar as últimas em torno do assassinato de Caíne Quintana. Falou da hipótese levantada por Fábio e de Elmior que decidira investigar o caso. Informou-lhe que o detetive gostaria de falar com ela e com Kátia, se não tivessem objeção.

Patrícia concordou em receber o detetive em sua casa, na tarde de domingo, por volta das 17h30.

No dia seguinte, a primeira coisa que Fábio Augusto fez, foi ligar para a casa do amigo detetive. Mas Elmior havia ido, como de hábito, caminhar no Parque da Aclimação. Fábio só conseguiu falar com o amigo por volta das duas da tarde, quando ele retornou do almoço.

123

Apesar de estar ansioso para saber o que o amigo detetive havia apurado durante as conversas com Luiz e Cleuza, Fábio mal se aguentando em pé por ter ido dormir às cinco da madrugada e acordado cedo devido a um pesadelo horrível, efeito com certeza dos drinques que tomara na festa, apenas informou a Elmior que Kátia e Patrícia poderiam recebê-lo logo mais à tarde por volta das 17h30 como Carla havia lhe informado.

Eram 17 horas em ponto quando Elmior chegou à casa de Fábio Augusto que já o aguardava na calçada. Assim que entrou no carro, o rapaz logo desembuchou:

– Pode começar a contar tudo, sem omitir uma vírgula sequer do que conversou com Luiz e Cleuza.

Elmior se pôs a falar com sua habitual paciência.

– Quer dizer, então, que o rapaz com que Cleuza vinha saindo, segundo a mãe dela, se chama Caíne. Para mim era o próprio, por isso ela está tão deprimida.

– Foi o que pensei.

– Caíne é um nome muito raro. Seria coincidência demais ela namorar alguém com o mesmo nome do rapaz da sua turma do curso de inglês.

Elmior tornou a concordar.

Com pontualidade britânica os dois chegaram a casa onde residiam Patrícia e Kátia. Não era exatamente uma casa e, sim, um predinho de três andares.

Uma moça de olhar vivo e sensual atendeu à porta. Não era muito alta e usava um cabelo no corte Chanel que lhe caía muito bem, na concepção de Elmior.

– Entrem, por favor – disse ela sem confirmar se os dois eram os esperados. Uma atitude impensada, na concepção de Elmior, afinal, qualquer um poderia estar ali e se aproveitar do lapso para propósitos maus.

Ao se afastar da porta para lhes dar passagem, o detetive percebeu que a moça o media da cabeça aos pés e fazia o mesmo com Fábio.

– Vamos subir – disse ela. – Eu sou Mônica, divido o apê com Kátia e Patrícia.

Mônica indicou a escada.

Fábio, polido, fez sinal para que a moradora subisse a sua frente, mas ela insistiu para que ele fosse primeiro.

Após alguns degraus Fábio Augusto voltou-se para ela numa virada rápida, por suspeitar que ela estivesse admirando descaradamente o seu traseiro, o que de fato era verdade, por isso insistira para ele subir primeiro.

"É bonito, é bonito e é bonito..." cantarolava Mônica, parodiando a famosa canção de Gonzaguinha.

Os olhos de Mônica não se ativeram somente as belas curvas de Fábio, mas também às de Elmior Aldor, um quarentão, ou cinquentão, enxuto. Que idade teria ele afinal?, perguntou-se.

Assim que adentraram o apartamento, Mônica indicou o sofá e disse:

– Sentem-se, fiquem à vontade. Patrícia está acabando de terminar seu banho e Kátia foi até a padaria, já deve estar voltando.

Elmior aquiesceu.

– Soube que o senhor... – ela mordeu os lábios antes de prosseguir – senhor está no céu, não é verdade? Soube que *você* é um detetive.

– Sim.

– Patrícia contou-me que está fazendo altos progressos na investigação do assassinato de... de... Como é mesmo o nome dele?

– Caíne.

– Sim, Caíne Quintana.

– Eu não diria altos progressos, pois praticamente acabei de iniciar as investigações.

Sem prestar atenção ao que Elmior dizia, ela falou:

– Aquele rapaz... Ele era terrível!

– Você o conhecia?

125

– Não exatamente, apenas o vi certa vez na casa de uma amiga em Bragança Paulista. Trocamos um mero "oi", só isso... Ele... Bem... era do tipo de homem que uma mulher jamais esquece... Aqueles cabelos compridos, aquela pele – ela suspirou. – Ele tinha charme, presença, um macho e tanto, se é que me entende?

Mônica mordeu os lábios, fez uma careta engraçada e acrescentou:

– Não, com certeza você não me entende! Enfim, naquela época Caíne estava namorando ou paquerando uma das amigas de minha amiga, não me lembro bem o que aconteceu, só sei que uma semana depois ela me contou que sua amiga não quis mais saber dele, cortou relações terminantemente, dizendo: "É melhor cortar o mal pela raiz".

– Esse é um bom ditado – opinou Elmior, sorrindo.

– Não me lembro ao certo, mas acho que ele havia se envolvido com...

Nesse momento Patrícia entrou na sala.

– Demorei muito? Desculpem-me, é que tive de tomar um bom banho, levei horas para entrar em São Paulo devido ao congestionamento na marginal. É fogo voltar para cá em final de fim de semana precedido por feriado. Isto é o que estraga São Paulo.

– Estraga qualquer cidade grande, querida – observou Mônica com certa acidez. – Antes o trânsito fosse ruim somente nos fins de semana precedido por feriados e não no dia a dia!

– Dizem que em Curitiba é diferente – continuou Patrícia. – Você sabia que ela foi considerada uma das três melhores cidades do mundo para se viver? A outra cidade foi São Francisco e a outra... Bem, a outra eu não lembro. É incrível como esquecemos detalhes tão facilmente, não?

– Detalhes... – murmurou Elmior.

– Tão pequeno de nós dois...* – cantarolou Mônica, olhando insinuante para Fábio Augusto.

---

*Citação da famosa canção de Roberto e Erasmo Carlos. (N. do A.)

Ele se remexeu no sofá, um tanto quanto envergonhado. Elmior teve a impressão de que ele, se fosse uma avestruz, teria aberto um buraco e enfiado a cabeça.

– Bem, eu sou Patrícia, Patrícia Neves de Abreu – apresentou-se a moça, estendendo a mão tal como uma dama para Elmior Aldor. O detetive teve a impressão de estar sendo apresentado a uma atriz excêntrica e famosa do cinema internacional. Algo nela o fazia lembrar as atrizes de Hollywood dos anos quarenta, cinquenta, em especial Betty Davis. Era sem dúvida uma moça que ele descreveria como muito segura de si mesma.

Patrícia cumprimentou Fábio a seguir, envolvendo-o num grandioso e repentino abraço que o deixou inerte no meio dos seus braços, feito um boneco de pano.

Neste momento a porta do apartamento se abriu e Kátia Homa entrou. Cumprimentou Elmior Aldor com a devida educação e Fábio, a seguir. Ela surpreendeu-se com o detetive. Fizera outra ideia dele. Somente depois que Patrícia serviu um licor, a conversa teve início.

– Será mesmo que o bilhete tem a ver com o assassinato? – indagou Patrícia depois de ouvir da boca de Elmior Aldor a suposição levantada por Fábio Augusto.

Diversos comentários surgiram na pequena sala, mal-iluminada para o gosto de Fábio. Durante a conversa, Fábio notou que Mônica não tirava os olhos de cima dele e sempre que tinha a chance lhe dava uma piscadela maliciosa. Nada além do que já fora falado pelos demais foi mencionado ali. Elmior notou que Kátia foi a que menos falou, limitou-se a apenas concordar ou não com o que estava sendo comentado.

– Você duas são de que cidade do interior mesmo? – era Elmior quem perguntava agora.

– Ribeirão Preto – respondeu Patrícia, rapidamente. – Por sinal, nós três somos de lá. Moniquinha também.

– Mônica me contou que encontrou Caíne uma vez em Bragança Paulista. E vocês duas já o tinham visto antes? Antes do curso de inglês? De ele namorar Carla?

– Não! – a resposta de Patrícia foi rápida e certeira.

A voz de Kátia chegou atravessar sua boca, mas fora abafada pela voz enérgica da amiga sentada a seu lado.

– Pensei que talvez pudessem ter se encontrado com Caíne alguma vez em Ribeirão Preto, já que ele cuidou tempos atrás das diversas farmácias do pai espalhadas pelo interior de São Paulo.

Foi Patrícia quem opinou mais uma vez:

– Quando vi Caíne pela primeira vez, pensei conhecê-lo de algum lugar; só depois compreendi que tive essa impressão por ele se parecer com o cantor da banda pela qual Carla é fissurada.

– Qual? – perguntou Elmior com certa curiosidade.

– O senhor provavelmente nunca ouviu falar, não deve ser seu tipo de música.

– O cantor do grupo U2 – explicou Fábio.

– Ah! Mas é lógico que conheço e aprecio sua música.

– Então o senhor é um homem moderno – interveio Mônica, dando-lhe uma piscadela.

Elmior preferiu fingir não notar. Patrícia continuou:

– Mas realmente nem eu, nem Kátia, conhecíamos Caíne. Só mesmo a Mônica o conhecia, se é que não o confundiu com outra pessoa. Talvez fosse alguém muito parecido com ele a quem ela foi apresentada na casa de sua amiga em Bragança Paulista.

– Era ele, sim, querida, posso jurar – afirmou Mônica, categórica.

Uma pareceu fuzilar a outra por meio do olhar. Foi Fábio quem quebrou o clima, perguntando:

– Onde foi mesmo que vocês conheceram Caíne, digo, você e Kátia?

– Na própria What's Up! Caíne ia sempre lá buscar a Carla no final da aula.

Patrícia pegou um cigarro, ascendeu-o com destreza e, atirando a cabeça para trás, deixou cair as palavras com cuidadosa precisão:

– Caíne era muito misterioso, agora sabendo de tudo o que seu pai contou a seu respeito, entendo o porquê.

Elmior teve a impressão naquele instante de que a moça incorporara um personagem para interpretá-lo com supremacia na frente de todos, como se ali fosse uma peça teatral. Despertando de seus pensamentos, Elmior aproveitou para perguntar o que muito queria saber:

– É verdade que Caíne a insultou na festa de Halloween?

Elmior notou que a pergunta fizera Kátia ter um leve sobressalto, ficando mais inquieta do que já estava.

– Não posso tomar aquilo como um insulto – respondeu Patrícia, lançando uma olhada rápida para Kátia. – Ele estava completamente bêbado, não me ofendi em hipótese alguma.

Ela expeliu a fumaça que asfixiava seus pulmões com certa elegância e sugeriu:

– Vamos tomar um lanche?

– Não precisa se incomodar – agradeceu Elmior, polido como sempre.

– Não é incômodo algum – respondeu ela, chacoalhando o cabelo e, virando-se para Fábio, acrescentou: – Eu já conheço sua fama, Fábio, e sei que um ranguinho a mais é sempre muito bem-vindo.

– Quem lhe disse isso? – quis saber o rapaz metido a astrólogo e detetive.

– Detesto citar nomes, mas... Carla.

– Carla, é lógico! – exclamou ele, balançando a cabeça, inconformado.

Eles riram. Mônica deu mais uma piscadela para Fábio antes de falar:

– Já pensaram se na realidade quem matou o rapaz foi um de seus vizinhos de apartamento, possuído pelo demônio?

– Não seja a reencarnação de Nostradamus, Mônica, querida – interveio Patrícia, seriamente.

– Mas é possível, não é? Tudo é possível nesse mundo! – o tom de Mônica era sério.

– É, você tem razão – refletiu Patrícia –, lembro que quando pequena, minha mãe costumava dizer que nem tudo nesta vida era possível, mas depois de conhecer a vida mais a fundo com o passar dos anos, descobri que tudo é possível sim, completamente tudo!

– Até mesmo cometer um assassinato – sugeriu Mônica, saindo em direção da cozinha.

Fábio encarou Patrícia que inclinou a cabeça para frente até ficar bem próxima dele e sussurrou:

– Não se assuste... Ela é estranha assim mesmo. Eu e Kátia já estamos acostumadas.

A seguir, Kátia quis saber como ficaria a revelação do Amigo Secreto sem a presença de Caíne. Fábio fez as devidas explicações.

Apesar de Elmior insistir que precisava ir embora, Patrícia não o deixou partir sem comer alguma coisa.

Fábio e Elmior saíram da casa das três moças cansados das cantadas de Mônica e de suas histórias sobre assassinatos, mulheres possuídas por demônios, assaltos escabrosos, estupros, suicídios e assombrações que ela fez questão de contar durante o delicioso lanche servido por Patrícia Neves de Abreu.

No caminho de volta, Elmior teve de repetir novamente o que Luiz e Cleuza haviam lhe dito, por insistência de Fábio Augusto. Ao terminar, disse:

– Com essa última visita encerraram-se as investigações, certo?! A esperança de que um dos participantes do Amigo Secreto confessasse ter sido o autor do tal bilhete com a ameaça, não aconteceu. A meu ver, só há duas hipóteses para o autor não ter confessado, a mais plausível é, sem dúvida, pelo medo de se comprometer, de se fazer suspeito de um crime que por coincidência aconteceu seis dias depois do envio do bilhete e a segunda...

– O autor não disse para não se entregar, porque na verdade ele ou ela é o assassino – adiantou-se Fábio, ligeiro.

– E agora, como saber qual das duas alternativas é a certa?

– Acontece que o bilhete existiu, todos o testemunharam. Portanto, alguém dos envolvidos não está falando a verdade. Quem?

– Eu ainda creio que a pessoa que o escreveu vai, cedo ou tarde, romper o medo e contar que foi ela, confirmando a primeira hipótese – afirmou Elmior, conciso.

Fábio riu.

– O autor não confirmará por que ele ou ela é de fato o assassino – insistiu Fábio mais uma vez.

Elmior notou que havia uma certeza incontestável na voz do amigo, uma certeza que o fez esmorecer, desacreditar realmente da primeira hipótese.

– Infelizmente não conseguimos apurar nada que possa fazer dos participantes do Amigo Secreto um suspeito em potencial.

– Que raios de detetive é você, Elmior?! – exaltou-se Fábio.

– Como não apuramos nada?! Apuramos sim, Luiz Collombus, por exemplo, teria motivos para cometer o crime, meu caro. Lembre-se do que Nancy e Martha nos contaram, confirmado pela mãe de Carla. Ele, de fato, tem uma *queda* pela amiga de infância. Queda que foi confirmada por você mesmo ao entrevistá-lo. Para mim, o motivo para o Luiz assassinar Caíne é bem claro: tirar o namorado da amiga para deixar o caminho livre para ele conquistá-la de vez! Luiz, por conhecer Carla tão bem, talvez tenha notado que seu interesse por Caíne era muito maior do que fora por seus antigos namorados e, portanto, a esperança de um dia conquistá-la estava prestes a ruir. Então, ele... Acho que não preciso concluir o raciocínio, preciso?

Elmior ouvia o amigo com atenção, ansioso por saber até onde ele iria em sua análise.

– E não é só o Luiz que tem um motivo – continuou Fábio impaciente –, a Cleuza também tem um! Não só o Marcos observou que ela estava enrabichada por Caíne, mas você próprio confirmou isso ao interrogá-la. E a meu ver, depois do que a mãe dela lhe disse, acredito que ela não só o amava como os dois já estavam tendo um caso.

131

– Talvez o nome do namoradinho da Cleuza seja o mesmo que o de Caíne por mera coincidência – cogitou Elmior.

– De novo nos encontramos com a palavra "coincidência" se opondo a minha suposição. Não acha que é coincidência demais?! – o tom de Fábio era persuasivo.

Elmior não opinou, deixou Fábio continuar falando:

– Patrícia também tinha um motivo para cometer o crime, foi insultada. Eu irei até Ribeirão Preto e descobrirei mais sobre a tal história que Caíne contou. Será fácil descobrir, todos que vivem em cidade do interior geralmente ficam sabendo de escândalos.

– Lembre-se – observou Elmior – de que o insulto aconteceu na noite anterior ao assassinato e o bilhete foi enviado seis dias antes.

– Talvez Caíne já estivesse chantageando Patrícia há tempos, exigindo dinheiro em troca do seu silêncio. A fim de amedrontá-lo, ela lhe manda aquele bilhete ameaçador e ele, suspeitando ter sido ela, decidiu dar um basta naquilo, revelando o escândalo a todos, para mostrar com quem ela estava brincando.

Acaba de me ocorrer uma outra hipótese: se Carla soubesse que Caíne a estava traindo com Cleuza, então, ela também teria um motivo para se vingar dele. Uma mulher ciumenta, muitas vezes, perde o total controle de si mesma.

– Meu caro Fábio, não se esqueça de que todos possuem álibis para a hora do crime. Começo a acreditar que sua suposição realmente não vai dar em nada.

– Espere, Elmior, os dias ainda correrão, alguma coisa, algum sinal nos será enviado para que saibamos se minha suposição está certa ou não! Não podemos desistir tão facilmente. Vou prestar atenção às conversas de todos durante as aulas a partir de amanhã para pegar alguma contradição. O bom disso tudo ainda está por vir!

Elmior notou o elevado índice de entusiasmo em cada palavra que o amigo pronunciou. Ele não sabia definir exatamente o que o motivava a continuar a investigação, apesar de um lado seu crer que estivesse perdendo tempo, que aquilo tudo não passara de mera coincidência, algo dentro dele não aceitava esta hipótese de modo algum, e o impulsionava a seguir adiante. A única certeza que possuía, é a de que, se o assassino fosse realmente alguém dentre os participantes daquele Amigo Secreto, jamais pensou que um dos colegas fosse se lembrar do bilhete ameaçador e o pior, chegar a contar para a polícia ou a um detetive após o assassinato de Caíne Quintana.

Ao chegar em sua casa, Fábio encontrou um recado de Nancy na sua secretária eletrônica. Retornou para ela no mesmo instante. A moça ligara para dizer que gostaria de ficar com a bateria de Caíne para o seu sobrinho. Fábio se prontificou a ir com ela buscar no dia seguinte.

XXV
Segunda feira...

Fábio Augusto Barbera e Nancy Murdov estavam em frente ao prédio onde Caíne havia residido e sido assassinado. O porteiro deixou Fábio entrar sem problemas, já que a senhora Quintana deixara seu nome e o de Carla, para o caso de os dois irem retirar o instrumento musical. Os dois subiram de elevador meio apreensivos, Nancy parecia ligeiramente desconfortável.

– Vou aproveitar para falar com os vizinhos – decidiu Fábio, deixando Nancy contrariada por não querer se demorar ali.

Fábio tocou a campainha de um dos três apartamentos vizinhos ao de Caíne e uma mulher loira, vestida de maneira bem vulgar, atendeu à porta. Fumava um cigarro mal-cheiroso, mais parecia uma chaminé ambulante. A cada tragada expirava toda a fumaça no rosto de Fábio e Nancy. Um bafo terrível. Nancy, discretamente, deu dois passos para trás para evitar ser impregnada com aquele cheiro e asfixiada como a mulher fazia com seus pulmões. Depois de Fábio dizer ao que vinha, a mulher falou:

– Ele era um rapaz estranho, pouco o via – sua voz era bem rouca e grave, típica das fumantes. – Não cheguei a ver nenhum de seus amigos, parentes ou qualquer pessoa do gênero. Acho que não costumava receber muita gente em casa. Só sei que era baterista, mas graças a Deus – a mulher olhou para cima e repetiu: – Graças a Deus! Ele havia revestido o apartamento à prova de som, o que impossibilitava a qualquer um de nós ouvir o barulho.

Depois de agradecer à fumante inveterada, Fábio e Nancy foram conversar com outro vizinho. Para horror de Fábio que abominava cigarro, a fumaça havia se alastrado por todo o seu corpo, impregnado em suas roupas.

Seguiram para a porta do outro apartamento, tocaram a campainha e aguardaram, mas ninguém os atendeu. Enquanto se dirigiam para o apartamento seguinte, Fábio parou em frente à porta do apartamento de Caíne.

– É aí que ele morava?! – suspeitou Nancy com certo temor.

Fábio não chegou a responder, pois naquele exato momento, sentiu um vento frio passar por ele, fazendo o estremecer.

Com os olhos fixos na maçaneta do apê em questão teve a impressão de que ela moveu. Gelou, ao perceber que ela realmente estava girando e, com isso deu um passo para trás.

Nancy recuou assustada também. A porta foi se abrindo, se abrindo, se abrindo e de lá saiu uma mulher que se assustou ao vê-los parados ali. Era uma senhora baixa, magra e tinha uns olhos azuis profundos e cabelos armados com laquê, tingidos na coloração roxo prateado. Ela os cumprimentou com um sorriso:

– Posso ajudá-los em alguma coisa?

Fábio ainda trêmulo e branco feito cal respondeu:

– Bem... – gaguejou. – Viemos buscar a bateria...

– Oh! Sim, sim, entrem.

Ela deu passagem para os dois.

Ao adentrar o apartamento, Nancy arrepiou-se inteira mais uma vez.

– Desculpe-me – disse Fábio a seguir –, mas quem é a senhora?

– Oh! Quase que esqueço de me apresentar – respondeu a senhorinha, deixando escapar um risinho encabulado. – Sou a vizinha do apartamento ao lado. Estou aqui dando uma olhada, pois pretendo alugar este lugar. Esse apartamento está em melhores condições do que o meu. E já que a proprietária se recusa a fazer qualquer reforma no que moro atualmente, se bem que ela está certa, pois hoje em dia, uma reforminha qualquer custa uma fortuna, estive pensando em me mudar para cá. Por sorte, o meu contrato de aluguel vence este mês; por isso vou agora mesmo entrar em contato com a proprietária deste apartamento, que é uma antiga conhecida minha, um amor de pessoa, para dizer que quero alugá-lo, já que agora está livre.

– A senhora conheceu o rapaz que morava aqui? – pergunto Fábio.

– Muito pouco, falei com ele pouquíssimas vezes. Mas estava sempre apressado, sempre com cara de assustado, de perseguido. Enfim... – baixando a voz acrescentou: – Ele deveria ter problemas com mulheres, sabe como são os moços de hoje, sempre arranjando confusões com mulheres, maridos, irmãos, etc. Mas ele me parecia uma pessoa muito bondosa. Ao menos fora comigo todas as vezes que nos encontramos pelo corredor ou elevador.

Baixando ainda mais a voz, acrescentou:

– Mas a gente nunca conhece realmente uma pessoa por meio de encontros esporádicos, não é mesmo? Faz se uma ideia dela, mas é superficial apenas. Alguém já disse: existe aquilo que você pensa que é, aquilo que os outros pensam que você é e aquilo que você realmente é.

Fábio e Nancy gostaram do que ouviram.

– Desculpe-me a pergunta – falou Nancy, quando achou oportuno –, mas a senhora não tem receio, medo de morar aqui depois do que aconteceu?

– Oh, não! Sempre fui fã de mistérios tanto fictícios quanto da vida real, gosto de aventuras, me considero até uma mulher bastante corajosa. Sou viúva há vinte anos e me viro desde então muito bem, já cheguei até a ir para Nova York, sozinha.

A mulher sorriu e fez sinal para eles a seguirem e assim os três foram parar na sacada.

– Veja, esta sacada é fechada e isso para mim é ótimo. Detesto o sol que bate de manhã e tem mais, este apartamento é revestido à prova de som, o que é muito útil para quando se quer fazer uma festinha ou qualquer coisa do gênero, não?

Ela riu.

– É verdade, sempre tenho problemas com vizinhos, quando dou festas ou recebo visitas após às dez da noite – concordou Fábio Augusto.

Nancy falou a seguir:

– A senhora estava aqui naquele dia? Digo, no dia do crime?

A mulher se empertigou.

– Sim. Estava, mas não ouvi nada, absolutamente nada, mesmo porque com tudo isso à prova de som... – ela percorreu as paredes e o teto com o olhar. – Este prédio tanto à tarde quanto de noite, é bastante silencioso, os próprios moradores deste andar são silenciosos. A não ser...

A mulher baixou a voz e, com uma careta, disse:

– A vizinha quando entra em crise. A propósito, naquela tarde, ela teve uma destas crises. Lembro-me de tê-la ouvido, falando alto, quase chegando a gritar histericamente com alguém...

Baixou um pouco mais a voz antes de prosseguir:

– Parecia ser um bate-boca daqueles, só ela falava, deve ter sido com um de seus garotinhos.

Ela aproximou-se dos dois, baixou tanto a voz que agora parecia mais um cochicho:

– Ela gosta de meninotes, sabem?

– Ah! – exclamaram Nancy e Fábio pausadamente, achando graça.

A mulher voltou a falar na altura normal:

– É sempre assim, quando precisamos ter ouvido alguma coisa num certo dia em especial, acabamos não ouvindo nada, bem... –

136

baixou a voz novamente. – Não quero parecer fofoqueira, mas essa tal vizinha, a tal que discutiu naquela tarde, é muito estranha. Vive dando suas festinhas para seus rapazinhos, é um entra e sai... Uma coisa horrorosa, que Deus lhe perdoe. Não sei o que acontece, não quero nem saber, tenho até pavor de pensar, que Deus me livre... mas, acho que ela se desentende com eles e se irrita, então começam a discutir, e alto, como se não estivesse morando mais ninguém no andar. Quer saber de uma coisa? Este apartamento aqui é que seria ideal para pessoas do tipo dela, mas eu é que não sou boba, não vou deixar essa oportunidade escapar de mim, não; esse apartamento será meu, porque também poderei ficar mais protegida com relação ao barulho que ela faz.

A mulher tomou fôlego.

– Bem, vou providenciar um chá para os dois, enquanto vocês desmontam a bateria.

Fábio e Nancy lhe agradeceram imensamente, dizendo não ser necessário, mas a senhorinha insistiu. Enquanto Fábio ficou desmontando a bateria, Nancy deu uma volta pelo apartamento, não havia muito o que olhar já que era bastante pequeno, tudo parecia continuar exatamente como fora. De repente, ela voltou até ele, dizendo, empolgada:

– Fábio, Fábio, Fábio, olha só o que eu encontrei!

Ele que estava sentado ao chão, fez um grunhido para se levantar.

– Você está precisando fazer alongamento, Fábio! – sugeriu Nancy enquanto se aproximava da mesa no canto da sala.

Ele foi até lá. Nancy então abriu suas mãos e deixou cair sobre a mesa um monte de papeizinhos dobrados. Fábio arregalou os olhos surpresos.

– Olha o que eu encontrei! – exclamou ela, empolgada. – São os bilhetinhos do Amigo Secreto, Caíne os estava guardando.

Fábio engoliu em seco.

– Quem sabe não está aqui o tal papelzinho fatídico! – exclamou Nancy empolgada.

137

Nisso a porta da entrada do apê que havia sido deixada entreaberta bateu. Os dois quase tiveram um infarto pelo susto. Nancy pôs a mão no peito, seu rosto ficara branco:

– Que susto!

Os dois voltaram a olhar para os bilhetes sobre a mesa.

– Aqui devem estar os bilhetes que Caíne recebeu tanto na primeira, como na segunda e terceira troca de bilhetes – concluiu ela. – Termine de desmontar a bateria, quero ver se encontro no meio desses o tal bilhete fatídico – a voz de Nancy soava empolgada.

Fábio pareceu ficar estático por uns segundos. Nancy deu um tapinha em seu ombro e disse:

– Vá, o que está esperando?!

Enquanto ele retornava a sua função, a moça se pôs a abrir os bilhetes um por um, à procura do tal bilhete fatídico.

– Achei! – gritou ela. – Eu o achei!

Fábio endereçou a ela um olhar indefinido.

Nancy foi até ele mostrar o tal bilhete. Ele pareceu não dar muita importância. Ela, então, voltou até a mesa, sentou-se e continuou a abrir os outros bilhetinhos da brincadeira.

Uma nova exclamação por parte dela fez Fábio voltar-se para ela novamente.

– O que foi? – perguntou com ligeira preocupação na voz.

– Você não vai acreditar! – respondeu a moça, chocada.

– O que foi? – repetiu ele, levantando-se e indo até a mesa.

– Veja, Fábio! – pontuou Nancy, eufórica. – Não há só um bilhete escrito "Você vai morrer!".

De fato, havia sobre a mesa três bilhetinhos escritos com a mesma letra: "Você vai morrer!".

Fábio parecia perplexo.

– Três! – enfatizou Nancy, ainda mais eufórica. – Três recadinhos escritos: "Você vai morrer!" Ele deve tê-los recebido na troca de bilhetes anteriores àquela sexta feira. Deve ter recebido um em cada noite de troca, uma vez que fizemos três distribuições de

138

bilhetes. Caíne deve ter disfarçado e procurado não falar nada a respeito. Porém, na última sexta-feira, por mais que tivesse disfarçado, não conseguiu passar despercebido dos demais e foi obrigado a ler para todos os presentes o bilhete fatídico. Lembre-se que foi Patrícia quem insistiu para que ele lesse.

Nancy voltou o olhar para Fábio e perguntou:

– Não é uma descoberta fantástica?

O rapaz balançou a cabeça, seus lábios moveram-se, mas nada foi articulado. Nancy teve a impressão de que ele estava levemente trêmulo. Os dois ficaram ali por alguns segundos, olhando para os três bilhetinhos ameaçadores.

Depois de terem posto a bateria no carro, Fábio e Nancy voltaram de novo ao quinto andar para tomarem o chá com a senhora simpática. Por lá ficaram uns quinze minutos na presença da mulher que sabia como prender a atenção de alguém com seu modo suave de falar. Sua voz parecia de veludo.

– Mais uma vez, obrigado pelo chá – agradeceram Nancy e Fábio.

A senhora os acompanhou até a porta.

Ao ver novamente a porta do apartamento cuja campainha havia tocado, mas ninguém os havia atendido, Fábio voltou-se para a senhora e perguntou:

– Mora alguém naquele apartamento?

– Um casal, mas aparecem por aqui esporadicamente. Passam a maior parte do tempo na fazenda que possuem no Mato Grosso.

Fábio e Nancy agradeceram mais uma vez à senhorinha e desceram.

Ao saírem do elevador, agradeceram ao zelador e partiram. Bem junto ao portão do prédio, Fábio olhou mais uma vez para o andar onde ficava o apartamento de Caíne. Ao fazer isto, Nancy virou-se e olhou também.

– Fábio! – exclamou ela. – Acabo de me lembrar por que achei o prédio estranho... É por causa da sacada fechada, veja! – Nancy apontou com o dedo para o local.

139

– É a sacada do apartamento de Caíne – explicou Fábio.

– Agora eu sei que é a do apartamento dele, mas naquele dia em que eu o vi entrar aqui, eu não sabia. Chamei o prédio de estranho, pois achei esteticamente horrível a sacada ter sido fechada. Degringolou toda a beleza da fachada. Não sei como os outros moradores permitiram uma coisa dessas!

– É verdade – respondeu Fábio sem muito interesse. – A propósito, foi muita sorte você ter encontrado os recadinhos, eles podem ser de grande valia.

– Sem dúvida – respondeu Nancy tentando acompanhar seus passos largos. – *By the way*, eu os trouxe comigo juntamente com os demais que Caíne recebeu.

Fábio virou-se para ela espantado.

– Você nem percebeu que eu os peguei, não é mesmo? – indagou ela, rindo.

– Você está me saindo uma grande aprendiz de detetive, hein, minha cara? – ironizou Fábio.

– Elementar meu caro Watson – respondeu Nancy, engrossando a voz e imitando o sotaque britânico.

Ela virou o rosto em sua direção e perguntou num tom sério:

– Ninguém assumiu a autoria dos bilhetes ameaçadores até o momento, não é? Uma coisa é certa, alguém os escreveu, e não só um, mas três, três bilhetes ameaçadores. Agora podemos verificar a letra de quem os escreveu e compará-las.

– Ok, mas vamos manter isto só entre nós, quero ter um trunfo na manga caso seja necessário – sugeriu Fábio com um olhar inquieto.

SEGUNDA PARTE
Inimigo Secreto

I

Noite de terça feira – 6 de novembro de 1990

O sinal para a aula já havia tocado há vinte minutos. Nancy esticou o pescoço sobre a sua escrivaninha para poder ver a sala de recepção. Todos os alunos já haviam se recolhido. Levantou-se e dirigiu-se ao LAB, abriu a porta bem devagar e entrou. Marcos que estava ali, monitorando os alunos, recebeu-a com um sorriso. Retirou os fones do ouvido para ouvir o que ela tinha a lhe dizer.

– Vou atrapalhar se ficar aqui por uns minutos? – perguntou Nancy, baixinho.

– Não. Puxe a cadeira e sente-se.

Assim ela fez.

– O que a traz aqui? Alguma fofoca? Ana Lúcia aprontou alguma?

– Não, dessa vez não. Vim aqui para saber o que você acha da suposição de Fábio Augusto. Não tivemos tempo de conversar desde então.

– Absurda, totalmente ridícula, infundada! – exclamou Marcos, seriamente. – Imagine só, acreditar que alguém de nós possa ser um assassino, e isso tudo por causa de um bilhete de Amigo Secreto. Se não fosse o Fábio ter-se lembrado daquele tal bilhete ameaçador, eu jamais teria, mesmo que tivesse, jamais chegaria a relacionar uma coisa com a outra.

Nancy, olhos atentos ao professor, declarou em tom confidencial:

– No começo, confesso, tive pena daquele pobre senhor, o tal detetive. Coitado, indo atrás da fantasiosa mente de Fábio Augusto, mas depois, refletindo a respeito, o meu ponto de vista mudou.

Nancy lembrou-se dos três bilhetes ameaçadores que encontrou no apê de Caíne, os quais Fábio Augusto lhe pedira insistentemente para não comentar com ninguém e este era o verdadeiro motivo que a fez mudar seu ponto de vista com relação à hipótese levantada pelo mesmo.

– Sabe – continuou ela –, a gente se acostuma a pensar que crimes deste tipo restringem-se somente a romances policiais, filmes, novelas, coisas fictícias. Mas se você observar bem, eles são parte da nossa vida real também. Há cada caso escabroso que a gente ouve ou lê por aí que é igual às histórias dos romances policiais fictícios.

Ela suspirou antes de prosseguir:

– Que é uma tremenda coincidência o lance do bilhete, ah, isso é! E todos são testemunhas de que aquilo foi verdade. Se fosse algo que só o Fábio tivesse presenciado, ainda tudo bem, mas todos nós vimos e ouvimos Caíne ler o recadinho que depois passou pela mão de cada um de nós.

Em meio as minhas reflexões decidi inverter meus pensamentos descrentes da tal hipótese. E se fosse verdade, e se realmente aquele bilhete tivesse sido enviado pelo assassino de Caíne? Quem de nós teria feito uma coisa dessas?

Após queimar meus neurônios por um bom tempo, percebi que havia começado a raciocinar de modo incorreto. Ao invés de pensar em qual de nós teria feito isso a Caíne, mudei para: a quem de nós Caíne poderia ter feito alguma coisa para receber em troca o que recebeu? Passei então a refletir sobre a vítima da história.

Marcos parecia agora de orelha em pé. Quase num murmúrio, Nancy continuou:

– Quem era Caíne na verdade? Um rapaz de boa aparência, mas que era mau. Um rapaz cercado de mentiras. A quem exatamente ele poderia causar ou ter causado problemas a ponto de ter sido assassinado? Teria ele aprontado alguma coisa que não saibamos a alguém de nossa turma? Então me lembrei de algo que vi sem querer, não quero parecer fofoqueira, mas tenho de lhe contar. Tenho de dividir isso com alguém, preciso de uma opinião.

Marcos empertigou-se ainda mais.

– Um dia vi Caíne entregar um pequeno pedaço de papel à Cleuza; quando ela percebeu que eu os vira, ficou vermelha e eu disfarcei, fingindo não ter visto nada. Mas ela não é boba, ela sabe que os vi. Então fiquei observando os dois desde aquele dia, suas atitudes, seus olhares.

Na festa de Halloween quando Caíne ficou mal e Luiz, acompanhado de Carla, o levaram para fora para tomar um pouco de ar, Cleuza não mais tirou os olhos da porta. Estava aflita, logicamente preocupada com ele. Ela conversava com Fábio Augusto, mas era ele quem falava o tempo todo. Somente seu corpo estava ali, sua mente com certeza, não. Quando Luiz retornou trazendo notícias, pude ver o alívio que ela sentiu, um alívio que transpareceu em seus olhos. Para mim, então não houve mais dúvidas. Cleuza estava verdadeiramente apaixonada por Caíne. E mais, os dois estavam tendo algo às escondidas.

– O que você está me dizendo confirma o que eu já havia percebido – opinou Marcos, pensativo. – Já desconfiava de que Cleuza tinha uma queda por Caíne. Cheguei inclusive a comentar isto com o senhor Elmior Aldor. Porém, jamais chegaria a pensar que eles dois estivessem tendo um caso ou prestes a começar um. Você acredita mesmo que os dois estavam tendo um?

– Oh, sim! Caíne era desse tipo de homem que tem duas ou até mais ao mesmo tempo. Agora que sabemos que ele mentiu para Carla sobre pequenos detalhes familiares, com tanta naturalidade, era capaz de mentir sobre isto também.

143

Nancy contou a seguir sobre o dia em que encontrou Caíne na saída do supermercado, o mesmo que havia contado a Elmior e Fábio Augusto.

– A visita a que ele se referiu naquele dia em questão, poderia ser muito bem a própria Cleuza. Foi por isso que ele ficou tão assustado ao me encontrar ali no supermercado. Receou que eu pudesse tê-la visto entrar em seu prédio ou pegá-los saindo dele, ou ver os dois andando juntos por ali. Deve ter tido medo de que eu contasse a Carla, sei lá, sabe como é. Quem tem culpa no cartório se trai no olhar e, naquele dia, aquele rapaz se traiu. Se não fosse ela quem estivesse lá, talvez, sua esposa.

Depois de tudo que fiquei sabendo dele, a gente não pode descartar a hipótese de que ele pudesse ser casado. Casado, sem que seus pais soubessem. Casado com uma moça do interior, que continuou residindo no interior a pedido dele, com a desculpa de que assim que ele estivesse em melhores condições financeiras, a traria para São Paulo. Isto acontece muito.

Já pensou se ele fosse casado, hein? Que loucura seria, se Carla tivesse descoberto, ou mesmo se ela tivesse descoberto a respeito dele com Cleuza? Há mulheres que ao saberem de uma traição ficam tão revoltadas, tão fora de si, que são capazes de cometer uma loucura como vingança.

– Você acredita que Carla pudesse fazer uma coisa horrível dessas? – indignou-se Marcos.

– E por que não? Eu já soube de casos escabrosos de mulheres que descobriram que seus maridos tinham amantes e fingiram não saber de nada até o momento oportuno para lhes dar o troco.

– Mas Carla e Caíne eram apenas namorados. Se fossem casados aí sim, a coisa seria diferente.

– Mesmo assim, é o suficiente. Quantos e quantos namorados e namoradas após terem terminado um namoro não se revoltam contra o parceiro e descontam a sua raiva nele através de balas? Há muitos casos deste tipo, Marcos.

144

– Mesmo assim, não consigo ver Carla, chegando a este ponto, não combina com ela.

– Lembre-se de que conhecemos as pessoas superficialmente, não sabemos com exatidão o que elas pensam e o que sentem... Até mesmo pessoas amigas de longa data não conhecemos tanto quanto pensamos.

Até mesmo um psicólogo após cinco, dez anos de análise não conhece com precisão o interior de seu paciente. Eu que o diga, já tive pacientes que somente após longos anos é que conseguiram me revelar o verdadeiro motivo que os levou a procurar uma terapia, e assim, eu pude chegar à raiz do seu problema.

Às vezes a pessoa não sabe que é capaz de chegar a tal ponto, digo cometer um assassinato porque nunca se viu estimulada a isso. Chegar a este ponto pode ser uma tremenda surpresa, inclusive para si própria.

Nós mesmos, por mais que acreditemos, estejamos convictos de nos conhecer com precisão, nem sempre nos conhecemos profundamente.

Levei um bocado de tempo para descobrir que o que eu realmente gostava era de psicologia. Cheguei até a cursar Farmácia, acredita? Antes de começar o curso, estava certa de que era o que me realizaria. Porém, um ano depois descobri que estava completamente errada. Larguei o curso e fui fazer Psicologia.

Com certo pesar Nancy acrescentou:

– Infelizmente é impossível se manter financeiramente somente com a profissão de psicóloga, é preciso ter um emprego paralelo que garanta a entrada de um dinheiro todo mês, e veja só onde acabei: como secretária em uma escola de inglês.

Nancy riu:

– A mente humana ainda esconde muitos mistérios, Marcos. Se já é impossível a gente mesmo se conhecer por completo, como somos com exatidão, imagine então conhecer o outro indivíduo. Não dá. Mesmo numa terapia, às vezes, você pensa que está compreendendo o seu paciente e que a terapia está funcionando 100%, quando nota que a melhora só acontece dentro do consultório; fora, o paciente continua agindo do mesmo modo. Ele próprio não percebe.

– Bem, você como psicóloga deve saber muito bem o que está dizendo. A propósito, você ainda continua atendendo como psicóloga, não?

– Sim, tenho sempre alguns pacientes, inclusive a Patrícia e a Kátia tornaram-se minhas pacientes há dois meses. Há também uma amiga delas, uma tal de Mônica.

– Poxa, Nancy, que legal! Se eu precisar fazer terapia, você será a pessoa ideal para ser minha terapeuta, afinal em você eu confio. Porque existem certos terapeutas que não têm... Como é que se fala mesmo?

– Ética profissional.

– Isso mesmo! Agora me diga, o que você faria se um cliente confessasse durante uma análise que tivesse assassinado alguém?

Nancy arregalou os olhos, pouco à vontade.

Marcos virou o rosto para as cabines onde os alunos ficavam e ficou espantado ao constatar que dos vinte alunos que estavam sendo monitorados por ele, só haviam restado dois.

Marcos, voltando-se para a colega de trabalho, comentou:

– A Igreja Católica não permite que uma confissão seja revelada em hipótese alguma, mesmo que seja a confissão de um assassinato. Você deve saber disso.

Nancy concordou.

– E quanto à ética do psicólogo neste caso?

Após breve hesitação, a moça respondeu medindo bem as palavras:

– Funciona do mesmo modo, assim como a do advogado.

– Você quebraria essa ética se alguém contasse algo desse tipo para você? Mesmo correndo o risco de perder seu diploma?

– Dependendo do caso... Acho que, sim...

146

O rosto de Nancy enrubesceu e adensando o tom, prosseguiu:

– A propósito já que falou em confiança, é exatamente este o motivo que me trouxe aqui, queria compartilhar com alguém de confiança estas minhas análises a respeito do caso. Escolhi você Marcos, porque é a pessoa em quem mais confio por aqui e você sabe disso. Se não sabe, fique sabendo.

– Fico lisonjeado. Fez bem em me dizer.

O professor deu um sorriso amistoso o qual a amiga retribuiu com o mesmo afeto.

– Sempre o considerei um amigão.

Ele, parecendo um tanto deslocado, respondeu:

– Eu também, Nancy. Eu também...

Nancy voltou a sua análise:

– Estive pensando no Luiz. É visível que ele seja apaixonado por Carla e acredito que esta paixão vem de longa data. Desde a infância, atrevo-me a dizer. Não acho que ela perceba. Para ela, ele é o amigo de infância, inseparável, apenas isso.

– A Martha notou isto também.

– Isto lhe dá um motivo para matar Caíne.

– Você acha, mesmo? Eu não sei se concordo. Pois veja bem, Nancy. Mesmo que Luiz tirasse Caíne da vida de Carla, isto não garantiria que ela, agora livre, fosse ficar com ele. Eu considero Luiz um rapaz inteligente, bastante inteligente, eu diria. Com certeza pensaria nisto antes de fazer tal loucura. A não ser que ele seja um psicopata, um louco.

– Você tem razão, mas mesmo assim, eu não o descartaria. Lembre-se sempre de que conhecemos as pessoas superficialmente.

Marcos assentiu, ela continuou:

– Raciocine comigo. Caíne era um empecilho, ou pelo visto, mais um dentre tantos outros que Luiz vinha tendo de enfrentar ao longo dos anos para conquistar Carla. Se o limite máximo de sua paciência tivesse chegado ao fim, ele poderia muito bem ter descontado todos esses anos de espera e sofrimento em Caíne.

147

Lembre-se de que ele teve oportunidade mais do que ninguém, afinal, foi ele quem o levou para seu apartamento aquela noite, às vésperas do crime. Ele, mais do que ninguém, pode ter pegado uma chave, voltado no dia seguinte, surpreendido Caíne. Enfim... Ninguém é tão solícito com seu adversário como ele foi com o dele (Caíne), na noite anterior.

Marcos assentiu, pensativo e opinou:

– Para mim, o Luiz está interessado na Cleuza. Ouvi quando ele a convidava para sair, umas duas vezes, mas ela sempre agradecia, alegando uma desculpa qualquer.

– É muito importante o que me acaba de dizer, Marcos. Porque se o Luiz começou realmente a se enrabichar pela moça, isto poderia tirá-lo ainda mais do sério.

Ele pareceu não entender.

– Eu explico. Luiz é apaixonado por Carla, mas não a consegue, porque há outro na jogada. Um dia, ele conhece Cleuza, e se apaixona por ela. Tenta conquistá-la, mas não acontece. De repente, sem querer, por mero acaso, ele percebe ou descobre que ela, Cleuza, também está apaixonada por Caíne e não só isso, tendo um caso com ele. Como se não bastasse o moço atrapalhar sua aproximação de Carla, agora está atrapalhando a aproximação dele de Cleuza, alguém por quem finalmente Luiz se interessou a ponto de fazê-lo esquecer-se de Carla.

A raiva que ele pode ter sentido por esse Caíne duplica-se então, torna-se duas vezes maior, mais forte; o que lhe dá dois bons motivos para se livrar do moço.

– Faz sentido – concluiu Marcos, pensativo. – E sabe Nancy, já que estamos refletindo sobre hipóteses, acaba de me ocorrer que Cleuza, neste caso, também teria motivo para cometer o crime. Imagine se ela tivesse descoberto que na verdade ele, Caíne, não queria absolutamente nada com ela a não ser simples diversão. Apesar de parecer frágil. Como você mesma disse, as pessoas se transformam num momento de raiva.

Marcos visualizou a pequena Pimpolho em seus pensamentos. Ainda envolto pela imagem de Cleuza em sua mente, acrescentou pausadamente:

– Teria sido fácil para ela, uma vez que a pessoa só pode ter entrado no prédio junto com Caíne em seu carro e depois, saído tranquilamente pela porta da frente do edifício.

– Está vendo por que eu gosto de trocar ideias? – alegrou-se Nancy. – Novas suposições vão aparecendo e o caminho para a solução vai ficando mais claro. Não é à toa que se diz que duas cabeças pensam melhor do que uma.

Nancy levantou-se e olhou através do espaço envidraçado do LAB, para ver se alguém estava a sua procura. Ao constatar que não, sentou-se novamente e num tom casual falou:

– Já não é seu caso, não é, Marcos? Digo, você não teve motivo nem oportunidade para cometer o crime ou teve e está me escondendo?

O tom de Nancy soou brincalhão.

Marcos pareceu ter-se surpreendido com a pergunta.

– Ei, não tive nada a ver com o crime! – respondeu ele, sério. – Nada mesmo! Inclusive, naquele dia, permaneci a tarde toda, dando aula aqui, como de costume. Se tivesse me ausentado, todos daqui saberiam.

– Menos eu – retrucou Nancy, sorrindo. – Naquela quinta-feira cheguei mais tarde, tive de ir ao dentista; sabe como é, se a gente não cuida dos dentes, eles se vão. Mas... – ela deu uma pausa. – Estava outro dia, organizando os papéis dos professores para passar para a central, o que foi um sufoco, pois Ana Lúcia estava mais exigente do que nunca, e observei algo curioso na ficha de sua irmã. O sobrenome dela de casada era Quintana também, não é?

Marcos pareceu alarmado.

– Era?... – respondeu de testa franzida, como se estivesse esforçando para lembrar. – Não sei, não me lembro, mas existem muitos Quintana por aí.

149

– Sim, eu sei, mas me pareceu engraçado. Cheguei até a imaginar a Martha como assassina, já pensou?

– Não diga uma coisa dessas, Nancy, nem por brincadeira! – a pálpebra de Marcos tremeu ligeiramente por trás das grossas lentes de seus óculos.

– Estou apenas brincando, relaxe! Mas é que ela e eu participamos do Amigo Secreto. Nós duas somos tão suspeitas como os demais.

– Sim, eu sei. Mas qual motivo poderia ter minha irmã ou mesmo você para matar Caíne? Nenhum. Concorda?!

– Hum... hum... – Nancy concordou meio avoada. – Fiquei deveras surpresa ao saber que Martha tornou-se viúva tão moça.

– Pois é... São coisas da vida, minha cara Nancy. Coisas da vida...

Os dois se aquietaram e o silêncio pairou no ar. Foi assim até que Marcos, subitamente, adquirindo um tom fantasmagórico, brincou:

– Talvez eu te mate, Nancy!

– O que?

– Veja o LAB... Está praticamente vazio. Você nem percebeu, não é?

– Ih! Nem brinque com uma coisa dessas Marcos, sinto até um calafrio.

Os dois riram, Marcos continuou.

– Mas pense Nancy, você aqui no LAB sozinha, sem ninguém, só com um assassino, mesmo que você grite, ninguém vai ouvir nada, pois a sala é à prova de som. O assassino vai ter a maior facilidade para se livrar de alguém aqui dentro. É *vapt-vupt!* É sem dúvida o melhor lugar para se cometer um crime!

– Nunca havia pensado nisso, nem quero pensar – respondeu ela, batendo três vezes na madeira.

– Pois pense, afinal podemos ter um assassino entre nós, alguém de nossa turma pode ser um assassino frio e inescrupuloso, alguém de mente perversa.

– Pare, Marcos! Estou ficando arrepiada.

Marcos gargalhou.

– Fábio me levou ao apartamento de Caíne para pegar a bateria para meu sobrinho, devo admitir que me senti aflita dentro daquele lugar.

Nancy descreveu tudo o que aconteceu por lá, exceto a descoberta dos bilhetes, se bem que mal estava se contendo de vontade em contar. Afinal, por que guardar segredo daquilo? Ela não conseguia ver o motivo.

– Acho que Ana Lúcia está te procurando, acabo de ouvir a voz dela – interveio Marcos.

– Xiii! Eu me esqueci da hora.

– É incrível que a única voz que consegue atravessar as paredes deste LAB é a dela, se alguém tentasse matar Ana Lúcia aqui dentro, contando que seus gritos não pudessem ser ouvidos, estaria roubado.

Novas risadas.

– Psiu, se ela te ouve, você está perdido! – e levantando-se, Nancy acrescentou: – Bem, deixe-me ir.

Já com a mão na maçaneta, deteve-se e voltou até Marcos.

– Se tiver algum grilo com Ana Lúcia, vou dizer que estava conferindo algumas fichas de alunos com você.

– Tudo bem, eu confirmo.

– Ah! Por sinal, e a respeito daquela turma do nível cinco que era de quinta-feira? O que ficou resolvido?

– Ana Lúcia mudou para as quartas, no mesmo horário. Das duas às quatro. Você acredita que ela avisou aos alunos, mas esqueceu-se de me avisar e eu fiquei na quinta passada plantado na sala de aula como um idiota, esperando o pessoal chegar? Uma coisa eu te digo, vou querer receber pela aula do mesmo jeito. A culpa foi dela!

– Coisas de Ana Lúcia. Meu Deus! Acabo de ouvir a sua voz outra vez. Essa mulher devia cantar ópera.

– Ópera lírica!

– Só teria de engordar, não é? Pois geralmente estas cantoras são muito obesas.

Os dois riram outra vez.

Ao sair, Nancy deu de cara com a diretora.

Marcos ficou prestando atenção ao que ela dizia, dava para ouvir sua voz límpida e em bom som. Através da janela percebeu pelo semblante de Nancy que ela ficara tensa por ter sido pega, saindo do LAB, pela implacável diretora. Lembrou-se do medo que as pessoas têm de perder seus empregos, tudo por causa do dinheiro, o bendito maldito dinheiro. Era por causa dele que muitos eram obrigados a *engolir sapos*... E cada *sapo!*

Aqueles pensamentos fizeram Marcos se questionar: estaria ele ali porque gostava da profissão ou porque necessitava do salário? No começo era, sem dúvida, porque gostava da profissão, mas hoje, era o salário que o mantinha preso ali. Todo seu esforço em se aprimorar era somente para garanti-lo no final do mês, afinal ninguém vive sem um.

Se tivesse tido a sorte de ter nascido em família abastada tudo teria sido mais fácil. Se não tivesse que trabalhar por dinheiro, o que faria? Com certeza poderia aprimorar melhor o seu lado de escritor, dedicar-se um pouco mais ao livro que estava escrevendo sobre ufologia, guardado a sete chaves, enquanto não achasse que era o momento certo de revelar a alguém, inclusive a própria irmã.

A voz de Ana Lúcia continuava penetrando em sua cabeça.

Recostou-se à cadeira enquanto seu rosto mudava de expressão, demonstrando agora preocupação. E se Nancy comentasse com o tal detetive sobre o sobrenome de casada da irmã? Aquilo causaria sérios problemas para eles... Era preciso falar urgente com Martha e torcer para que Nancy esquecesse aquele pequeno detalhe.

Marcos nem se deu conta de que os alunos do horário seguinte começaram a chegar. Mesmo assim, continuou refletindo, memorizando os últimos acontecimentos de sua vida. Memorizando o que havia acontecido desde a última quinta-feira. Toda aquela confusão causada por um simples bilhete de Amigo Secreto.

Virou-se e olhou para a secretaria, Ana Lúcia encontrava-se agora sentada frente à mesa de Nancy, as duas conversavam em meio a um entra e sai de alunos, muitos deles novos. O sinal para dar início à aula finalmente soou e os alunos foram para suas respectivas classes.

Marcos pôs a fita para tocar para a sua turma e tirou por um momento o fone do ouvido a fim de relaxar um pouco. Para sua surpresa, a voz de Ana Lúcia continuava atravessando as paredes revestidas à prova de som do LAB. Repôs o fone e pensou: "Graças a Deus! Ao menos com esse fone posso ficar livre da voz ardida daquela mulher. UFA!".

Mas sua mente não o deixou em paz: "Martha, eu preciso falar com Martha", pensava ele, "e ela está lecionando na outra casa da escola... Será que alguém mais irá ligar o sobrenome dela de casada com o de Caíne?".

Ele olhou mais uma vez para as duas mulheres ali fora a conversar e lhe veio à memória o rosto de Caíne. Sentiu um arrepio. Meio minuto depois notou que tremia por inteiro.

II

Foi por volta das 23h30 que Verônica, a secretária que divide o turno com Nancy, deu por sua falta; achou simplesmente muito estranho que ela tivesse ido embora sem comunicá-la, isto não era de seu feitio. Foi até o segurança da escola perguntar se sabia de seu paradeiro, mas ele respondeu que não.

A seguir, o homem entrou para verificar se cada aposento da escola estava devidamente fechado, era esta sua função toda noite ao término do expediente. Foi então que encontrou Nancy Murdov caída atrás de uma fileira de cabines do LAB. Quando se aproximou, notou uma imensa mancha de sangue que, ao que parecia, escorria da nuca.

Ele procurou não perder o controle e retornou à recepção onde Verônica estava prestes a deixar a escola. Foi direto ao assunto. Verônica ficou em estado de choque. Ele próprio ligou para o hospital mais próximo e para a polícia.

III

Em meio à escuridão do quarto onde Ana Lúcia dormia com o marido o telefone tocou, quebrando o silêncio propício para uma noite tranquila de sono. A mão do marido um tanto quanto perdida caminhou em busca do aparelho, apalpando diversos objetos que se encontravam sobre o criado-mudo até alcançar seu propósito. Sua voz embriagada de sono respondeu ao chamado e após um pequeno diálogo ao telefone, o homem virou-se para a esposa e disse:

– Era da escola, houve um acidente.

Ana Lúcia sentou-se na cama, num impulso violento.

– O que, como, com quem? – perguntou, aflita.

Seu marido, calmo como nunca, respondeu:

– A secretária... Nancy... foi encontrada caída atrás de uma fileira de cabines do LAB, recebeu uma pancada de algum objeto. O segurança foi quem a encontrou. A polícia e uma ambulância foram chamadas. Ela foi levada para o hospital e pelo que parece... morta.

– Você disse m-morta? Meu Deus! Pobre Nancy! – Ana Lúcia estava com uma acentuada expressão de sofrimento em seu rosto. – A escola... Polícia... Meu Deus, isso não é nada bom... Precisamos ir para lá.

O marido bocejou.

IV

Manhã do dia seguinte... (Quarta/ 7 de Novembro)

Elmior Aldor encontrava-se confortavelmente aconchegado em uma bela poltrona na grande sala de estar de seu casarão, ouvindo "Beguine the Beguine", de Cole Porter, em estilo Bossa Nova, na voz de Gal Costa, quando percebeu que o telefone estava tocando.

154

Resmungou alguma coisa no melhor estilo Rabugento* e a contragosto, abaixou o som para atender a ligação.

– Aldor, é você? – disse a voz do outro lado da linha.

– Sim.

Elmior reconheceu imediatamente a voz de seu amigo, o delegado Teixeira.

– Já soube da última?

– Não.

Elmior ficou curioso, o que teria acontecido de interessante a ponto de fazer Teixeira, o desligado, ligar àquela hora da manhã?

– Alguém tentou dar cabo de uma moça dentro de uma escola de Inglês. A vítima é Nancy Murdov, uma das secretárias, foi encontrada ontem à noite, seu corpo estava dentro...

Ele deu uma pausa e Elmior pôde ouvir suas palavras.

– Como é mesmo o nome dessa porcaria? – gritou ele para alguém próximo.

– LAB! – responderam.

– Elmior, o tal corpo estava dentro do LAB. A vítima sofreu uma pancada na cabeça, com algo bastante pesado, foi levada para o hospital, está inconsciente. O objeto usado até agora não foi encontrado. Já reviramos toda a escola e nada. A diretora daqui, uma tal de Ana Lúcia, que por sinal tem uma voz irritante, quase nos comeu vivos. Que mulherzinha insuportável!

Elmior se deliciou com seus pensamentos, ao visualizar Teixeira nas mãos de Ana Lúcia.

– A que horas isto aconteceu? – perguntou a seguir.

– Por volta das 22h30 e 23 horas de ontem. A outra secretária, uma tal de Verônica... Um mulherão por sinal, deu por sua falta, achou estranho que a tal Nancy, tivesse ido embora sem se despedir e antes do final do seu expediente. O segurança que é incumbido de fechar a escola foi quem encontrou a moça nesse tal de... Como é mesmo o nome dessa m...?

---

*Desenho animado de Hanna-Barbera. Conta a história de um detetive cuja risada tornou-se memorável. (N. do A.)

– LAB! – acudiu Elmior.

– O que disse? – gritou Teixeira ao telefone.

– LAB! – repetiu o detetive mais alto.

– É isto mesmo! Não aguento essa mania que o brasileiro tem de pôr nome estrangeiro para dar nome às coisas.

– Compreendo. Quem deu a última aula no LAB?

– Foi o tal de Marcos. Marcos Depp, se não me engano. Por sinal, ele está aqui agora, parece que está a ponto de ter um surto a qualquer momento. Está inconformado com o que aconteceu, nos contou que a vítima conversou com ele por um bom período de tempo ontem, pouco antes do acontecido.

A propósito, quando disse em voz alta para o meu assistente que você iria gostar de saber sobre isto tudo, este tal de Marcos ouviu e me contou que o conhece, é verdade? Parece que você esteve aqui, investigando o tal assassinato, daquele rapaz... Como é mesmo o nome dele?

– Caíne Quintana – ajudou Elmior.

– Minha memória já não é mais a mesma!

– Estive, sim.

– Foi então que me lembrei daquele seu amiguinho naquele dia em que vocês estiveram na delegacia e concluí que só poderia ter sido nesta escola que houve aquela *parada* de Amigo Oculto... Secreto... Indiscreto... Sei lá, o que em que o tal rapaz, o tal Caíne recebeu o bilhete ameaçador, não é?

Teixeira deu uma pausa para tirar um pigarro da garganta com um rosnado grosseiro. Só então, continuou:

– Eu nunca sei qual é o nome certo desta p... Uns falam Amigo Oculto, outros Amigo Secreto, afinal é tudo a mesma m..., não?!

– Sim. Não sei se lembra, mas você considerou a suposição do meu amigo absurda e me pediu para livrá-lo dele; eu particularmente, achei curioso o que o rapaz contou e tomei a liberdade de investigar por conta própria.

156

– Não acredito! Só você mesmo, Aldor, para acreditar naquilo! Santa paciência! Também o que podia se esperar de alguém com um nome como o seu, não é?!

Teixeira soltou uma gargalhada.

Elmior afastou o ouvido do telefone para poupá-lo do estrondoso barulho. Assim que o delegado se silenciou, voltou a falar:

– O que acaba de acontecer, mostra que a suposição do meu amigo está mais para verdadeira do que para inverídica.

Sem dar atenção ao comentário do colega, Teixeira falou com algum de seus encarregados, depois voltou a prestar atenção ao telefonema:

– O que foi que você disse? – a pergunta saiu quase que num berro.

– Nada importante, Teixeira. O tal professor, Marcos, ele se encontra aí neste momento?

Teixeira afastou o telefone do ouvido, curvou o pescoço até poder ver o rosto da pessoa sentada no sofá da sala de recepção.

– Sim. Está aqui – baixou ligeiramente a voz e rindo, falou – parece uma mariposa assustada.

– Por favor, chame-o ao telefone.

Num berro Teixeira chamou por Marcos. O berro fez o professor levar a mão direita ao coração e respirar fundo tamanho o susto que levou. Levantou-se com dificuldades e foi até ele. Teixeira lhe esticou o telefone dizendo:

– É Elmior Aldor, ele quer falar com você.

Marcos franziu a testa, uma expressão preocupada tomou seu rosto por inteiro. Pegou o telefone e devagar o levou até o ouvido, hesitou por alguns segundos antes de começar a falar:

– Senhor Elmior Aldor, é Marcos, Marcos Depp...

Sua voz estava coberta por uma rouquidão gripal.

– É muito triste o que aconteceu, Marcos – lamentou Elmior.

Marcos não se aguentou, começou a chorar.

– Teixeira me contou que você conversou com Nancy ontem à noite, pouco antes disto acontecer, a que horas exatamente foi isso?

– Entre 19h15 e 20 horas – a resposta soou precisa.

– Sei... Se não se importar, gostaria de conversar com você a respeito, se possível, ainda hoje. Posso ir até aí ou na sua casa...

– Eu não ficarei aqui por muito tempo, pedi para Ana Lúcia me liberar hoje. Não posso ficar, não depois do que aconteceu.

A voz de Marcos revelava não só pesar, mas alguma dor mais profunda.

– Se preferir e não for incômodo para você, podemos conversar aqui mesmo em minha casa, posso ir apanhá-lo aí – sugeriu Elmior.

– Não é necessário. Eu mesmo vou.

Marcos anotou o endereço e o telefone de Elmior Aldor, caso precisasse entrar em contato por algum imprevisto e, em seguida, devolveu o aparelho para Teixeira.

– Há algum suspeito? Alguma pista? – quis saber Elmior.

Teixeira murmurou algumas palavras antes de responder, palavras que para Elmior eram indecifráveis:

– Não! – disse, por fim, em meio a um leve arroto. – Desculpe-me, é que comi uma coxinha com catupiry e duas esfihas de carne com café aqui na lanchonete da escola. Bem, como eu dizia... Nada aconteceu de diferente na noite anterior e fica difícil saber se alguém estranho entrou na escola, já que são muitos alunos num entra e sai. Você sabe, basta pôr uma roupa que dê uma boa aparência à pessoa, que qualquer um passa despercebido.

– Foi roubada alguma coisa?

– Por enquanto não deram por falta de nada. Bem Aldor, voltando a falar daquela suposição do seu "amiguinho", gostaria de ouvir de você o que apurou nas suas investigações, deve ter sido um mico danado, admito que estou precisando rir. Estou pensando em passar aí mais tarde para conversarmos a respeito. Que tal 18h30?

158

Teixeira era o tipo de pessoa, talvez afetado por sua profissão, que achava que todos estariam sempre a seu dispor à hora que melhor lhe conviesse, sem importar se a pessoa já teria ou não algum compromisso para àquela hora e dia.

– Estarei esperando – confirmou Elmior Aldor.

Apôs pôr o fone no gancho, lembrou-se de Nancy Murdov. Agora ela estava à beira da morte, sentiu um arrepio. Outro assassinato havia acontecido, mais um participante daquele Amigo Secreto havia sido vítima.

A hipótese de Fábio Augusto agora se tornara verdade incontestável para ele. Afinal, era coincidência demais, o que acabara de acontecer. Fábio tinha marcado mais um ponto em seu placar.

Saberia o assassino a essa altura do campeonato que sua vítima não morrera? Apesar de estar por um fio, ainda poderia sobreviver e que se assim fosse, poderia contar o que descobriu, ou até mesmo identificar o assassino, se o viu. A propósito, o que ela teria descoberto de tão importante para ser eliminada?, perguntou-se ele intrigado.

Elmior voltou-se para o telefone e discou o número da casa de Fábio. Foi ele mesmo quem atendeu.

– Houve praticamente outro assassinato, Fábio.

Já estou sabendo. Estava tentando falar com você, mas a linha estava ocupada.

– Era justamente o Teixeira me informando do ocorrido.

– Pobre Nancy, que crueldade!

– Nem fale, mas como ficou sabendo?

– Um amigo da delegacia me ligou, avisando.

– Parece que sua suposição se solidificou com este acontecimento.

– Eu te disse. Minha intuição não falha! – o tom de convencimento de Fábio Augusto beirava à pedância.

– Não se gabe ainda, meu amigo.

Fábio desdenhou o comentário e com voz trágica falou:

– Parece que Nancy tem pouquíssimas chances de sobreviver. Os médicos estão fazendo de tudo, mas, não dão nenhuma esperança.

– Como sabe disso também e com tanto precisão?

– Elementar, meu caro Elmior. Liguei para a casa dela e falei com seu irmão.

– Escute, convidei Marcos para vir aqui, ele e Nancy tiveram uma conversa ontem à noite, quero saber exatamente sobre o que eles conversaram. Apesar do que acaba de acontecer, Teixeira ainda acha que estou pagando um mico danado em querer investigar sua hipótese. Convidou-se para passar aqui, hoje, pelas dezoito e trinta.

Uma estranha expressão sombreou o rosto do rapaz.

– Ok, você acha que Marcos sabe de algo? Será que Nancy sabia quem era o assassino e lhe contou durante a conversa?

– Não sei, talvez!

– Ela deveria saber, com certeza deveria saber, estava sempre observando as pessoas, bisbilhotando, mania de psicólogo... Enfim, ela riu da minha suposição e veja só onde acabou. Se tivesse me levado a sério, isso não lhe teria acontecido... Apesar de triste, foi até bom que isto tenha ocorrido; quem sabe assim, todos agora dão crédito a minha hipótese! Não comece a conversa com Marcos antes de eu chegar, quero ouvir tudo tim-tim por tim-tim.

– Eu já esperava por isso, aguardarei por você.

Elmior desligou o telefone e sorriu, gostava de Fábio tal como um pupilo, era para ele um aprendiz de feiticeiro. Caminhou até sua escrivaninha, pegou seu caderno de anotações e revisou tudo o que havia anotado sobre Nancy. Tudo o que ela havia lhe dito quando a entrevistou e que considerara importante ser lembrado. Só acrescentou uma palavra ali: Psicóloga. Nancy era psicóloga e isso ele havia deixado passar despercebido, sequer havia tomado nota.

Sentou na poltrona, fechou os olhos e pôs-se a revisar o caso mentalmente. Nancy deveria saber de alguma coisa, ou talvez achasse que soubesse, ou talvez o assassino pensasse que ela soubesse de algo e, por isso, a silenciou. O que seria?

160

Elmior ficou tamborilando com as pontas dos dedos no braço da poltrona.

V

Marcos Depp tocou a campainha do número 95 da Avenida Lacerda Franco por volta das quatorze horas. Não demorou muito para que a porta se abrisse e Elmior Aldor surgisse à sua frente. Os dois trocaram cumprimentos, entraram e se acomodaram na ampla sala de visitas, um ambiente agradável e aconchegante. Marcos gostou de tudo que compunha sua decoração, principalmente do sofá Chesterfield, que acentuava o clima europeu do ambiente.

Elmior acendeu seu abajur ao invés de abrir a janela. Era de sua preferência ficar à luz do abajur ao invés da luz do sol, mesmo porque com a janela fechada ajudaria a evitar o barulho que vinha da construção de um prédio do outro lado da rua.

– Estou esperando por Fábio Augusto. Ele deve estar a caminho.

– Ah! Ele vem, é?

Marcos não gostou da ideia de ter Fábio pondo o bedelho na conversa. Seria bom ele começar a falar, o mais rápido possível, quem sabe terminaria antes que o pentelho chegasse. Que ele ficasse preso no trânsito!, rogou Marcos aos céus.

– Fiz mal em convidá-lo? – questionou Elmior, prestando melhor atenção ao professor.

– Não, absolutamente.

A resposta de Marcos não convenceu muito o detetive.

– Foi fácil chegar até aqui? – continuou o detetive, tentando quebrar um pouco o nervosismo que havia se apossado da visita.

– Sim, foi bem fácil.

– Você gostaria de tomar algo?

– Não precisa se incomodar. Prefiro ir direto ao assunto que me trouxe até aqui, se não se importa. Não quero me demorar, quero aproveitar a dispensa que a escola me deu para fazer algumas comprinhas ainda hoje, distrair minha cabeça.

161

Mesmo que a escola não me tivesse dispensado, eu mesmo teria me dispensado, não poderia continuar lá, não conseguiria; não, depois do que aconteceu. O senhor me entende, não?

A voz de Marcos transparecia certa tensão. Torcia as mãos de modo nervoso. Elmior notou que ele estava dominado pela ansiedade e, talvez, por algo mais.

– Sim... Deve aproveitar mesmo o resto do dia para o lazer.

Quando Marcos ia começar a falar, para o seu desapontamento, a campainha tocou. O detetive pediu-lhe licença, levantou-se e saiu da sala. Minutos depois, voltou com Fábio Augusto a sua sombra.

Marcos cumprimentou-o friamente, não o queria ali, não sabia o porquê, mas não queria Fábio Augusto naquela sala agradável, participando daquele encontro. Ele já estava mais nervoso do que nunca por causa do acontecido a Nancy e aquela figura à sua frente só servia para piorar as coisas.

Após acomodarem-se, Elmior pediu a Marcos que contasse exatamente o que ele e Nancy haviam conversado na noite anterior. Quem sabe poderia encontrar alguma pista que levasse ao agressor de Nancy.

– É tão difícil aceitar que ainda ontem conversamos e que hoje Nancy está... praticamente morta. Só de pronunciar seu nome já começo a tremer. Parece inacreditável, ouvimos falar de coisas assim, lemos sobre isso, assistimos a filmes com histórias semelhantes, mas jamais pensamos que um dia faremos parte de algo do gênero. Eu nem sei mais o que estou sentindo, se é pavor, se é angústia, depressão...

– Eu entendo. Eu também fiquei bastante chocado quando soube. Esta vida nos apronta cada surpresa, não?

Marcos com um longo suspiro concordou:

– Nem fale! Bem... Nancy foi até o LAB, pois queria dividir comigo algumas conjecturas que havia feito. Ela estava certa de que a suposição do Fábio Augusto era verdadeira. No começo não achara, mas depois, analisando Caíne e os participantes do Amigo Secreto, chegou à conclusão de que a suposição procedia.

Fábio ergueu os olhos, dizendo para si mesmo: "Finalmente alguém me deu crédito!".

Marcos olhando para o detetive através das grossas lentes de seus óculos, continuou:

– Eu particularmente tive a impressão de que o que a fez ter certeza disto, foi algo que ela não me revelou.

Marcos relatou o que Nancy lhe dissera na noite anterior, exceto a respeito do sobrenome de casada de sua irmã.

– Quer dizer então que Nancy viu Caíne entregar alguma coisa a Cleuza?! E que após este dia passou a observá-los e chegou à conclusão de que os dois estavam tendo um caso, um namorico às escondidas? É interessante.

Elmior pronunciou essas últimas palavras, lembrando-se do que a mãe de Cleuza dissera, quando a visitou: "... é o mesmo nome do rapaz com quem ela vem saindo ultimamente!".

– Nancy estava certa de que Cleuza estava apaixonada por ele... – continuou Marcos. – Não sei, se o senhor se lembra, no sábado quando conversamos, eu lhe contei que havia notado que Cleuza tinha uma queda por Caíne.

Elmior fez que, sim, com a cabeça e Marcos prosseguiu:

– Como vê, o senhor estava certo. Inclusive, lembro-me nitidamente do que ela me disse na festa de Halloween. Disse-me que estava apaixonada e, na minha opinião, só podia ser por ele.

Marcos inspirou o ar e prosseguiu:

– Nancy acreditava que Caíne era desses homens que são capazes de ter duas ou até mais namoradas ao mesmo tempo. Ela também cogitou a ideia de que ele era casado; sem que seus pais tivessem conhecimento.

Fábio deu finalmente o ar de sua graça:

– E se assim ele fez, quem seria esta esposa, onde estaria ela? Talvez tivesse se separado dela, até quem sabe, fugido dela. Mas isso não deve ser difícil de se descobrir... – sugeriu Fábio pensativo.

163

Sem lhe dar muita atenção, Marcos continuou:

– Nancy imaginou que se Carla tivesse descoberto a respeito de Caíne com Cleuza, ou mesmo que ele fosse casado, com certeza teria sido motivo de sobra para deixá-la descontrolada. Há mulheres que ao saberem que foram iludidas ficam tão revoltadas, tão fora de si, que são capazes de cometer uma loucura como vingança.

– Isto acontece realmente – concordou Elmior.

– Nancy também falou da análise que havia feito de Luiz. Para ela, Luiz era um forte candidato a assassino. Teve a oportunidade mais do que ninguém, foi ele quem levou Caíne para seu apartamento às vésperas do assassinato. Pode ter pegado uma chave para voltar depois, no dia seguinte.

Mas matar Caíne para que Carla ficasse livre para ele não seria motivo suficiente para ele assassinar o rapaz, alertei-a. Pois não garantiria que Carla ficasse com ele.

Contei-lhe também que ouvira Luiz convidar Cleuza para sair, não só uma vez como várias. Certamente, ele está a fim dela.

E foi assim que Nancy chegou a seguinte conclusão: Luiz é apaixonado por Carla, mas não a consegue porque há sempre outro na jogada, até que de repente conhece Cleuza, e se apaixona por ela. Tenta conquistá-la, mas também não consegue. Sem querer, descobre que ela também está apaixonada por Caíne e não só isso, mas também tendo um caso com ele.

Como se não bastasse ter Caíne atrapalhando sua aproximação de Carla, agora estava ele atrapalhando a aproximação de Cleuza, alguém por quem finalmente se interessara a ponto de fazê-lo esquecer-se de Carla. A raiva que ele pode ter sentido por esse rapaz duplica-se então, o que dá a ele dois bons motivos para se livrar de seu rival.

– Não deixa de ser interessante a observação de Nancy... – pontuou Fábio.

Marcos, desdenhando mais uma vez o comentário do rapaz, prosseguiu:

– Bem, após o que Nancy me disse sobre os dois, algo surgiu em minha mente, levantei a hipótese de que Cleuza poderia ter-se irritado com Caíne, caso descobrisse que ele estava mantendo um caso com ela somente por sexo.

– Nossa! – exclamou Fábio, eufórico. – Nancy não era boba mesmo, hein? Que mulher esperta! O que ela lhe disse Marcos, deve se encaixar em alguma coisa, ela devia... Desculpem-me, mas para mim é como se já estivesse morta, segundo os médicos, não passa de hoje, sei que é horrível dizer isto, mas não creio que possamos contar com seu depoimento.

Um arrepio fez o corpo de Marcos estremecer. Seus olhos se dilataram, assumindo um ar trágico. Fábio soltou um suspiro tenso, um suspiro que ao mesmo tempo poderia ser interpretado como de alívio.

– Ela devia saber algo sobre o crime, por isso o assassino tentou silenciá-la – completou Fábio com veemência.

– Espero que resolvam tudo isso o mais rápido possível – desejou Marcos. – Não vejo a hora que peguem esse assassino para voltar a dormir tranquilo. Se houve mais um crime, pode haver outros, sabe como é?

Por isso aceitei contar tudo isso para o senhor para ficar livre de qualquer pensamento ou suposição de que o assassino chegue a pensar que eu sei. Nos livros policiais, os personagens quando sabem de algo, ao invés de irem logo contar o que sabem à polícia, esperam, fazem chantagem com o assassino e, por fim, acabam mortos. Sorte que estamos na vida real ou talvez, má sorte, pois aqui nada acaba bem como numa história de ficção.

– E sobre mim? – indagou, Fábio, parecendo indignado por ter ficado fora da lista de suspeitos de Nancy. – Disse Nancy alguma coisa a meu respeito?

– Não! De você ela só disse que sua suposição realmente parecia ser verdadeira. Foi só o que disse, além do mais ela também não falou nada a respeito de Kátia, nem de Patrícia, nem de minha irmã e nem de mim.

Marcos acentuou levemente as duas últimas pessoas e continuou:

– Devo admitir que o fato de ela não ter falado nada a meu respeito, não me surpreendeu nem um pouco, pois afinal eu não tinha motivos e muito menos chance para assassinar Caíne, desde que dei aula o dia todo naquela quinta-feira.

Fábio frisou os olhos de modo desconfiado, deu uma olhadela de relance para Elmior, o qual não se deixou abalar.

– Até que horas exatamente vocês conversaram? – quis saber Elmior, a seguir.

– Até por volta das vinte horas. Ela saiu meio que rápido, pois Ana Lúcia estava a sua procura.

– E esta foi à última vez em que você a viu?

– Sim... bem... não... Após ela deixar o LAB, Nancy ficou durante um bom tempo conversando com Ana Lúcia. Sei disso porque da minha mesa no LAB dá para ver a recepção através da janela de vidro. Não, minto! Eu a vi mais uma vez, ela chegou a voltar ao LAB mais tarde, levou-me um bombom caseiro, feito por sua mãe. Ela queria que eu experimentasse. Isto foi por volta das 21h 40.

– E a que horas você deixou a escola?

– Por volta das vinte e duas horas. Peguei carona com Ana Lúcia até o metrô Paraíso, estava exausto e não muito a fim de esperar por minha irmã que teria de dar ainda mais uma aula. Também de nada adiantaria esperá-la, uma vez que de qualquer modo, teríamos de voltar de ônibus e metrô.

– E o carro de vocês? – perguntou Fábio.

– O carro está pifado. Por sinal, já está pifado há dias, quebrou justamente naquela quinta-feira maldita. Parece que foi um dia não muito bom para todos nós. Digo todos, porque graças à lembrança daquele bilhete de Amigo Secreto, fomos envolvidos nesse tremendo dramalhão desde então.

166

Marcos pronunciou as últimas palavras com mais ênfase, num tom seco e ríspido, como uma indireta para Fábio Augusto, o que para ele entrou por um ouvido e saiu por outro.

– Quantas secretárias costumam trabalhar à noite? – perguntou Elmior.

– Duas. Depois das cinco da tarde, o esquema lá é puxado, pois há muitos alunos.

– E quanto à descoberta do corpo dentro do LAB? Você sabe detalhadamente como foi?

– Bem, não sei dizer com exatidão – respondeu Marcos com certo desapontamento. – Não me disseram nada a respeito, mas se perguntarem a Ana Lúcia, com certeza ela lhes explicará tudo com maiores detalhes. Se ela tiver paciência porque tive a impressão esta manhã, quando a vi, de que ela estava à beira de um colapso nervoso.

– Se bem que o delegado Teixeira que esteve lá, averiguando o acontecido, vem hoje até aqui e poderá relatar os últimos acontecimentos com precisão! – adiantou-se Fábio.

Elmior em sua mente duvidava que Teixeira fosse capaz de lhe informar com precisão estes detalhes. Sua competência era duvidosa.

– Imagino que pormenores devam ser de extrema importância para um detetive, não é mesmo? – indagou Marcos com os olhos vivos voltados para Elmior.

Antes que o próprio respondesse, Fábio adiantou-se mais uma vez:

– É a alma do negócio! Qualquer coisa de que se lembrar, mesmo que não pareça importante, diga-me, Marcos, por favor.

Fábio arregalou os olhos ligeiramente, ao perceber o que disse e corrigiu-se:

– Eu quis dizer: diga-nos! Às vezes, ouvimos coisas que nos parecem banais, mas por trás revelam uma tremenda pista.

– Compreendo, mas com certeza, não há mais nada a dizer além do que lhes contei... – moveu a cabeça num gesto de dúvida. –

167

Ah! A não ser o que eu disse para ela... – Marcos pareceu constrangido. – Fiz uma brincadeira que, agora a meu ver, foi de muito mau gosto. Inclusive é isto o que mais me impressionou e está me deixando perturbado. Sabe quando a gente muda a voz, deixa-a meio fantasmagórica? Pois bem, eu fiz isso com ela. Disse em tom assustador que ela poderia ser morta no LAB, na maior tranquilidade para o assassino, pois se ela chegasse a gritar, não seria ouvida, porque o local é a prova de som. Depois rimos, quando eu lhe disse que se um assassino tentasse matar Ana Lúcia estaria ferrado, pois sua voz é a única que ultrapassa aquelas paredes revestidas.

Bem, depois do que aconteceu a Nancy, parece-me agora que o que eu disse foi uma premonição, pois tudo aconteceu exatamente como eu havia imaginado. É incrível quando imaginamos uma coisa tola como essa e, de repente, acaba acontecendo. Seria bom se as coisas boas que imaginamos tornassem verdade. Compreende o meu nervosismo?

– Não pense mais nisso – aconselhou Elmior, com uma voz animadora.

– Bem... Acho que é só... Espero de coração que este acontecimento não afete a reputação da What's Up! Especialmente desta filial. Não é só Ana Lúcia quem se preocupa com isso, nós os professores, funcionários em geral, também, pois todos dependemos dela financeiramente.

Assim que Marcos partiu, recusando-se a ficar por mais tempo, Elmior retornou à sala e encontrou Fábio Augusto, anotando algumas coisas numa folha de caderno.

– O que está escrevendo?

– Estou apenas acrescentando as informações que Marcos nos passou a respeito de Carla, Luiz e Cleuza. O que ele nos contou vai ao encontro das minhas hipóteses. Interessante o que ele comentou a respeito de Luiz ter tido oportunidade de matar Caíne. Este detalhe me passou despercebido. O motivo que Nancy apresentou para ele cometer o crime também é muito bom. Ele deve se sentir obcecado por essa paixão doentia. Freud explica.

– O Luiz não me parece exatamente um tipo que chegasse a extravasar todos os seus anos de árdua espera, cometendo um crime; ele é o bom rapaz que preserva a família, os bons costumes, as tradições. Se ele o fez, deve ter sido por outro motivo, um motivo mais forte, algo que não é do nosso conhecimento – comentou Elmior.

Fábio franziu a testa:

– Que motivo maior, Elmior? O Luiz é um Don Quixote, apaixonado, que não desiste tão fácil de salvar sua donzela em perigo.

– Donzela em perigo? – murmurou Elmior, olhando para Fábio de modo curioso.

Num estalo, Fábio começou a falar empolgado:

– Sim, talvez Luiz tenha percebido que Caíne não era uma boa pessoa e tentou avisar Carla, mas ela não lhe deu ouvidos. Então, para salvá-la do perigo, resolveu agir por conta própria, retirando-o do caminho de sua jovem amada a sua maneira. Quem sabe, talvez ele quisesse somente dar um susto em Caíne, alertá-lo, ameaçá-lo, para que ele saísse da vida de Carla e, de repente, a arma disparou sem querer e tudo não passou de um acidente, sendo assim, ele teria ficado com medo de dizer o que realmente aconteceu.

Fábio levantou-se e espreguiçou-se, com um ar de satisfação estampado no rosto.

– Um acidente? – murmurou Elmior pensativo. – Pode ser, mas se foi, essa pessoa é uma estúpida, pois complicou ainda mais as coisas para si própria ao tentar apagar Nancy.

Fábio, voltando-se a se sentar, falou:

– Durante a conversa, Nancy enfocou apenas Carla, Cleuza e Luiz. Marcos, Martha, Kátia, Patrícia e eu ficamos de fora. Com certeza o assassino só pode ser uma destas três pessoas, concorda?

Elmior arqueou as sobrancelhas.

169

– Lembre-se, Fábio, de que estas informações são segundo o que Marcos nos disse. E se ele mentiu ou está omitindo alguma coisa? Temos somente a palavra dele, não podemos ter certeza de que tudo o que ele nos contou é verdade.

Fez se um breve silêncio até que Elmior voltasse a falar:

– Temos ainda uma pessoa que pode nos ajudar, lembre-se que logo após deixar Marcos, Nancy e Ana Lúcia conversaram, podemos checar com Ana Lúcia se Nancy não lhe disse nada revelador.

– É uma ótima ideia!

Fábio morreu de inveja por não ter pensado naquilo antes de seu mestre, mas com certeza, cedo ou tarde iria pensar, afirmou para si próprio.

– Vou agora mesmo falar com Ana Lúcia! – exclamou Fábio empolgado com a tarefa.

Elmior encorajou-o com o olhar e observou:

– Faz sentido que Nancy tenha excluído você da lista de suspeitos, Fábio, afinal, você não possui nenhum motivo, não é mesmo? Pelo menos aparente.

Fábio endereçou ao amigo um olhar tomado de indignação. Elmior, por sua vez, soltou uma risada gostosa. A seguir, comentou:

– O mesmo ocorre com Kátia, Marcos e Martha, os três também não têm motivo algum, até onde sabemos, para ter cometido o crime.

Elmior calou-se e ficou acariciando o lábio superior. Fábio olhava, agora, com interesse redobrado para ele. Foi então que uma nova hipótese raiou em seu cérebro:

– A não ser que Martha também estivesse envolvida com Caíne!

– Aí já é demais, não é, Fábio? Daqui a pouco vamos chegar à conclusão de que Caíne teve caso com todo mundo. Martha não me parece o tipo de mulher que se deixaria levar por um moço leviano. Ela me parece madura, crescida, inteligente, não penso que se envolveria com ele... se bem que a gente nunca sabe com certeza.

– Não esqueça que temos Kátia também – alertou Fábio. – Seria ela mais uma da lista de Caíne? Se bem que coitada, ela me parece tão meiga, tão frágil para ter se envolvido com um moço como aquele... Se bem que vivendo ao lado de Patrícia e daquela moça estranha, a tal Mônica, sua cabeça vai acabar pervertida, se é que isto já não aconteceu!

Ah! E não nos esqueçamos de um detalhe importante! Patrícia, Kátia e Mônica, as três faziam terapia com Nancy. Elas podem ter-lhe revelado alguma coisa durante a terapia. O que dá a elas, Kátia e Patrícia, motivo para cometer o crime.

– Eu havia deixado passar despercebido o fato de Nancy ser psicóloga – comentou Elmior, pensativo.

– Interessante aquilo que Marcos nos contou sobre ética profissional, eu não sabia a respeito.

– Isto lembra um filme de Hitchcock – explicou Elmior. – Um dos mais admiráveis: "Tortura do silêncio!".

– Esse eu ainda não vi.

– Veja, pois é muito bom.

Um minuto depois, Fábio retirava-se para ir ao banheiro. Quando retornou à sala, Elmior estava sentado de cócoras no chão, retirando de sua estante um monte de livros e revistas, espalhando tudo sobre o tapete.

Fábio não entendeu nada da atitude do amigo; essa era a última coisa que ele esperava ver Elmior fazendo.

– Que diabos você está aprontando? – indagou o rapaz, enquanto se agachava para pegar um punhado de revistas do chão.

– Estou procurando meu guia de estudante.

– Guia de estudante? Por acaso vai voltar a estudar?

– Não, vou procurar uma escola de detetive para você!

Elmior riu e explicou:

– Estou procurando uma receita que me deu vontade de fazer. Deixei-a guardada no meio de uma dessas revistas. Que tal jantar aqui?

– Ótima ideia! Mas só depois de eu ter ido falar com Ana Lúcia. Sabe, estava pensando... A pessoa que tentou assassinar Nancy achou um bom lugar para agir. Deve ter ficado observando-a durante algum tempo até que ela fosse ao LAB e Pá!

– Foi uma sorte para o assassino ela ter ido justamente ao LAB àquela hora – falou Elmior pensativo –, ou foi levada até lá.

– Bem, deixe-me ir, quero conversar com Ana Lúcia ainda hoje, espero que ainda se encontre por lá; retorno logo mais à noite para o jantar. Não precisa me acompanhar até a porta, fique aí nessa bagunça e espero que não tenha me convidado para voltar aqui à noite só para ajudá-lo a arrumar tudo isso aí.

– E quanto a Nancy? – indagou Elmior. – Precisamos ir vê-la!

Fábio franziu a testa em dúvida.

– No estado em que ela se encontra, será impossível nos ajudar, tudo que podemos fazer agora é torcer para que ela escape desta. É uma pena.

– O que é uma pena? O fato de ela não poder nos ajudar ou o fato de estar neste estado?

– Hum?...

Fábio pareceu disperso ou fingiu ficar, observou o detetive.

– O assassino deve estar muito preocupado, não acha? – indagou Elmior. – Se Nancy melhorar, ele corre o risco de ser descoberto...

Fábio endereçando um olhar desafiador para o amigo, respondeu:

– Se ela melhorar, Elmior, se ela melhorar... O que parece improvável.

– Tomara que ela se recupere.

– Tomara... – murmurou Fábio, displicentemente.

Fábio saiu da casa de Elmior, tapando os ouvidos com os dedos. O barulho que vinha da construção do outro lado da rua era ensurdecedor. Espantou-se com o sol forte que fazia, estivera tanto tempo dentro da casa do detetive, com as janelas fechadas que se esquecera de que ainda era dia.

172

Lá dentro Elmior não levou mais que dois minutos para reorganizar e guardar suas revistas e livros de volta à prateleira. Não encontrou receita alguma, porque na verdade não procurava por uma, apenas havia dito aquilo para evitar questionamentos mais profundos por parte do amigo.

Em seguida, Elmior passou a mão no guia de estudante e foi para a cozinha.

VI

O delegado Teixeira chegou à casa de Elmior Aldor por volta das 17h30 e não às 18h30 como havia combinado. Elmior já havia tomado banho e se aprontado. Conhecia bem a fama de Teixeira, de chegar a qualquer hora ou de ligar somente no outro dia, dando uma desculpa qualquer após ter feito a pessoa esperar por ele sem aparecer.

– Aldor, meu grande amigo! – saudou Teixeira.

– Como vai?

Os dois se abraçaram. Neste momento uma simpática vizinha ia passando pela rua e acenou para o detetive que retribuiu o cumprimento e trocaram algumas palavrinhas de longe. Teixeira não esperou pelo dono da casa e seguiu para a sala.

Assim que Elmior entrou, encontrou o delegado já aconchegado, ou melhor, esparramado em uma poltrona.

– Desculpe-me, tomei a liberdade de mudar de canal, é que nesse canal passa um seriado muito bom a essa hora.

– Bem, mas você não veio até aqui para assistir televisão, veio? – perguntou Elmior, quebrando o barato do amigo.

– É lógico que, não! Vim, para conversarmos a respeito do que aconteceu com a tal moça na escola de inglês – respondeu Teixeira, esticando o braço até a bomboniere que ficava sobre a mesa, de onde tirou um punhado de balas.

– Bem, Teixeira, espero que me conte tudo detalhadamente, afinal, só estou sabendo o que me contou ao telefone. Não cheguei a fazer minhas investigações, afinal você prometeu-me contar tudo, quando passasse por aqui.

– Bem, Aldor. Ninguém viu nada, ninguém ouviu nada. O laudo médico constatou uma pancada na cabeça causada por algum objeto muito pesado, mas nada semelhante a isto foi encontrado pela polícia na escola. A vítima se manteve normal durante o dia todo, não demonstrava nenhuma preocupação ou abatimento...

Boa, essa bala, boa mesmo!

Bem, voltando à vítima, segundo a diretora da escola, a tal Nancy sempre foi uma funcionária esforçada e uma ótima secretária; segundo seus pais e o irmão, ela não tem inimigos, ou melhor, dizendo, não tinha inimigos. Não acredito que sobreviva à agressão.

Ele interrompeu-se novamente, enfiou o dedo indicador na boca a fim de desgrudar um pedaço de bala que havia grudado em seu dente e após o esforço, continuou:

– Acredita-se na escola que a moça foi vítima de um assalto qualquer, se bem que nada no la... lé... li...

– LAB – ajudou Elmior.

– Isso, nada lá foi roubado.

Teixeira fez uma careta e desabafou:

– Eta nome difícil esse, hein? LAB...

Elmior teve a impressão de ter visto um pedaço da bala que o amigo chupava saltar de sua boca e cair em alguma parte do seu tapete felpudo.

A pergunta seguinte partiu do delegado:

– Agora me explique exatamente o que aquele seu jovem amigo contou a respeito do tal Amigo Secreto que ocorreu na... Como é mesmo o nome daquela escola?

– What's Up! – respondeu Elmior calmamente.

– Que diabos significa isso? Caracas! Deixe pra lá... Agora, conte-me a respeito.

Elmior resumiu tudo o que levara Fábio Augusto a crer que houvesse uma ligação entre o assassinato de Caíne e a ameaça que ele recebera através do bilhete anônimo de Amigo Secreto. Depois relatou tudo que havia apurado com suas investigações até então.

– Por que resolveu investigar? – questionou Teixeira com pelo menos umas cinco balas girando no céu da sua boca. – Está parecendo história da carochinha.

– Porque achei coincidência demais, mas agora, depois do que aconteceu a Nancy, estou certo de que Fábio estava certo. Quem matou Caíne foi realmente aquele que lhe mandou o tal bilhete ameaçador. E Nancy, a meu ver, foi atingida por saber de alguma coisa.

– Eu ainda acho que uma coisa não tem nada a ver com a outra. Para mim os dois foram vítimas de assalto.

– Mas nada foi roubado nos dois casos!

– Eu sei, mas talvez o bandido não tivesse tido tempo para roubar, pode ter visto alguém se aproximando e deu o fora.

– Sei.

Elmior sentiu que para Teixeira a explicação mais prática era sem dúvida alguma a melhor saída para esses casos. Teixeira odiava ter de pôr seu cérebro para trabalhar.

Depois de enfiar mais três balas na boca, a visita continuou:

– Para mim aquele rapaz, o tal Caíne deveria fazer parte de uma quadrilha de contrabandistas, ou traficantes e foi silenciado por ter discordado de algo, sabe como são essas gangues.

Se ele fosse daqueles que dizem certas verdades quando estão bêbados ou sob efeito de drogas, seria um perigo, pois poderia vir a revelar alguma coisa comprometedora a respeito desses criminosos. Tal como citar nomes dos integrantes da gangue, por exemplo. Tem gente que diz coisas sérias quando bêbadas, mas muita gente não chega a dar crédito a elas porque pensa que estão fora de seu juízo perfeito.

Teixeira calou-se, ao avistar a coleção de discos de Elmior bem arrumadas na estante:

– Caracas! Quanto disco!

175

Elmior apenas sorriu, estava refletindo. Teixeira o havia relembrado de algo que alguém havia contado a respeito da festa de Halloween, quando Caíne, bêbado, falou poucas e boas de Patrícia.

– Kátia... – murmurou Elmior.

– O que? Quem? Kátia...!

Teixeira mirou o detetive com um olhar desconfiado. Para ele Aldor deveria estar começando a ficar *tereré* por causa da idade. Após triturar as balas com os dentes, o policial voltou a falar:

– Como eu já lhe disse, para mim, tudo isso não passa de uma tremenda coincidência. Mas se você quer continuar levando suas investigações adiante, da minha parte, tudo bem, fica em suas mãos, dou-lhe carta branca, mas depois não diga que não o avisei, quando você sofrer a decepção de não encontrar nada.

– Obrigado pelo apoio.

– É, parece que suas balas acabaram. Não tem mais aí?

– Pelo visto está com fome. Ao invés de chupá-las, você as comeu.

– Ah! Estou mesmo, não comi nada a tarde toda. Esse ritmo de vida vai acabar comigo! Trabalho demais! E ainda tem gente que vai para o Japão trabalhar 14 horas por dia. *"Cê tá besta, sô?"* Comigo nem pensar.

Elmior ficou ouvindo, desatento, todo o comentário utópico do delegado sobre como a sua vida seria ótima, se ele trabalhasse menos, se o salário fosse melhor, se a mulher o compreendesse, se os filhos fossem mais educados, se o governo fosse honesto e se a amante não exigisse tanto dinheiro, entre outras reclamações.

Viu-se livre dele somente quando não havia mais bala na bomboniere para ele comer.

VII

Enquanto isso, noutro canto da cidade...

Fábio se encontrava diante de Ana Lúcia na sala da diretoria. Ela parecia ter envelhecido dez anos. Sua aparência era cadavérica. A única coisa que não havia mudado era sua voz:

176

– Nunca pensei que passaria por isso, Fábio; ainda mais dentro de minha própria escola, minha escola querida. Foi um horror ver aquele bando de policiais, andando por aqui, me senti violada. Aquele delegado asqueroso me enchendo de perguntas, sequer respeitou o choque pelo qual eu estava passando com o que aconteceu a Nancy. Estou à base de calmantes. Dizem que escorpiano passa uns infernos na vida e é verdade; olha só, eu tendo de passar por mais um.

Interrompeu-se e continuou:

– Para piorar a situação, Marcos perguntou ao delegado se ele conhecia Elmior Aldor. Contou que ele estivera aqui fazendo perguntas a respeito da morte de Caíne e o delegado ligou um crime com o outro. Tentei fazer sinal para Marcos calar a boca, mas ele não me atendeu. Estava meio aéreo, sabe?

– Deve estar assim por ter sido um dos últimos a falar com Nancy ontem.

– Eu também falei com ela ontem à noite, nem por isso estou falando o que não devo. Agora a polícia está envolvida no caso e a escola corre o risco de adquirir uma péssima fama. Você não imagina como é lidar com pais de alunos. Na realidade, eles são geralmente a tarefa mais difícil para um diretor numa escola, existem pais muito cricris.

– E quanto a ela?

– Eu não sei o que será de mim... após todos esses anos de profunda dedicação para tornar essa unidade a melhor dentre todas. Corro o risco, agora, de ver tudo ir por água abaixo e não poderia haver momento pior no país para isto acontecer... Com essa crise... Estou apavorada como nunca fiquei em toda a minha vida.

– Mas e quanto a ela? – insistiu Fábio.

– Então... Ela? Ela quem?

– Nancy! Vocês conversaram ontem logo após ela ter conversado com Marcos no LAB, não?

– Ah! Por sinal vou ter de chamar a atenção do Marcos a esse respeito. Que história é essa de ficar batendo papo dentro do

177

LAB? O LAB foi feito para estudar e não para fofocar. Se ele não fosse professor antigo aqui, eu o mandaria embora.

– E sobre o que vocês conversaram?

– Eu e Marcos?

– Santa paciência, Ana Lúcia! – exclamou Fábio, rindo. – Você e Nancy!

– Oh! Pobrezinha... Levei um choque, quando a secretária ligou para o meu apartamento, dizendo o que acontecera a ela. Foi meu marido quem atendeu o telefonema e me disse, depois, que a secretária estava histérica ao telefone. Eu quase enfartei ao saber da notícia, mas nada foi pior do que entrar no LAB e ver aquela poça de sangue... Meu LAB querido...

Fábio jamais pensou que Ana Lúcia, uma típica escorpiana, fosse tão materialista como se mostrava agora. Em tom de lamento a mulher continuou:

– Você acredita que vamos ter de trocar o carpete do LAB, porque a mancha de sangue não sai? Um carpete novinho, que desperdício! Ainda mais nesta crise! O pior de tudo foi a polícia revistando a escola em busca da arma do crime, uma cena dantesca. Que dia... Que Deus me dê forças!

– E quanto a Nancy, disse ela alguma coisa em especial para você ontem à noite? – insistiu Fábio mais uma vez.

– Nada em especial. Falamos simplesmente sobre fichas de alunos, nada que pudesse ser interessante para as investigações. Ela me contou que estivera no apartamento de Caíne, para pegar a tal bateria para o sobrinho... – ela parou, olhou mais atentamente para o rapaz e se certificou: – Foi com você, não é, que ela esteve lá?

Fábio, com um sorrisinho amarelo, concordou prontamente com a cabeça.

– Será que ela sabia de alguma coisa? – perguntou Ana Lúcia como que perguntando para si mesma.

– Com certeza – afirmou Fábio sem titubear.

– Só em pensar que um assassino esteve aqui ontem, me dá calafrios.

Ana Lúcia soltou um grunhido e arrepiou-se toda. Voltou o olhar para Fábio e acrescentou:

– Se o assassino for alguém dos participantes do Amigo Secreto como você supõe, apesar de eu ainda achar improvável, uma coisa é certa, não pode ser o Marcos.

– É mesmo? E o que lhe dá tanta certeza?

– Dei-lhe carona até o metrô ontem. Saímos daqui por volta das vinte e duas horas.

– É, eu estou sabendo deste detalhe. Com isso temos um suspeito a menos – admitiu Fábio, brincando com um clipe entre os dedos.

– Nunca em toda a história da What's Up! tivemos algo parecido. Tive de suspender as aulas no LAB, alegando um defeito técnico. Não poderia dizer a verdade para os alunos. Não, jamais. Isto pode atrapalhar a prosperidade por aqui.

Ainda penso que o segurança não precisava ter chamado a polícia, o que só nos causou confusão. É numa hora dessas que a gente percebe o quanto os funcionários necessitam de um programa de treinamento antes de começarem a trabalhar aqui. Vou falar agora mesmo com a direção central e alertá-los a este respeito.

– Deve ter sido um grande susto para todos, não?

Ana Lúcia deu de ombros. Para animá-la, Fábio mentiu:

– Mas tudo voltará ao normal, não há com o que se preocupar.

– Eu espero, Fábio. Eu realmente espero!

E assim Fábio encerrou o assunto com a diretora.

Quando ia atravessando a porta de saída da escola, deu de cara com Guilherme, o colega com o qual fizera amizade durante os intervalos do curso. Guilherme o convidou a tomar um café. Fábio olhou para o relógio e, vendo que dispunha de tempo, aceitou.

VIII

Fábio Augusto chegou à casa de Elmior, trazendo Guilherme, o tal amigo que encontrara há pouco na escola. Era um rapaz por volta dos vinte anos, de um metro e setenta, cabelos castanhos, olhos verdes, um sorriso cativante, simples e infantil. Usava óculos que lhe davam um toque de intelectual.

Fábio fez as devidas apresentações.

– Este é Guilherme, um amigo que fiz durante os intervalos das aulas na What's Up! English Course. Encontrei-me com ele agora há pouco na escola quando fui falar com Ana Lúcia. Guilherme me contou algo bastante interessante que pode nos ajudar nas investigações do atentado contra Nancy.

Elmior ficou curioso.

– Guilherme estava fazendo uma aula no LAB, quando Nancy e Marcos conversaram.

– Hum! – murmurou Elmior Aldor, gostando do que estava por vir. – Isso nos vai ser muito útil, poderemos confirmar alguns dados...

Enquanto eles saboreavam a torta de queijo feita pelo detetive, Guilherme foi contando o que presenciara:

– Pois bem... minha aula no LAB é das 19h às 19h50. Nancy e Marcos pareciam bastante entretidos na conversa. Tão entretidos que Marcos parecia ter se esquecido completamente da presença dos alunos e do que lhe cabia fazer quanto à aula no LAB. Não fui só eu quem percebeu isso, a maioria dos alunos também, tanto que assim que terminaram de ouvir a lição, ao invés de ouvi-la novamente como é pedido, aproveitaram para dar o fora mais cedo. Permanecemos ali somente eu e Rebeca, uma colega de classe.

Ele fez uma pausa e prosseguiu:

– Achei que Marcos e Nancy poderiam estar falando do assassinato do tal aluno, o tal assassinato que Fábio havia me contado e, por isso, tirei os fones do ouvido, discretamente, para me certificar. Estava certo, eles realmente falavam sobre o assassinato. Curioso, como nunca, fiquei ouvindo o que diziam, sem eles perceberem.

– Típico de virginiano! – murmurou Fábio mais pedante do que sempre.

– Peguei a conversa da metade para o final, creio eu.

Nancy perguntou a Marcos se ele teria tido a chance de cometer o crime e se teria motivo. Marcos me pareceu chocado com a pergunta feita de forma tão direta. Após se recuperar do choque, respondeu, severo, que no dia em que o tal moço foi assassinado, ele ficara o tempo todo na escola, ficando assim impossibilitado de cometê-lo.

Quando ele jogou a pergunta para ela, Nancy respondeu que no dia do assassinato, ela fora ao médico ou dentista, ou algo do gênero...

Guilherme deu uma pausa, tomou um gole de água e continuou:

– A seguir, Nancy Então falou sobre a Martha, irmã de Marcos, tinha alguma coisa a ver com o sobrenome dela de casada. Ela é casada?

Fábio bateu a mão na testa, e disse:

– Que cabeça a minha, Elmior! Esqueci-me de lhe contar que Martha é viúva. Ela própria me contou, acho que na primeira vez que conversamos.

– E pelo que Nancy disse, o sobrenome do marido de Martha era o mesmo que o do rapaz assassinado. Ela disse a Marcos que havia descoberto isso, reorganizando umas fichas, mas Marcos foi rápido em responder que aquilo era uma mera coincidência, que muitas famílias tinham aquele mesmo sobrenome e que o marido de Martha não tinha nada a ver com o tal rapaz assassinado.

– É interessante – afirmou Elmior, pensativo. – E depois, o que houve?

– Me distraí, só me lembro de ter ouvido o Marcos, num tom fantasmagórico brincando com a Nancy.

Guilherme riu, enquanto Elmior e Fábio se entreolharam.

– Ah! – continuou Guilherme, subitamente –, Marcos afirmou que iria querer receber pelas aulas que ficara esperando na classe pelos alunos que não apareceram porque Ana Lúcia havia mudado a hora e o dia da reposição dessa turma e se esquecera de lhe comunicar. Deixei o LAB às 19h40 e não ouvi mais nada. Vi somente quando Nancy saiu de lá, pois eu estava ali fora conversando com Rebeca, minha amiga.

– Foi muito bom você ter nos contado tudo isso, Guilherme – elogiou Elmior, agradecido. – Acredito que vai nos ser de grande valia.

Assim que o rapaz partiu, Fábio e Elmior se dirigiram à sala. Então Fábio, alvoroçado, falou:

– O que Guilherme nos contou confirma não só o que Marcos nos contou, mas também a sua suposição, meu caro Elmior, de que Marcos omitiu alguns detalhes da conversa que teve com Nancy. Na verdade, detalhes cruciais, a meu ver. Não vou nem perguntar por que não nos contou esta parte da conversa. Acredito que é bem óbvio, não é, Elmior? Pobre Marcos, deve ter tido receio de que relacionássemos o sobrenome de casada de Martha com o de Caíne e pensássemos que há um parentesco, sei lá...

Nem bem terminara de expor seu raciocínio, Fábio saltou da cadeira e quase num berro disse:

– Só falta Martha ser a viúva do irmão de Caíne! Se isso for verdade, o quadro todo muda, pois Martha teria um motivo para ter cometido o crime!

– Calma aí, rapaz – opinou Elmior. – Talvez Marcos tenha omitido este detalhe exatamente para evitar que concluíssemos o que concluímos. Talvez o sobrenome dela de casada seja apenas uma coincidência. O sobrenome Quintana é muito popular.

– De novo a coincidência se opondo aos fatos! – exclamou Fábio com certa revolta. – Lembre-se, meu caro Elmior, do que Caíne fez para que a cunhada não viesse a receber a herança que os pais queriam deixar para ela. Pode ser que ela tenha se arrependido de assinar o documento e ido atrás dele, pedindo-lhe que o anulasse. Pode ter marcado um encontro com ele em seu apartamento e quando ele diz a ela que não anulará o documento, ela se desespera e de repente: Bum! A arma dispara.

Fábio fez um minuto de silêncio.

182

Elmior manteve-se quieto também, refletindo até que Fábio num estalo, dissesse:

– Elmior! Se Martha for realmente a cunhada de Caíne, então Marcos também se torna suspeito.

– Por quê?

– Para impedir que a irmã fosse feita de boba e perdesse aquilo que lhe era de direito. A chance de ela ficar bem financeiramente, seria consequentemente a sua chance de prosperar na vida. Os dois são muito apegados, não se esqueça disso. E tem mais: Marcos é de Touro, um signo capaz de fazer qualquer coisa para preservar suas posses ou conquistá-las.

Fábio pensou um pouco, depois disse, num tom meio desapontado:

– Mas, se Caíne foi assassinado pela mesma pessoa que tentou assassinar Nancy, Marcos não pode ser o assassino, pois ele deixou a What's Up! ontem às 22 horas. Sabemos disso, pois Ana Lúcia deu carona para ele até o metrô. A não ser que quem atacou Nancy seja outra pessoa, não a mesma que matou Caíne. Mesmo assim, Marcos está fora de cogitação, ele tem um álibi, estava dando aula na tarde daquela quinta-feira, primeiro de novembro, em que Caíne foi assassinado.

A meu ver, Martha também está fora de cogitação, pois também leciona à tarde.

Fábio olhou para Elmior e, num tom chateado, afirmou:

– Você tem razão, Elmior. Eles têm álibi perfeito. Se bem que Marcos poderia ter voltado do metrô para atacar Nancy.

Fábio coçou a nuca e num tom desanimado, acrescentou:

– Mas, mesmo assim, teria sido visto, entrando na escola novamente.

Fábio aquietou-se temporariamente, depois, palavras saltaram da sua boca como que por vontade própria:

– Mesmo sabendo que nenhum dos dois pôde cometer o crime, quero tirar esta história do sobrenome a limpo. Vai que, de repente, ela é mesmo a cunhada de Caíne.

Fábio abriu seu caderninho de anotações e depois de anotar um lembrete, voltou-se para Elmior e disse:

– Eis o que concluí até então sobre os envolvidos no crime. Carla Gapello, a namorada apaixonada e devotada. Uma moça "aparentemente" calma, porém, uma sagitariana; não podemos esquecer esse detalhe e conhecendo bem este signo, eu diria que se acaso descobrisse que fora, ou pior que estava sendo traída, seria capaz de cometer uma loucura. Porque quando sagitariano explode, sai de baixo! Carla poderia ter entrado no apartamento de Caíne numa boa. Poderia ter ido se encontrar com Caíne em sua farmácia e de lá ido de carro com ele para o apartamento dele. Por isso entrou sem ser notada, cometeu o crime e depois saiu de lá com a maior naturalidade. Não esqueçamos também o fato de que ela já estuda na What's up! há um bom tempo, conhece bem as dependências do local, por isso, teria sido bem fácil para ela matar Nancy.

Fábio tomou fôlego e prosseguiu:

– Cleuza Yoko Arai, a outra! Acredito não haver mais dúvidas quanto a ligação dela com Caíne, não só pelo que Nancy presenciou entre os dois, mas pelo que a mãe dela disse a você quando esteve em sua casa para interrogá-la e também o que Marcos comentou a respeito dela. Se Cleuza era realmente a amante, ficaria também muito fácil para entrar no apartamento de Caíne e matá-lo. Poderia ter usado o mesmo procedimento que sugeri para a Carla. Seu motivo seria cansaço de ser a *outra*... Pode ter descoberto que Caíne só estava tendo um caso com ela por mera diversão, nada sério. Uma mulher quando se sente usada é capaz de tudo. E não esqueça que ela é de Aquário. Aquarianos são mais razão que emoção, são frios, de sangue frio.

Fábio inspirou ar antes de prosseguir:

– Temos então o Luiz. Não há mais dúvidas quanto ao fato de ele ser apaixonado por Carla. Poderia muito bem ter cometido o crime. Assim teria a sua adorada Carla finalmente para ele ou Cleuza se estiver realmente interessada nela! Ou como já sugeri, pode ter descoberto que Caíne era de péssima índole e tentado forçá-lo a sair da vida de Carla, em meio à ameaça, sem querer a arma disparou! Certamente que inventou alguma desculpa para ter ido ao apartamento de Caíne e entrado no edifício pela garagem, no carro do colega. Depois do acontecido, saiu lépido e faceiro pela frente do edifício tendo o cuidado de não chamar atenção para a sua pessoa.

Fábio deu nova uma pausa, para escrever algum detalhe a mais em seu caderninho de anotações. Assim que terminou, voltou o olhar para Elmior e disse:

– Kátia, Patrícia e Mônica faziam terapia com Nancy. De certo modo não posso descartar a hipótese de que uma das três pode ter pensado que Nancy revelou ou revelaria algo que fora comentado durante a terapia. Talvez Patrícia, seja de fato a moça que se tornou amante do marido da melhor amiga, e que recebera aquela vingança nojenta. Pode ter confirmado para Nancy durante a sessão de terapia que era ela de fato, e depois se arrependido, ficado com medo de que Nancy viesse a quebrar a ética profissional, fofocasse com alguém, ou pior, que viesse a pensar que ela, Patrícia, fosse quem tivesse matado Caíne, exatamente por este motivo. O que de fato aconteceu.

Naquela tarde de quinta-feira, ela foi até seu apê tirar satisfações pelo desagradável comentário feito na noite anterior e, de repente, "Bum!", a arma disparou!

Lembremos que Caíne cuidara das farmácias do pai pelo interior de São Paulo, com certeza eles devem ter uma filial em... Como é mesmo o nome da cidade de Patrícia?

– Ribeirão Preto – respondeu Elmior com eficiência.

– Pois é. Precisamos saber se há ou não uma filial deles por lá.

Elmior o interrompeu.

– Hoje, enquanto falava com Teixeira, me lembrei de Kátia. Ela ficou nervosa quando perguntei a respeito da brincadeira maldosa que Caíne fez com Patrícia na festa de Halloween. Sendo ela da mesma cidade que Patrícia, suspeitei se não teria sido Kátia a tal amante do marido da amiga. Talvez Caíne conhecesse apenas a história, jamais a moça envolvida e brincou com Patrícia naquela noite só para irritá-la. Sem saber que Kátia, por uma tremenda coincidência, fosse a tal amante.

Kátia pode ter se assustado ao ouvi-lo contar aquilo, pensado que ele dissera aquilo como uma indireta para torturar sua pessoa e chantageá-la, para se manter calado.

Fábio complementou:

– Kátia decide então ir tirar satisfações dele... Leva uma arma para amedrontá-lo e, sem querer, dispara ou é disparada propositadamente.

– Penso também – continuou Elmior – que tudo não passou de mais uma tremenda coincidência. Caíne não fazia ideia de quem fosse a tal amante da história, mas acabou se dando mal por ter brincado com o assunto.

Elmior enquanto falava, esticou a mão até a bomboniere em cima da mesinha de centro para se servir de uma bala. Encontrou-a vazia, não exatamente vazia, mas repleta de papéis de bala. Esqueceu-se de que Teixeira havia chupado todas.

– Será que Caíne começou a chantagear uma das duas moças ou coisa parecida? Patrícia não é alguém que se deixe ser chantageada; seria capaz, sem dúvida, de tirar a vida de alguém que fizesse isso com ela e com a maior naturalidade possível; mas Kátia é completamente o oposto, não me parece ter sangue frio para cometer um assassinato, a menos que esconda isso muito bem...

Fábio calou-se e pensativo exclamou:

– Sangue frio! Está aí algo extremamente necessário para se cometer um assassinato. Eu, por exemplo, não tenho sangue frio, nunca tive, desde pequeno dizia que iria ser médico, mas quando me dei conta do que era realmente a medicina, desisti. Por falar nisso, acabo de me lembrar do Ricardo, um amigo que está estudando medicina. Será que ele teria sangue frio para matar alguém?

186

Após breve reflexão o jovem voltou à análise dos suspeitos com fôlego redobrado:

– Bem, só se Kátia interpreta um papel e no fundo não é nada daquilo que aparenta. Ah! Ia me esquecendo, Kátia e Patrícia são de Sagitário; bate certinho com o que falei há pouco a respeito do signo. *Se há realmente alguma coisa sobre o passado de ambas, só posso descobrir indo a Ribeirão Preto. E, por favor, não nos esqueçamos da tal Mônica, aquela criatura mais esquisita.*

– *Mas ela não pode ser, Fábio – lembrou Elmior. – Não participou do Amigo Secreto. Não teria tido a oportunidade de pôr o bilhete na caixa.*

Fábio fez beicinho.

Elmior, fechando os olhos, recostou a cabeça no espaldar da poltrona e murmurou:

– Todos afirmam não ter escrito o tal bilhete ameaçador...

– Eu não escrevi isso, posso jurar! – reafirmou Fábio, mais uma vez.

– Mas alguém dali o escreveu senão ele não existiria. Da mesma forma que alguém assassinou Caíne e tentou fazer o mesmo com Nancy. Devemos agir rápido antes que isto vire uma Sexta-Feira 13.

– Afaste de mim esse cálice, pai! – brincou Fábio, cantarolando a famosa canção.

Elmior num estalo, voltou à posição anterior.

– Me diga, Fábio, quem distribuiu os bilhetes naquela sexta-feira? Digo, quem tirou os bilhetes da caixa e os entregou aos seus destinatários?

– Eu não me lembro quem fez isso... – Fábio franziu a testa como que tentando puxar pela memória.

– Não?! Como não?! Vamos lá, tente lembrar.

– Não me lembro, não prestei atenção. Na hora, acho que devo ter me ausentado da mesa, para ir ao banheiro ou qualquer coisa do tipo. Não me lembro, juro mesmo! Acho que quando retornei, os bilhetes que haviam sido destinados a mim já estavam todos separados e postos no meu lugar à mesa. Ninguém podia começar a ler os seus bilhetes até que todos da caixa houvessem sido distribuídos e todos estivessem presentes. Depois de um ler dava a vez a outro.

Elmior amoleceu na poltrona, parecia desapontado.

– Mas que importância isso tem?

– É, talvez, não seja tão importante quanto penso. Foi apenas uma ideia que me ocorreu. Esqueça!

Os dois ficaram em silêncio por uns minutos até Fábio pular do sofá e dizer quase num berro:

– Lembrei! Estava comigo a caixa, mas quando eu ia começar a fazer a distribuição, vi o Guilherme, o que acabou de sair daqui e quis ir cumprimentá-lo. Sendo assim, passei a caixa, se não me engano, para o Marcos, ou foi ele que a tomou de minha mão. Isso mesmo, foi Marcos quem distribuiu os bilhetes e quando voltei, já haviam terminado a distribuição.

– Sei.

– Sei?! – zangou-se o rapaz. – É só isso que me diz? Pensei que fosse de extrema importância que eu me lembrasse deste detalhe.

– O que mais que você quer que eu diga?

– O que você pensou! Como espera que eu me torne um grande detetive, se não compartilhar comigo o seu raciocínio?

– Para ser um bom detetive, meu caro Fábio, você precisa aprender a seguir seus próprios pensamentos.

O rapaz resmungou qualquer coisa enquanto um sorriso malicioso surgia nos lábios do simpático detetive.

Assim que Fábio partiu, Elmior foi até a escrivaninha onde se acomodou e começou a escrever uma carta. Assim que terminou, escreveu mais duas, colocou as três em envelopes e selou com selos que guardava numa caixinha para poupá-lo das filas do correio.

Saiu de seu casarão e seguiu assoviando pela Avenida. Virou à direita na próxima esquina, desceu mais uma quadra, atravessou a

Avenida Lins de Vasconcelos e as depositou na caixa externa de correio.

IX

No dia seguinte, quinta-feira, 8 de novembro de 1990, pouca coisa aconteceu. Elmior aguardou notícias de Teixeira, mas nada revelador foi apurado.

À noite, todos os colegas de classe, por sugestão de Martha, foram ao hospital visitar Nancy Murdov e dar apoio a sua família.

Todos combinaram de se encontrar na escola e de lá irem para o hospital. Ana Lúcia e alguns outros funcionários gostaram da ideia e aproveitaram para irem juntos. A diretora e Fábio pegaram carona com Martha e Marcos que estava feliz por ter de volta o carro funcionando em perfeitas condições. Carla e Cleuza foram com Luiz. Patrícia e Kátia deram carona para outros dois funcionários.

Todos demonstravam total pesar com o estado da amiga, apenas Patrícia e Fábio Augusto pareciam mais fortes diante daquilo.

Na sala de visitas do hospital, Patrícia comentou com Carla:

– Se esse assassino for um *serial killer*, meu Deus, quem será o próximo?

Carla gelou.

Ao término da visita, Patrícia convidou todos para irem tomar um refresco em seu apartamento, mas ninguém aceitou. O único interessado foi Fábio, mas como ninguém quis ir, acabou recusando também. Não seria besta de ficar com ela e mais Mônica, a esquisita, sozinhos naquele apartamento.

No caminho de volta para a escola, Ana Lúcia comentou com Martha, Marcos e Fábio Augusto:

– Estou preocupada, muito preocupada com a What's Up! Torço para que esta tragédia não afete a escola, que não lhe dê má fama. Vocês sabem como os boatos crescem e se deturpam por aí. Espero que este caso seja solucionado o mais rápido possível, para que possamos sair dessa neura! Eu zelo pelo bem-estar de minha escola!

Fábio pensou mais uma vez no quanto Ana Lúcia era fria e calculista, ao invés de se preocupar com as duas vítimas, continuava preocupada com a reputação de sua escola.

A diretora seguiu o restante do caminho, contando casos, que se não foram tirados daquele tipo de jornal que se espremer sai sangue, poderiam fazer parte deles, com certeza.

Ao saber que Fábio estava sem carro naquela noite, Martha ofereceu carona ao rapaz até sua casa, algo que Marcos desaprovou totalmente. Fábio aceitou de imediato, seria a chance perfeita para perguntar a Martha qual era seu sobrenome de casada. E foi o que fez em meio ao bate-papo forçosamente descontraído durante o trajeto.

Foi Marcos quem respondeu de prontidão.

– É Oliveira, por quê? – a resposta soou ríspida.

– Curiosidade, apenas. É difícil imaginar que você já foi casada, Martha. Você é tão jovem.

– Obrigada – agradeceu ela, modestamente.

Depois que deixaram Fábio em sua casa, Marcos perguntou a irmã num tom desconfiado:

– Por que acha que ele perguntou aquilo?

– Pura curiosidade. Fábio é capaz de fazer qualquer pergunta, você sabe disso.

– Não foi o que me pareceu. Para mim ele desconfia de alguma coisa. Perguntou de propósito para ver a nossa reação. Será que Nancy falou a respeito do seu sobrenome com ele?

– Quem não deve, não teme, meu irmão. Você deveria ter dito a verdade – retrucou Martha calmamente.

– Não brinque, Martha! – falou Marcos irritado. – Esse garoto ainda vai nos colocar em fria.

X

Luiz se prontificou a levar Cleuza até sua casa. Ela afirmou não ser necessário, mas ele insistiu. Após deixá-la, ele se perdeu no caminho de volta para à Avenida 23 de Maio. Sem querer, acabou entrando na rua onde ficava o prédio no qual Caíne residiu. Luiz contava a Carla um sonho que tivera com ela no dia anterior quando a jovem percebeu onde eles estavam:

– Esta é a rua do prédio... – murmurou ela ligeiramente trêmula.

– O que?

Ele abaixou um pouco o rádio.

– A rua onde Caíne morava – respondeu ela arrepiando-se inteira e fechando a janela do carro.

Quando o veículo passava em frente ao edifício, Luiz pôs o pé no breque, olhou para o local e comentou:

– É um prédio bonito, não?

– Vamos embora daqui Luiz, por favor! – desesperou-se Carla.

– Esse lugar me dá pavor.

– Relaxe, você está comigo e comigo ao seu lado nada de mal pode lhe acontecer. Acredite. Sou capaz de qualquer coisa para defendê-la do mal.

Os lábios dela estavam brancos e o queijo batia como se sentisse muito frio. Luiz, a fim de descontrair o momento, se é que isso era possível, voltou a olhar para o edifício e comentou:

– A fachada do edifício é mesmo muito bonita, pena que um dos moradores fechou a sacada. Destoa de todo o resto... Não sei como pôde, afinal, até onde sei, isso não é permitido.

– *É mesmo – concordou Carla, trêmula.*

– Se eu fosse um dos moradores deste edifício, jamais teria permitido uma coisa destas.

– A sacada em questão é a do apartamento em que Caíne morava. Agora, vamos logo, Luiz, por favor, esse lugar me causa paúra.

Ele pareceu não ouvi-la.

– Mas por que ele fez isso?

– Não se lembra? Foi para ensaiar bateria sem perturbar os vizinhos.

– É verdade... Havia me esquecido.

– Lembro que Nancy também ficou indignada quanto a este detalhe. Espero que ela melhore, de coração, espero que ela realmente melhore!

Luiz aumentou o volume do rádio e ambos seguiram calados, ouvindo uma canção do Djavan.

XI

Carla, deitada em sua cama, puxou a coberta um pouco mais para cima, junto ao pescoço para se proteger do frio. Enquanto o vento zunia lá fora, veio-lhe a imagem de Caíne a sua mente. Tentou se desfazer dela, mas não conseguiu, ele sorria para ela, lindo como sempre o achara, desde a primeira vez em que o vira.

O homem da sua vida, pensara ela logo após se tornarem mais próximos. A lembrança fez com que ela olhasse sem medo para a projeção da sua mente, da mesma forma que fazia antes de saber que ele não prestava.

Então, para seu espanto, percebeu que algo nele havia mudado. Havia agora algo de sinistro em seu olhar e em seu sorriso, era um olhar matreiro e um sorriso cínico, seu rosto havia perdido o encanto que a fez se apaixonar por ele.

Ele a iludira do começo ao fim, deveria sentir prazer em enfeitiçar jovens de corações tolos como o dela. Será que ele chegara realmente a amá-la? Ela jamais saberia.

Carla estremeceu ao pensar que ele estivesse ali em seu quarto, em espírito, observando-a com seu olhar subitamente maléfico. Seria possível, por que não? Segundo a maioria das religiões o espírito dos mortos sobrevive à morte.

Tentou afastar essa hipótese, voltando os pensamentos para Fábio Augusto. Se não fosse ele, ninguém daquela classe estaria envolvido naquela história absurda. "Maldito Fábio" praguejou, era assim, que ele deveria ser chamado: "maldito"!

192

O cansaço fez com que Carla pegasse finalmente no sono. Naquela noite, ela sonhou que Caíne havia tido um caso com Patrícia, mas o corpo era de Martha, um sonho louco como muitos que acontecem conosco.

XII

O relógio já batia meia noite e Elmior Aldor encontrava-se repousando em sua cama, debaixo de um cobertor pesado, o tempo havia mudado e começava a esfriar. Memorizava todos os últimos acontecimentos que envolveram o assassinato de Caíne Quintana quando se lembrou dos filmes "Pacto Sinistro" e "Festim Diabólico" de Hitchcock.

O que eles tinham em comum?, perguntou-se. Lutou para encontrar a resposta, mas não conseguiu.

A seguir, pensou nas tramas dos romances e filmes policiais. Lembrou-se de uma conclusão a que havia chegado há muito tempo: quem realmente faz da história dos romances policiais ser algo tão impressionante não é o detetive e sim, o criminoso. É ele quem cria o enredo. Ele é o verdadeiro grande astro do romance. Sem ele, o detetive não pode brilhar no final, ao apresentar a solução do crime.

Elmior lembrou-se do interior de São Paulo e adormeceu. No dia seguinte, ao acordar, lembrou-se do que os dois filmes em questão tinham em comum, os dois haviam sido estrelados por Farley Granger, um grande ator descoberto pelo fabuloso e inesquecível diretor Alfred Hitchcock.

XIII

A noite de sexta-feira, 9 de novembro, não era uma das mais agradáveis, esfriara radicalmente, como sempre acontece nos meses de novembro em São Paulo. Todos os alunos do nono estágio estavam presentes, exceto Carla, que não se sentira entusiasmada a frequentar a escola após o acontecido com Nancy.

Algo era visível, os amigos de classe encontravam-se agora distantes uns dos outros, recolhidos em seus próprios mundos interiores. Não havia só tristeza no ar, mas desconfiança, medo.

O único que se mantinha igual, inabalável era Fábio Augusto que durante o intervalo conversou animado com Martha, enquanto tomavam um cafezinho na minilanchonete da escola.

Pouco antes do reinício da aula, Luiz foi ter com Kátia.

– Quero falar com você em particular.

Kátia, surpresa com o pedido, atendeu-o no mesmo instante. Os dois seguiram discretamente para fora das dependências da escola, lugar apropriado para uma conversa daquele nível.

Ambos se encostaram no muro e Luiz, após se certificar de que não havia ninguém por perto para ouvi-lo, disse com certo embaraço:

– Preciso lhe dizer algo... Não sei se deveria, mas é que confio em você, talvez possa me dar um parecer, me deixar mais aliviado... estou precisando desabafar com alguém.

– Pode contar comigo, Luiz – encorajou a moça no seu tom mais delicado.

Após breve insegurança o moço perguntou:

– Você acha que Carla gostava mesmo de Caíne? Você mais do que ninguém deve saber, é muito amiga dela, ela confia em você plenamente.

A pergunta deixou Kátia surpresa.

– Por que pergunta?

– Porque às vezes penso que Carla o matou.

– Você só pode estar brincando, não é, Luiz? – a suposição deixara a moça visivelmente chocada.

– Não estou, não! Parece absurdo, eu sei, mas Carla diz ter estado na faculdade, fazendo um trabalho na tarde em que o crime ocorreu, mas isso não é verdade, confirmei. Outro fato curioso se deu na noite em que tentaram matar Nancy, ela retornou bem tarde para a sua casa.

Sei disso porque sua mãe me ligou, perguntando se eu sabia por onde ela andava, já que eram quase vinte e três horas e ainda não havia chegado. Expliquei-lhe que ela havia comentado comigo que iria passar no shopping, o tal shopping que abriu recentemente próximo a Avenida Paulista, para comprar um creme ou coisa parecida.

No outro dia quando perguntei a Carla se ela havia encontrado o tal creme, ela pareceu não entender, nem se lembrava do que havia me dito. Não achei estranho naquele momento, mas depois, sim, quando soube o que Nancy havia sofrido. Então fiquei pensando que ela...

Kátia o interrompeu:

– Ela teria tido a oportunidade de atacar Nancy e de matar Caíne, mas por que Carla faria isso?

– É exatamente isso que gostaria de saber. Será que ela gostava realmente dele ou algo aconteceu para que deixasse de amá-lo? Afinal, quem ama não mata, não é verdade?

– É o que dizem...

Kátia fugiu dos olhos do colega a seu lado por alguns segundos. Encolheu-se toda, incomodada com o frio e só então perguntou:

– Mas o que poderia ter acontecido para fazer com que Carla deixasse de amar Caíne?

– Não sei. Por isso é que lhe pergunto, afinal, você é mulher... Quero dizer, mulher deve compreender as outras com maior facilidade, não acha?

– Às vezes, sim, mas mesmo conhecendo Carla já há um bom tempo, não é o suficiente para conhecê-la com profundidade. Carla é muito reservada.

Após breve silêncio, a moça sugeriu:

– Não acha que deveria contar o que me disse a respeito de Carla ao detetive ou à polícia?

– Não posso! Levantaria suspeitas sobre ela, não quero comprometê-la. Além do mais, são deduções minhas, podem nem ser verdadeiras...

– Você gosta dela, não é, Luiz? Sempre gostou?

O moço ficou sem graça, mas admitiu:

– É verdade, sempre gostei, mas sou invisível aos seus olhos; Carla me tem apenas como amigo. Sempre foi assim, acho que nunca significarei mais do que um simples amigo para ela.

– É, o amor tem dessas... Se pudéssemos nos apaixonar pela pessoa certa, seria tão bom, mas compreendo bem o que você sente...

Ela parou, olhou bem para ele e complementou:

– Ocorreu-me agora que, no fundo, você deveria dar graças a Deus por Caíne ter morrido, afinal o caminho agora ficou livre para você, não concorda?

– É verdade, mas isso não quer dizer que eu e Carla acabaremos juntos. Ela já teve muitos namorados e a cada término de um relacionamento eu estive lá, pronto para ampará-la e quem sabe então ter a chance de fazê-la se interessar por mim, mas isso nunca aconteceu. Não passo de um amigo que a ampara nas horas difíceis, nada mais que isso e, dessa vez, com certeza acontecerá o mesmo.

– Eu compreendo.

– Tomei uma decisão outro dia. Que iria mudar, que iria tentar esquecê-la... Mas às vezes é difícil... Bom, mas deixa isso pra lá. Só comentei com você porque no fundo você é uma pessoa em quem confio.

– Obrigada.

O sinal tocou e eles tiveram de entrar.

IX

Ao término da aula, Luiz parou para tomar um café. Parecia mais tranquilo do que quando chegou à escola. Ao sair, avistou Cleuza toda encolhida, caminhando para o ponto do ônibus. Chamou por ela e lhe ofereceu carona. Ela agradeceu, mas ele insistiu. Minutos depois os dois se encontravam no carro a caminho da casa da jovem.

Em meio à conversa, Cleuza comentou:

– Volta e meia me lembro de Nancy, é horrível o que aconteceu a ela, não?

– Nem diga... Vou lhe confessar uma coisa, estou começando a ficar apavorado. Vai que tem um *serial killer* no nosso meio e, de repente, eu diga qualquer besteira por aí, que o faça pensar que sei de alguma coisa e me elimine só por receio...

– Eu entendo. Quer dizer então que acredita mesmo que o que aconteceu a Nancy tenha a ver com o que aconteceu a Cain...Caíne?

– Sim. Nancy cometeu um terrível engano, se ela com certeza sabia de algo sobre o assassinato de Caíne deveria ter ido à polícia e não ter guardado para si. Se eu soubesse de algo importante, é o que eu faria, procuraria imediatamente as autoridades ou aquele detetive de nome esquisito.

– Elmior Aldor? – perguntou Cleuza, surpresa. – A meu ver, ele não é de confiança. Lembre que foi Fábio Augusto quem o trouxe para investigar o caso.

– Sim, e daí?

– Não sei, não, o Fábio é meio louco, se não fosse por ele, ninguém teria sido envolvido nessa história toda. Lembrar-se daquele bilhete do Amigo Secreto, só ele mesmo. Pensei que estaria livre dele ao me mudar para a unidade da Brigadeiro, mas não, o *cara* parece que me persegue. Quando o vi na classe, quis morrer!

– Então já conhecia o Fábio! Está aí um detalhe que passou por mim despercebido.

– A meu ver deveríamos esquecer tudo isso, Caíne está morto e pelo visto, teve o que merecia.

– *Não gostava dele?*

Cleuza pareceu ficar desconcertada com a pergunta.

– No início, sim, mas depois do que soube dele...

Luiz suspirou fundo e disse:

– Vi você no carro de Caíne certa vez, saindo de um local...

Cleuza não conseguiu deixar de transparecer o susto que levara com o comentário.

– Nós?! Eu e Caíne?! De carro?! Está enganado...

– Não estou, não! Eram vocês dois, sim! Achei estranho a princípio. Nos primeiros segundos, pensei até em estar vendo coisas, mas depois...

Cleuza pareceu se irritar.

– Você está louco, jamais saí com Caíne! Essa moça que você viu com ele deveria ser alguém parecida comigo. Tem certeza de que não era Carla? E que você não estava um tanto quanto alto? Eu já o vi beber, Luiz, e sei como fica...

– Não era Carla, não! E eu não estava alto. Foi exatamente o que me chamou a atenção, pensei ser Carla, estava quase pondo a mão na buzina para chamá-los, quando notei que não era ela.

– Sinceramente, não era eu!

– Se prefere assim...

Cleuza bufou, irritada.

– Ok... – apesar de decidida a falar, suas palavras ainda revelavam certo receio. – Eu e Caíne chegamos de fato a sair uma vez, sim. Bem, não cheguei a comentar com os outros, porque ele namorava Carla e você sabe, poderia parecer que eu estava dando em cima dele, mas na verdade foi ele quem me convidou.

Carla havia faltado à aula e ao sairmos, ele me ofereceu carona e eu aceitei. Dias depois, ele me ligou convidando para ir ao cinema. Alegou que havia brigado com Carla e por ele me parecer um tanto *down(1)*, resolvi aceitar. Espero que não me compreenda mal.

– É lógico que não, mesmo porque, não tenho nada a ver com sua vida.

Os dois ficaram em silêncio por um momento, Luiz, então, confessou:

– Eu gostava de Caíne. Não me parecia uma má pessoa.

– É, mas a gente se engana com as pessoas, *my fellow!(2)* Hoje temos de aprender a conhecer melhor uma pessoa antes de convidá-la a fazer parte do nosso rol de amigos. Sem dúvida. Se não for aprovada já lhe diz: "To Hell!"*(3)*

---

(1) "Deprimido" (2) "Meu camarada" (3) "Para o inferno!" (N.A.)

Luiz achou graça.

– E Caíne, o que dizia ele dela, digo, de Carla, ele realmente gostava dela, tinha boas intenções com o namoro?

Cleuza pareceu ficar perturbada.

– Conversamos muito pouco, nada profundo. Aonde foi mesmo que você nos viu?

– Acho que foi na Avenida Paulista.

– Ah! Lógico, foi quando fomos ao cinema... – Cleuza pareceu se tranquilizar. – Aquele Fábio... deve estar se sentindo o máximo agora! Depois do que aconteceu a Nancy tudo indica que sua suposição está certa.

– É o que parece – murmurou Luiz com ligeira preocupação.

– Notei que todos chegaram a esta mesma conclusão, digo, de que a suposição de Fábio parece certa, após o acontecido a Nancy. Você já reparou como o clima na classe está diferente, tenso e pesado? Não tem mais aquele ar agradável do começo. Estão todos cismados, desconfiados uns dos outros, receosos, por medo de que haja um assassino entre nós.

O único que parece não se importar e gostar do que está acontecendo é o Fábio. Até Marcos está diferente, não consegue disfarçar seu nervosismo. Não sei se notou, mas hoje durante a aula enquanto dava uma explicação, pareceu ter dado um branco em sua mente que ele mal conseguiu concluí-la...

– É verdade, é horrível a sensação de que um de nós possa ser o assassino. Mas se isso for verdade, quem seria? Nos livros de mistério o assassino é sempre o menos suspeito.

– Sem dúvida. No nosso caso, quem de nós seria o menos suspeito?

Fez se um breve silêncio, e de repente, simultaneamente os dois se entreolharam. As palavras brotaram em suas bocas simultaneamente: "Marcos!".

– Marcos seria de fato o menos suspeito – prosseguiu Cleuza –, mas coitado, que benefício ou lucro poderia ter ele com a morte de Caíne?

199

– Sabe-se lá Deus! Porém, em muitos casos, o assassino é sempre aquele que não tinha motivo algum para cometer o crime. Li certa vez sobre o caso de um homem que toda vez que era insultado por uma pessoa, ela aparecia morta tempos depois.

Lembro-me do caso de um cara que vivia fazendo brincadeiras com os amigos no trabalho e um deles começou a ficar zangado, tentava se controlar, levar na esportiva, até que um dia, na saída do trabalho, atropelou o amigo brincalhão. Afirmou, jurou de pés juntos que havia sido um acidente, mas é óbvio que foi proposital.

Minha prima me contou o caso de uma colega de trabalho, professora, fazia apenas alguns meses que havia desmanchado um namoro de seis anos, e já estava namorando outro. Numa noite, ao saírem de uma festa, o ex-namorado apareceu e deu três tiros em cada um, a sangue frio, na rua e bem no meio de todo mundo. O amor leva à loucura, isso sim.

– Cuidado para não acabar assim, Luiz.

Ele nada respondeu, o silêncio os envolveu novamente.

– Bem, chegamos – disse Cleuza, minutos depois, apontando sua casa. – É bem ali onde aquele carro está acabando de estacionar na garagem.

– Eu tenho boa memória. Esqueceu-se de que a trouxe ontem aqui?!

– É verdade.

Ele estacionou o veículo em frente ao portão da casa da colega de classe e desceu para se despedir.

Neste momento, saltou do carro que havia acabado de estacionar na garagem um moço de cabelos e olhos bem escuros, de estatura mediana, por volta dos seus vinte e cinco anos.

Cleuza apressou-se em apresentá-lo.

– Luiz, este é meu irmão.

– Muito prazer – falou Luiz, cumprimentando o moço.

– Luiz é um colega de escola – adiantou-se Cleuza, antes que o irmão perguntasse.

– Qual delas? – perguntou o moço, tirando o casaco.

– Da escola de inglês.

– Ah! Aquela do crime. E afinal, já descobriram alguma coisa? – o irmão parecia mesmo muito interessado.

– Nada – respondeu Luiz.

– Que coisa mais estranha, não? – o moço balançou a cabeça pensativo por uns segundos, antes de acrescentar: – Cleuza, por que não convida seu *amigo* para entrar?

A palavra amigo foi pronunciada com certo sarcasmo.

– Eu já vou indo – anunciou Luiz.

– É cedo. Eu já estou entrando, assim vocês podem ficar à vontade. Ah! A propósito, você não é o namorado misterioso dela, ou é?!

Cleuza ficou vermelha. Havia tamanha fúria em seus olhos agora.

– Ora! Não seja idiota! – explodiu.

– Oh! Desculpe, irmãzinha, mas é que... Qual é o seu nome mesmo?

– Luiz.

– Ah, sim. Desculpe-me, Luiz, mas é que estou com a ideia fixa de que minha irmã tem um *cara,* ou melhor, um amigo secreto, se é que me entende?!

– Pare de falar besteiras! – Berrou Cleuza.

O irmão fez um aceno e entrou na casa, rindo.

– Irmãos são fogo! – opinou Luiz com bom humor.

– Meu irmão é detestável, insuportável, insiste em ficar pegando no meu pé, saber o que faço, com quem ando.

– Isso é coisa de irmão, eles gostam de cuidar das irmãs.

– Eu dispenso estes cuidados. As pessoas não devem cuidar de você sem sua permissão, não concorda? Cada um deve cuidar de si próprio.

Luiz considerou a opinião deveras curiosa.

– Você tem irmãos, irmãs? – perguntou Cleuza a seguir.

201

– Apenas uma irmã. Mas não tenho muitos problemas com ela, pois está morando no exterior.

– Que sorte a dela!

Luiz teve um sobressalto, ao ver um vulto na janela do andar superior da casa da colega. Cleuza voltou o olhar para lá e, quase num berro, disse:

– *É o Luiz, mãe! Um amigo da escola de inglês!*

Voltando-se para o amigo de classe, explicou:

– *Era minha mãe. Com certeza deveria estar ali como de costume, tentando identificar a visita.*

Luiz despediu-se. No carro, ligou o motor e antes de sair, perguntou:

– A propósito, o que achou do apê de Caíne? Era o máximo, não? Aquela imensa bateria bem no meio da sala...

– Nunca estive no apartamento dele – respondeu Cleuza, categórica. – Para dizer bem a verdade, nem sei onde morava.

Luiz pensou num instante: "Por que Cleuza estaria mentindo? Ele jamais a havia visto na Avenida Paulista na companhia de Caíne, e sim, saindo da garagem do prédio onde Caíne residia. Algo ali estava sendo omitido. Por quê? Saberia Cleuza algo a respeito de Caíne que ninguém mais sabia?"

As despedidas foram refeitas e Luiz partiu.

Ao entrar, Cleuza parecia fora de si. Dirigiu-se até o irmão e lhe falou secamente:

– Você não devia ter dito aquilo!

– Sobre o namorado... amante? Oh! Desculpe se a ofendi – brincou o moço mais cínico do que nunca.

– Você não devia ter dito aquilo – repetiu ela, seriamente, deixando o aposento, pisando duro.

X
Noite da sexta-feira 9/11/90

Naquela mesma noite a temperatura parecia ter caído vertiginosamente na última hora obrigando Marcos Depp a vestir uma camiseta de manga comprida por cima do pijama.

– Quer chá? – perguntou Martha, que estava na cozinha.

– Pode ser – respondeu ele, dirigindo-se para lá.

Depois de uns quinze minutos, os dois estavam tomando o líquido saboroso e fumegante acompanhado de bolachas apetitosas de maisena.

– Como está esfriando... Cada dia que passa menos entendo esse tempo de São Paulo.

– Acho que a vida não foi feita para ser entendida, meu irmão – disse Martha, bebericando o chá.

– Esse tempo me dá aflição, me deixa tenso, desprotegido e inseguro. Não sei se é o tempo ou tudo o que vem acontecendo desde o ataque a Nancy, ou melhor, dizendo, desde o assassinato de Caíne.

– Você não se esqueceu disso ainda? – indagou Martha, servindo-se de mais uma bolacha.

– Eu, não. Por que, você já?

– Bem, de certa forma, sim. Você sabe que não sou muito de remoer coisas.

– É, eu sei, mas...

– Mas...?

– Não consigo esquecer o fato de que Caíne era seu cunhado.

– Sim, ele era e isso é motivo para eu ficar encucada dia e noite com a morte dele? Não acho que a humanidade perdeu muita coisa com sua morte. Bem que Abel sempre dizia: "Meu irmão é um problema ambulante desde criança" e ele tinha razão. Acho que ele ficaria até mais aliviado em saber que o irmão deixou de causar mais problemas.

Ela tomou ar e acrescentou:

– Acho que eu deveria dizer a Elmior Aldor toda a verdade. Me sinto tão mal, escondendo isso.

– Se ele souber ou mesmo a polícia, se é que ainda não sabem, você se tornará a suspeita número um do crime, porque você terá motivos de sobra.

– Sim, mas se descobrirem por outros meios... se souberem que eu menti, será pior para mim.

– Não caia na besteira de contar a eles essa particularidade, Martha. As coisas podem engrossar ainda mais para o seu lado.

– Como assim?

– Não esqueça a respeito de quinta-feira – lembrou ele, enquanto passava manteiga na bolacha.

– Como assim? O que tem a ver a quinta-feira?

– Ora, minha irmã, eles não notaram, mas eu, sim. Às quintas-feiras, você chega só às 17h30 na escola, o que lhe teria dado tempo suficiente para cometer o crime.

– Marcos! Você não acredita que eu tenha matado aquele moço! Estou horrorizada com você, como pôde pensar isso da sua própria irmã?

– Você deve concordar comigo que se as autoridades descobrirem esse pormenor, você ficará em maus lençóis, principalmente se não tiver um álibi para a hora do crime. A propósito, me diga sinceramente: você tem um álibi para a hora em que o crime foi cometido?

Martha acanhou-se.

– Eu repito – enfatizou Marcos, olhando seriamente para ela –, deixe as coisas como estão. Será melhor para você.

Martha permaneceu pensativa.

– A herança – disse Marcos, minutos depois –, é o motivo principal para muitos assassinatos. Você, minha irmã, com certeza é a herdeira da família Quintana, ainda mais agora.

– Mas não seria... – murmurou Martha.

– Viu, como não adiantou nada você assinar o tal documento, abrindo mão da herança que seus sogros querem lhe deixar?! Quando a sorte quer ajudar alguém, ela ajuda mesmo que a pessoa não o queira.

Martha continuava pensativa. Marcos acrescentou:

– Agora, toda a herança dos Quintana pode ser sua, minha irmã.

– Deve haver alguém mais da família.

– Martha querida, você mais do que ninguém sabe que não há.

– Pode haver um parente distante, alguém... – Martha permanecia pensativa, enquanto degustava mais um golinho de chá.

– Não há ninguém e mesmo que houvesse, você acha que os pais de Abel não saberiam?

Martha refletiu e disse:

– Você ficou bem contente quando soube da decisão dos pais de Abel em querer que eu herdasse a parte que cabia a ele, não?

Martha observou a surpresa que aquelas palavras causaram no irmão.

– E fiquei chateadíssimo quando recusou... – respondeu ele, sinceramente. – No íntimo, eu sempre soube que mesmo que você não a aceitasse, eles iriam fazer um testamento a seu favor. Eles a amam.

Marcos suspirou fundo e um olhar pesado transpareceu por trás das lentes grossas de seus óculos.

– Eu fiquei mais do que chateado – prosseguiu –, mais do que decepcionado com você, quando me contou que havia assinado o tal documento elaborado por Caíne onde você abria a mão dos 50% da herança que os pais de Abel queriam lhe deixar. Quis na verdade esganá-la. Mas, graças a Deus, a sorte não deixou que este ato impensado destruísse seu propósito. Ou melhor, não é a sorte que está lhe dando algo, você tem direito, não é culpa sua que Abel tenha morrido tão cedo. Se não tivesse morrido, de qualquer modo a herança seria sua.

Um certo pesar transpareceu no rosto de Martha. Com o olhar perdido no nada, murmurou:

– Não sei, mas ainda acho que seria melhor contar a Elmior Aldor a respeito do meu casamento com Abel Quintana. Ficaria

205

mais sossegada e tem mais, eu gostei dele, me parece ser uma pessoa confiável.

Ela se levantou, pegou as xícaras e o prato com bolachas e levou tudo para a pia. Minutos depois rompia-se numa gostosa gargalhada.

– O que foi? – levantou-se Marcos num pulo.

– Não, nada, apenas me ocorreu agora que se algo acontecer a mim depois de receber a herança, você será meu herdeiro único e exclusivo.

– Mas que ideia absurda! – explodiu Marcos. – Saiba que você só será uma mulher rica se não assinar novamente outro documento, abrindo mão da sorte que está querendo despencar na sua cabeça!

– Eu mudei de ideia, meu irmão. Resolvi aceitar a herança que meu sogro e minha sogra querem me deixar. Você tem razão, esse dinheiro vai nos ajudar e muito. Assim que puder, quero rever meus sogros e lhes informar isto.

Surgiu um sorriso quase imperceptível nos lábios de Marcos Depp.

XI
Manhã de sábado, 10 de novembro de 1990

O dia amanheceu nublado, como um dos mais típicos do clima paulista. A campainha tocou na casa de Fábio Augusto, que estava altamente interessado no clipe que estava passando na nova emissora de televisão. Somente após o sexto toque da campainha é que ele foi até a sacada para ver quem era. Seus olhos mostraram-se surpresos ao ver a figura de Elmior Aldor parado em frente ao portão.

– Já chegou?! – exclamou Fábio, sem esconder o espanto e a insatisfação.

Meio minuto depois abriu a porta para o amigo.

– Resolvi sair de casa mais cedo – explicou Elmior sem dar a mínima atenção à expressão no rosto de Fábio. – Pensei que iria pegar um trânsito intenso, o que não aconteceu, por isso é que cheguei cedo.

– Entre, ainda não me arrumei – explicou o rapaz dando passagem para o detetive.

Enquanto subiam a escada, Fábio explicou:

– Estava assistindo ao clipe novo dos Pet Shop Boys na MTV, o da música "Being Boring", um clipe muito bonito.

– Eu já vi. Eles estão cada vez melhores.

– Eu não sabia que você gostava de *dance music!*

– Gosto e muito. Não é este o clipe que foi dirigido pelo Bruce Weber? Ele é, na minha opinião, um dos melhores fotógrafos da atualidade. Por sinal, toda vez que assisto a este clipe, lembro-me das festas de minha adolescência. Naquela época, de fato, jamais nos sentíamos Being Boring. Ah! O passado! Por que será que é tão presente em nossas vidas que muitas vezes nos esquecemos de curtir e aproveitar melhor o presente?

– É isso que, às vezes, me preocupa. O passado parece ter o poder de nos atormentar. Se bem que é graças a esse poder sobre nós que faz o sustento dos psicólogos. A maioria das pessoas que necessitam de terapia estão presas a algum trauma do passado. Vivendo de passado... Na realidade todos nós vivemos de certo modo presos a ele e queremos apagá-lo de vez, mas sem nunca obter êxito. Uma amiga minha costuma dizer "Feliz daquele que perde a memória!". É verdade.

Chegando à sala, Fábio baixou a televisão e serviu ao amigo um licor.

– Espero que goste.

Enquanto bebia, Elmior admirou a sala de Fábio, despretensiosa e bem agradável e pensou no quanto a vida de jovem e estudante era boa.

– Não consigo parar de pensar em Nancy – desabafou Elmior a seguir. – De uma forma ou de outra eu deveria ter impedido o que lhe aconteceu.

---

*"Estar entediado/chateado". (N. do A.)

– Mas quem é que iria adivinhar?

– Ora, você, Fábio!

A resposta de Elmior soou como uma flecha certeira.

– Eu?! – chocou-se o rapaz.

– Sim, você! Afinal, quem consulta os astros é você, não eu.

– Para prever o que pode acontecer com cada um é preciso checar o mapa astral de cada um dos envolvidos no caso e isso leva tempo. Se ela sabia quem era o assassino por que não nos disse? Será que ela queria chantageá-lo?

Fábio balançou o corpo para frente e para trás, depois acrescentou:

– Não, Nancy não me parece ser este tipo de pessoa.

– Talvez ela não tenha se dado conta exatamente do que sabia.

– Talvez... Bom... Vou me arrumar, estou curiosíssimo a respeito desse convite que Martha nos fez!

Seguiu pelo corredor, deixando Elmior ali, deliciando-se com o licor e pensando no amigo que, presumivelmente, tinha síndrome de Peter Pan*.

Ao deixarem o apartamento, Fábio pegou a correspondência na caixinha do correio que ficava presa em seu portão. Entraram no carro e partiram.

Minutos depois, Fábio desabafava:

– Desde a ligação de Martha esta manhã, a única coisa que ecoa em minha mente é: Por que ela me pediu para levá-lo até a casa dela? Será que é de fato viúva do irmão de Caíne? Ainda me lembro da resposta que Marcos me deu quando perguntei o nome de Martha de casada e como ele ficou fulo de raiva.

– Qual era mesmo o nome?

– Oliveira! Pode? Por pouco não lhe conto a respeito do que Guilherme nos contou, mas preferi ficar quieto, ao menos por ora. Para mim torna-se evidente que se ele mentiu para mim com relação

---

*São homens que se recusam a aceitar sua idade real. Descrita pelo Dr. Dan Kiley no seu livro "A S. de Peter Pan" de 1983. (N. do A.)

208

ao sobrenome. É sinal de que eles estão escondendo alguma coisa bem séria de nós.

– Logo saberemos. Contenha a sua ansiedade.

– Se ela for realmente a viúva do irmão de Caíne, o que será que a fez querer nos contar assim de uma hora para outra? A propósito, descobri algo bastante curioso ontem. Cheguei à escola cerca de meia hora antes de iniciar minha aula. Encontrei Martha, ela estava com uma *janela*.

– Com uma *janela*? – Elmior estranhou a colocação da palavra.

– *Janela* é quando você não dá uma aula em meio às aulas que dá, fui claro? Por exemplo, ela dá uma aula às quatro e uma outra às seis. Às cinco, ela tem uma *janela*.

Elmior entendeu, mas não que o jovem amigo tivesse sido claro.

Fábio prosseguiu:

– Martha quis saber se havíamos tido algum progresso nas investigações e que estava começando a ficar com medo, por causa do acontecido a Nancy. Foi em meio ao bate-papo que descobri que às quintas-feiras ela só trabalha no período da noite. Ela chega a What's up! por volta das 17h30 e começa a lecionar às 18h00. Não foi uma descoberta interessante? Agora sabemos que ela teve tempo livre para cometer o assassinato.

– É sem dúvida uma descoberta preciosa! – exclamou Elmior, deveras surpreso.

– E eu que pensei que Martha fosse uma moça sincera, honesta, de boa índole, enfim, uma pessoa de confiança. Nunca me passou pela cabeça que fosse capaz de cometer um crime hediondo como aquele.

Elmior concluiu que para Fábio não havia mais dúvidas quanto à identidade do assassino.

209

XII

Martha já estava de pé há horas, corrigia provas no momento, estava tão concentrada no que fazia que nem percebeu a aproximação do irmão.

– Marcos?! – assustou-se ao vê-lo. – Nem o vi entrar. Bom dia, dormiu bem?

– Não muito bem. Estou com uma dor de cabeça terrível, acho que não devia ter comido aquele bolo ontem. Sempre que como bolo à noite, me acontece isso.

– *I see*... Acho melhor se arrumar logo, pois em instantes Elmior Aldor deve chegar.

Marcos deixou-se cair na cadeira.

– Como assim? – indagou, atônito.

– Eu liguei para o Fábio esta manhã e lhe pedi para trazê-lo até aqui. Refleti a noite inteira se deveria ou não contar-lhe a verdade e decidi que, sim.

– Você vai se arrepender amargamente!

– Vá se arrumar para não perder essa.

Marcos pareceu sonolento outra vez, ficou ali parado, olhando para a irmã sem se mexer. Havia uma expressão indecifrável em seu rosto. Só se moveu quando ela insistiu mais uma vez e, segundos após ouviu-se a campainha. Din don!

Martha estava oferecendo um café a Elmior Aldor e Fábio Augusto quando Marcos retornou ao aposento. Os cumprimentos foram feitos e agora era Martha quem falava, relatava toda a sua história a Elmior Aldor que ouvia atentamente sem interrompê-la. Fábio se segurava para não interferir e Marcos, por sua vez, para conter os nervos bebia uma xícara de café atrás da outra.

Martha contou que era viúva de Abel Quintana, irmão de Caíne Quintana. A multinacional onde Abel trabalhou resolveu oferecer a seus funcionários um curso de inglês, para isso, contratou os serviços da What's Up! As aulas foram ministradas na própria sede da

---

* "Entendo/compreendo/Eu vejo". Em inglês no original. (N. do A.)

empresa e foi Martha a professora escolhida para lecionar ali e foi assim, que os dois se conheceram.

O namoro dos dois durou apenas dez meses, na semana seguinte se casaram somente no cartório com uma cerimônia simples e familiar.

Da família de Abel vieram somente os pais, o irmão não compareceu, pois se encontrava fazendo intercâmbio na Itália. Martha chegou a conhecer Caíne por fotos, jamais pessoalmente.

Após a morte de Abel, seu pai achou mais do que justo que ela herdasse a parte toda que cabia ao filho na herança, mas ela recusou. Mesmo assim, ele afirmou que a poria no seu testamento. Quis dar-lhe algum dinheiro, mas ela também não aceitou.

Os pais de Abel eram, sem dúvida, sensacionais, mas toda vez que ela os encontrava ou falava com eles por telefone, a lembrança do marido voltava forte e dolorida o que a entristecia muito. Por isso, decidiu cortar relações com eles, assim como com qualquer outra coisa que trouxesse à sua vida a lembrança de Abel Quintana.

Quando ela e Marcos se mudaram para a casa onde viviam agora, ela resolveu não passar o endereço para seus sogros para evitar aproximação e, consequentemente, tristeza.

Quando Caíne retornou do exterior, ela, Martha, já havia se afastado de sua família. Mas, então, certo dia um advogado apareceu dizendo ser da parte de Caíne Quintana. Martha ficou surpresa por ele tê-la localizado. O advogado explicou o motivo de sua visita e ela concordou em assinar um documento, recusando a herança que os sogros queriam lhe dar. Não queria ser o pivô de desentendimentos. Agindo assim, estaria ajudando a evitar uma rixa entre o pai e o filho, que o relacionamento dos dois piorasse. Talvez o pai nunca viesse a saber algo sobre este fato e Caíne daria por encerrado o assunto uma vez que possuiria em suas mãos um documento, contendo sua desistência da herança.

– Detesto causar briga, ainda mais brigas por causa de dinheiro – explicou Martha, parecendo bastante sincera.

Elmior fez então sua primeira pergunta:

– E seu irmão, o que achou de sua decisão?!

Marcos moveu-se ligeiramente na cadeira.

– Na ocasião, não cheguei a contar a respeito para ele. Somente depois, quando descobri que o Caíne de sua classe era o irmão de Abel, é que falei.

Martha voltou-se para o irmão e sorriu.

– Marcos quase me matou, ficou indignado com o que fiz!

Marcos a interrompeu:

– Deixem-me explicar. Achei estranho que Caíne fizesse tal pedido a Martha. Se não quisesse que ela herdasse tal coisa, bastava apenas pedir aos próprios pais que mudassem o testamento, excluindo-a dele. Cheguei à conclusão de que se Caíne utilizou-se deste recurso para que ela não herdasse a herança, era porque ele já deveria ter-lhes pedido, mas eles não quiseram mudar de ideia, revelando assim que realmente a queriam como sua herdeira.

Sou levado a crer também que o casal Quintana se sentiu mais seguro, pondo parte daquilo que construíram com tanto carinho e empenho nas mãos de Martha por quem sempre tiveram grande apreço. Martha agiu precipitadamente e, na minha opinião, foi muito tola.

Martha tomou um gole de café antes de voltar a falar:

– Após a morte de Caíne, meu sogro me escreveu. Já que não possuía mais meu endereço, enviou uma carta para a What's Up! Explicou na carta que se lembrara de que eu era professora desta rede de escolas de inglês e que por sorte, quem sabe, eu ainda estaria lecionando ali.

Era, ao que percebia, o único meio de me localizar. Foi fácil conseguir o telefone da What's Up! através das páginas amarelas e ligou para perguntar se eu ainda era professora ali.

A escola tem como regra, por motivos de segurança, não dar a ninguém o endereço de funcionários, portanto, ele não obteve o meu. Descrente de que eu retornasse a ligação, caso deixasse o seu

212

telefone e o recado para eu entrar em contato, preferiu enviar uma carta para o endereço da escola. Uma carta, com certeza, eu leria.

– E o que disse ele na carta? – perguntou Fábio, alvoroçando-se todo.

– Contou-me que Caíne morrera assassinado em São Paulo. Que apesar de eu ter recusado a herança que seria de Abel, ele me pôs em seu testamento como havia me dito que faria. Informou-me, por não saber que eu já tomara conhecimento disto por intermédio do advogado que Caíne havia mandado me procurar. Pedia para que eu entrasse em contato com eles o mais rápido possível e queria saber, também, se eu tinha interesse em assumir a cadeia de farmácias que possui, uma vez que, cedo ou tarde, serão minhas. Eles não têm outros familiares.

– Ninguém?! – perguntou Elmior pensativo.

– Pelo que dizem, não. A não ser parentes, parentes distantes, se não me engano, na Itália. – Martha respirou fundo antes de prosseguir: – Como podemos perceber, meu sogro não chegou a saber que Caíne mandara um advogado até aqui e que eu havia assinado um papel, desistindo da herança.

– E o que irá fazer?

– Gosto muito deles e acredito que agora, depois de tudo, devam estar se sentindo muito sós, quero auxiliá-los no que puder.

– E quanto à herança que lhe cabe, você a aceitará?

– Creio que, sim, afinal, é o que eles querem, não é?!

– Sim – Elmior olhou para Marcos e pôde ver o alívio que transpareceu em seus olhos.

– Esta é toda a história, não sei se deveria ter lhe contado antes, mas acredite, fiquei com muito medo de me tornar suspeita do crime.

– É verdade – concordou Marcos, balançando a cabeça.

– Quando foi exatamente que descobriu que o Caíne, aluno de seu irmão, era o irmão de Abel?! – quis saber Elmior em seguida.

– Na verdade foi Marcos quem me chamou a atenção para esse detalhe, assim que leu o nome do rapaz em sua ficha de alunos.

Lembrou-se de que meu marido tinha um irmão com o mesmo nome. Quando o vi pessoalmente, o reconheci, apesar de tê-lo visto só em fotos. Ele também me conheceu por fotos, mas ao contrário de mim não me reconheceu de forma alguma. O que é normal, pois a gente muda de fisionomia com os anos, não é mesmo?! Eu, por exemplo, mudei meu corte de cabelo, a armação dos meus óculos.

Elmior se serviu um pouco mais de café.

– Hum! Este café preto está ótimo!

Ao levá-lo à boca, parou de repente.

– Algo errado? – indagou Martha. – Está faltando açúcar?

– Não é isso, mas me ocorreu algo. Algo que alguém disse, mas não lembro quem.

Marcos ficou curioso com o olhar de Elmior para a xícara cheia de café. Fábio pareceu curioso também, ergueu o rosto como um cão farejador. Tanto Marcos quanto Martha notaram que Fábio estava um pouco mais tranquilo, como se tivesse tomado um sedativo. Mal abrira a boca desde que chegara.

Antes de partirem, o detetive voltou-se para Martha e perguntou:

– Alguma vez, em algum momento, você se arrependeu do que fez? Digo, de ter assinado o tal documento, desistindo da herança?!

Martha pareceu ficar embaraçada.

– Sim... Principalmente diante de meus sonhos, que, assim como todos, necessitam de dinheiro para serem realizados. Mas como vê, de nada adiantou minha decisão, pois a vida quis mesmo que eu ficasse com a herança. Quis me ajudar a realizar meus sonhos.

Elmior despediu-se e partiu na companhia de Fábio. Assim que o veículo ganhou movimento, o jovem metido a detetive e astrólogo soltou a voz:

– Sabe o que isto significa?

– Sei. Ela é a principal suspeita – adiantou-se Elmior bem-humorado.

214

– Exato! – os olhos de Fábio Augusto demonstravam imensa satisfação. – Para mim, está tudo muito claro agora. Ela se arrependeu de ter assinado o tal documento e, ao saber que o Caíne da classe de seu irmão era o seu cunhado, revelou a ele quem era e tentou pedir-lhe que anulasse o documento que tinha assinado. Como ele não quis, ela o matou.

– Simples assim?

– Simples assim.

– Precisamos fazer uma visita – disse Elmior sem dar muita atenção às palavras de Fábio.

– A quem? – empertigou-se o rapaz.

– Aos pais de Caíne.

Fábio olhou com interesse para Elmior.

XIII

Não levou muito tempo para chegarem a Araraquara, cidade onde os pais de Caíne residiam. Com o auxílio de um policial, amigo de Teixeira, localizaram facilmente a casa.

Os pais de Caíne receberam Elmior e Fábio com extrema educação e boa vontade. Os quatro trocaram cumprimentos e se acomodaram numa sala confortável e lindamente decorada.

– Então o senhor é um detetive? Na minha vida toda nunca tive a oportunidade de conhecer um – disse o dono da casa de modo muito simpático.

Elmior notou que sua aparência era bastante jovial e não demonstrava sequer algum abatimento pelo acontecido há menos de dez dias. Ele contou sobre a hipótese de Fábio Augusto. O casal ouviu tudo, atentamente.

– Quer dizer que acham que pode haver uma ligação entre o bilhete do Amigo Secreto, o assassinato de Caíne e o atentado contra esta pobre moça... Nancy, é isso? – perguntou o homem.

– É o que parece – disse Elmior.

– Eu sou uma pessoa bastante prática e não quero parecer grosseiro, mas acho esta ideia completamente sem pé nem cabeça.

– É, sem dúvida, uma tremenda coincidência... – opinou a senhora Quintana.

– Sim, e é por isso que estou investigando – salientou Elmior polido como sempre.

– Por falar em coincidência – prosseguiu Elmior quando achou oportuno –, há outra bastante curiosa nisto tudo. O professor desta turma de inglês é Marcos Depp, irmão de Martha Depp, viúva de seu filho Abel.

O casal se entreolhou.

– Que coincidência, realmente! – exclamou o Sr. Quintana. – Marcos é um excelente rapaz, muito esforçado...

– Por coincidência, Martha também participou do Amigo Secreto.

Elmior explicou-lhes os motivos que levaram Martha e Nancy a fazerem parte da brincadeira.

– É uma tremenda coincidência, de fato – admitiu o homem.

– Como estão eles? Há tempos que não nos vemos! – era sua esposa quem falava agora.

– Bem, muito bem – respondeu Fábio e rapidamente acrescentou: – A propósito, Martha nos disse que muito em breve entrará em contato com vocês, está pensando em lhes fazer uma visita.

– Será formidável! – alegrou-se a mulher. – Ela é um amor, estou morrendo de saudade dela e de Marcos.

– Ali está um exemplo de irmãos que realmente se... – acrescentou o marido, porém, parou ao notar o olhar tristonho da esposa.

Pousou a mão sobre o joelho dela, procurando confortá-la.

Elmior disse quando achou oportuno:

– Desculpe me intrometer na vida particular de vocês, mas acredito ser de extrema importância para a investigação saber o que levou o senhor a romper relações com seu filho, Caíne.

O silêncio pairou no ar da grande sala por instantes. Elmior observou que aquelas lembranças deveriam trazer bastante dor àquele senhor sentado a sua frente.

– Meu filho, Caíne – começou o Sr. Quintana, pausadamente –, tinha um ciúme doentio do irmão. Cresceu, achando que não gostávamos dele tanto quanto de Abel, nosso outro filho.

Estava sempre querendo nos mostrar através de comparações injustas, o quanto ele era e poderia ser melhor do que Abel. Jurou que se sairia muito melhor na vida do que irmão e que faria de tudo para isso, sob qualquer circunstância.

Abel, por sua vez, era um amor de pessoa não só conosco, mas com o próprio Caíne. Mas, o ciúme de Caíne não o deixava ver isso; deixava-o completamente cego, fazendo crescer ódio mortal por ele, cada dia mais.

O senhor respirou fundo antes de prosseguir:

– Ele deve ter sentido um alívio imenso quando lhe informei que o irmão havia morrido. Ele voltou "outro" da Itália. Porém, não levou muito tempo para começar a nos acusar novamente de que mesmo morto, Abel ainda era o mais querido em casa.

Pus Caíne para cuidar da parte administrativa de todas as nossas filiais pela redondeza; por acreditar que com o trabalho, deixaria de lado as implicações. Faria com que ele crescesse, tivesse juízo. Mas cometi uma tremenda falta ao fazer isto.

Para aumentar as vendas, Caíne autorizou os funcionários a vender qualquer tipo de remédio sem retenção de receita ou mesmo a apresentação de uma. Tudo era permitido ser comprado, todo tipo de barbitúrico, toda a linha de psicotrópicos, além de remédios abortivos. Inclusive estes eram os mais procurados. Sua clientela era formada praticamente por mulheres, garotas que engravidam sem querer.

Só vim a descobrir o que ele havia feito quase dois anos depois de ele ter assumido a gerência. Um funcionário que fora demitido por injusta causa, veio me procurar e me contou.

217

Eu não podia compactuar com uma coisa dessas. Tivemos uma discussão séria e ele preferiu deixar o trabalho e levar sua vida adiante longe de mim e de sua mãe. Antes de partir, teve ainda a coragem de afirmar que ele seria sempre criticado por nós, para jamais se sobrepor ao irmão, mesmo morto.

Como já havia conseguido juntar uma boa quantia em dinheiro durante todo esse período; pôde mudar-se para São Paulo e lá abrir uma farmácia.

O homem tomou fôlego antes de prosseguir:

– Por sinal, estive nessa farmácia agora, quando estive em São Paulo. Tive de ir lá, afinal, depois de sua morte, ela ficou sob a minha responsabilidade. Descobri que, infelizmente, Caíne continuava a vender remédios sem receitas e, com isso, faturava dez vezes mais do que qualquer filial da minha rede.

Estes remédios quando mal administrados podem causar a morte de uma pessoa; soubemos de um ou dois casos de fregueses seus, que quase morreram. Remédios podem tornar-se como drogas na vida de uma pessoa. Seus efeitos sobre o indivíduo são praticamente os mesmos: vício, dependência, morte. São, a meu ver, drogas que se disfarçam bem, pois ninguém vai dizer que está se drogando, ao vê-lo consumir um remédio, concorda?! A pessoa alega que o consome para o seu bem.

O homem estendeu a mão e segurou a da esposa, num gesto carinhoso.

– E ele nunca teve problema com a fiscalização? – quis saber Elmior a seguir.

– Acredito que ele comprava as receitas de certos médicos de má índole, o senhor sabe, está cheio de gente assim, por aí, inclusive médicos, infelizmente.

– Infelizmente – concordou Elmior.

O silêncio tomou conta da sala. Fábio, irrequieto, resolveu quebrá-lo:

– A propósito, nós já demos a bateria que era do seu filho.

A mãe agradeceu.

Neste momento a atenção de Fábio foi tomada pelo vulto que surgiu na porta envidraçada à sua esquerda. Era um cachorro da raça Golden. Depois de pedir licença a todos, levantou-se e foi até lá para poder ver melhor o cão. A senhora foi atrás dele.

– Ele é superamoroso – disse ela.

O Golden derreteu-se todo sob os cafunés do jovem astrólogo.

– Minha esposa adora cães, acho que lhe fazem companhia – explicou o Sr. Quintana para Elmior Aldor. – E ela precisa de companhia, agora mais do que nunca, o senhor sabe...

– É muito bom ter um cão, é terapêutico – opinou Elmior com os olhos voltados para Fábio Augusto que naquele momento brincava com o animal.

– Gostaria, se possível, que me arranjasse uma lista dos endereços de todas as farmácias de sua rede – pediu Elmior a seguir.

O homem pensou em perguntar por que, porém, disse simplesmente:

– Mas, é lógico! Vou pegar agora mesmo!

Levantou-se e deixou a sala.

Ao perceber que o marido estava se retirando do aposento a senhora Quintana pegou no braço de Fábio Augusto e disse:

– Sabe, aconteceu algo curioso no passado: foi quando Caíne estava estudando na Itália – a voz da senhora soava ofegante.

Fábio empertigou-se.

A senhora ainda com os olhos atentos, voltados para o local por onde o marido havia saído da sala, continuou:

– Um amigo de meu filho, aqui do Brasil, jura tê-lo visto em São Paulo. Ligou, pensando que ele já tivesse regressado da Itália, mas eu lhe expliquei que Caíne ainda não havia regressado, e que certamente ele havia visto alguém muito parecido com meu filho.

O rapaz não ficou muito satisfeito com a explicação, tinha absoluta certeza de que vira o próprio Caíne em São Paulo. Foi no dia antes do acidente com o Abel. Meu marido achou muito estranho

219

o problema que o carro apresentou para causar o acidente. Chegou a pensar que aquilo fora armado por alguém.

Ao saber sobre o amigo que jurou ter visto meu filho em São Paulo, chegou a suspeitar que Caíne tivesse vindo ao Brasil, sem que soubéssemos e aprontado alguma coisa no carro do irmão. Achei esta hipótese absurda. Caíne poderia não se dar bem com Abel, mas não a ponto de querer matá-lo deliberadamente.

Contei a Caíne sobre o que seu amigo nos dissera, mas ele afirmou categoricamente que não havia deixado a Europa sequer por meia hora.

A mulher calou-se, ao avistar o marido regressando à sala. O Sr. Quintana retornou, trazendo um papel na mão. Assim que recebeu o informe, Elmior perguntou:

– A propósito, houve alguma alteração quanto à parte da herança que cabe a Martha?

A resposta do homem veio rápida:

– Não, em absoluto. A parte de nosso filho Abel continua sendo dela.

– E... Se não achar inconveniente de minha parte, gostaria de saber quem serão os outros beneficiários de seu testamento.

– Não tenho o menor problema em lhe dizer. Não possuímos nenhum parente. Com certeza deixaremos para a própria Martha e uma parte para instituições de caridade.

– Mas não há realmente nenhum parente? – insistiu Elmior.

– Mesmo que haja, não tem problema algum, pois fiz um testamento específico em favor dela. Eu realmente acredito que ela merece esta herança.

– Entendo.

Pouco tempo depois Elmior e Fábio agradeceram ao casal e partiram.

No carro, já a caminho de volta para São Paulo, os dois conversavam:

– Nossa, um casal admirável, hein? Mantêm-se firmes apesar do ocorrido... Que resistência... – comentou Elmior.

220

– Sem dúvida – concordou Fábio e em seguida relatou o que a mãe de Caíne lhe contou, sem omitir uma vírgula.

– É curioso... – admitiu, Elmior pensativo.

– E aí, a que conclusão chegou?

– Por enquanto nenhuma – respondeu o simpático detetive, bocejando – desculpe, me deu uma moleza, também com esta tardezinha fria do jeito que está, nada mais convidativo para dormir.

– É melhor eu ir dirigindo, assim você descansa...

Elmior acabou aceitando a sugestão. Pararam o veículo e mudaram de posição dentro dele. Retomando a estrada, Fábio comentou:

– Enquanto brincava com o cão, vi sobre uma mesinha de canto vários porta-retratos. Todos tinham a foto de um mesmo rapaz que, com certeza, deveria ser Abel. Que adoração por este filho, hein? Mas não é à toa que ele era o preferido. Caíne não valia mesmo nada! Onde já se viu vender remédios sem receita, pondo em risco a vida das pessoas? Começo a achar que ele teve o que merecia. Plantou o mal, colheu o mal!

Elmior bocejou mais uma vez.

– E se for um parente distante que matou Caíne? – questionou Fábio, a seguir.

– Se esta é a resposta do mistério, então, meu caro, este parente só pode ser um dos participantes do Amigo Secreto, concorda? Caso contrário, o bilhete ameaçador, não teria existido.

– Elmior mordeu os lábios antes de acrescentar: – Neste caso, qual dos participantes seria...

Ao ver o pedágio se aproximando, Fábio exclamou:

– Ih! O dinheiro para o pedágio, esqueci de pegá-lo!

– Eu posso pagar, mas estou sem trocado, se bem que eles devem trocar, não? – ofereceu-se Elmior.

– Que nada, eu tenho trocado na carteira, você pode pegar.

Elmior abriu a carteira do amigo e tirou a quantia necessária.

Assim que passaram pelo pedágio, Fábio soltou o verbo:

– Pedágio é fogo! Custa cada vez mais o olho da cara!

Elmior virou-se para ele e perguntou com um tom de voz curioso:

– O que é isso?

O detetive continha alguma coisa no meio da palma da mão.

– Isso o que? – Fábio não conseguiu ver o que era.

– Estes bilhetes... são os bilhetes do Amigo Secreto, não são?

Elmior estava realmente surpreso, nem pôde notar que Fábio ficara com o rosto vermelho como um pimentão.

– Sim... São... – murmurou o motorista meio aturdido – você não vai acreditar... Eu me esqueci de mostrá-los a você.

– Onde pegou isso?

– Foi Nancy quem os encontrou no apartamento de Caíne naquele dia em que fomos buscar a bateria. Como vê, Caíne havia guardado todos os bilhetes ameaçadores que recebera.

– Estou vendo e pelo visto ele não só recebeu um, mas três.

– Não é incrível? Deve tê-los recebido nas semanas anteriores e guardado segredo. A propósito, Caíne não só guardou estes bilhetinhos, como também os demais que recebeu. Nancy pegou todos para comparar as letras, mas no carro, enquanto voltávamos, pedi a ela que fizesse as comparações depois, que primeiramente me deixasse mostrar a você os três bilhetes ameaçadores para ouvir a sua opinião. Infelizmente, esqueci. Estúpido da minha parte, não?!

Pelo visto, se não fosse eu mexer em sua carteira, não os teria encontrado nunca.

– Mas eu iria me lembrar, cedo ou tarde, com certeza, de mostrá-los.

Elmior ficou olhando para os três bilhetes abertos sobre sua mão, todos continham a mesma frase: "Você vai morrer!".

TERCEIRA PARTE

O meu inimigo secreto é...

I

Noite de domingo – 11 de novembro de 1990

O dia seguinte correu sem muitas novidades, Elmior seguiu como de costume seus hábitos de domingo. Foi andar no Parque do Ibirapuera, depois almoçou num restaurante dentro do próprio parque e de lá foi pegar uma sessão de cinema. Procurou relaxar ao máximo sua mente, para que depois, quando tivesse de reanalisar o caso, ela estivesse mais hábil.

Fábio Augusto ligou para ele somente à noite, após voltar de mais um dos compromissos com sua mãe. Elmior lhe contou do filme que assistira, mas não quis estender o assunto, estava com sono, sentia sua garganta roçar. Era o tempo.

Quando se pegou cochilando diante da TV, desligou o aparelho, foi até a cozinha, preparou um chá de erva cidreira e o saboreou com mel. Seria bom para sua garganta.

Só então se recolheu, com o sono que sentia em breve apagaria, contudo sua mente se acendeu, ficou pensativa. Às vezes acontecia-lhe aquilo, bastava deitar-se que o sono ia embora. Que o chá fizesse efeito logo, desejou.

Elmior lembrou os últimos acontecimentos, as revelações de Matha, o que os pais de Caíne haviam contado e o mais importante, a descoberta dos três bilhetes ameaçadores.

A imagem de Fábio Augusto veio-lhe à mente. Como poderia ele ter-se esquecido de lhe mostrar algo tão crucial? Ah, Fábio, Fábio, Fábio...

223

Se não fosse ele, ninguém teria dado importância ao estranho bilhete ameaçador que Caíne recebeu durante a troca de bilhetes naquela sexta-feira. Não teria sido levantada a hipótese de que um dos participantes daquele Amigo Secreto poderia ser o assassino de Caíne Quintana e um detetive não teria aparecido para investigar esta hipótese.

Com isso, Fábio tornou-se odiado pelos demais do grupo, apesar de nenhum dos participantes admitir aquilo abertamente, com certeza o estavam odiando. Até Ana Lúcia deveria sentir o mesmo com relação a ele, uma vez que tudo aquilo, teoricamente, poderia denegrir a imagem de sua escola.

Com exceção de Luiz Collombus, a maioria dos integrantes da brincadeira foi descrente com relação à hipótese de Fábio Augusto. Somente Nancy, até onde Elmior sabia, acabou acreditando que havia mesmo um fundo de verdade nela.

Ele mesmo, Elmior, após falar com todos os participantes chegou a duvidar de que houvesse alguma ligação entre o crime e os bilhetes, mas com o acontecido a Nancy mudou de ideia.

Bem no momento em que ele ia se desligar do caso e que todos iriam confirmar que a hipótese de Fábio fora de fato infundada, absurda, acontece aquilo com a pobre moça, solidificando assim a suspeita.

Saberia Nancy quem era o assassino ou ele agira daquele modo, por pensar que ela soubesse de alguma coisa? Nancy falou de Carla e Luiz, ouviu o que Marcos disse sobre Cleuza, fez suas conjecturas, sabia que o sobrenome de casada de Martha era o mesmo de Caíne; apesar de não confirmado, ela poderia ser cunhada dele. Ela também estivera no apartamento da vítima com Fábio, descobrira os bilhetes ameaçadores, afirmou que iria comparar as letras...

Elmior riu. Era incrível notar que todos os participantes de certo modo tinham motivos para cometer o assassinato. Se tivesse abandonado o caso, não teria descoberto estas verdades. Carla,

224

Luiz, Cleuza, Martha, Marcos, Patrícia, Kátia, todos tinham motivos, exceto Fábio Augusto.

Neste momento Elmior lembrou-se de que o sonho de Fábio era tornar-se um Hercule Poirot*, um Sherlock Holmes*, desvendar um mistério intrigante. Mistérios que acontecem mais em livros do que na vida real. Na verdade era mais do que isso; Fábio gostava de viver emoções fortes, diferentes e desde o acontecido, ele havia conseguido trazer isto a sua vida.

Teria ele criado toda aquela história somente para poder viver um romance policial na vida real? Para viver ao menos por alguns dias, como um detetive, ter a visão, a experiência de um deles?

Se isto fosse verdade, as coincidências haviam colaborado para que sua criação parecesse o mais real possível. Só faltava ser esta a resposta. Ele, Fábio, criara tudo aquilo e, por coincidência, todos os envolvidos de certo modo tinham um motivo para assassinar Caíne, mas na verdade ninguém praticara o crime.

Elmior se sentiu confuso. Teria ele, Elmior, se deixado levar pela imaginação de Fábio? Deixar-se guiar pela imaginação de alguém pode ser algo extremamente perigoso, refletiu. Uma coisa era certa, nada do que fora apurado era ficção, tudo era de fato realidade. Martha era de fato cunhada de Caíne e, agora, era herdeira de uma bela fortuna.

Nem bem ele terminou de refletir sobre isto, pegou no sono.

II

12 de novembro – segunda-feira

A expressão no rosto de Elmior na manhã seguinte não era das melhores, o motivo não era o fato de ser uma segunda-feira, mas, sim, a sensação de estar gripado, a garganta ainda se mantinha roçando.

Assim que acabou de tomar seu café da manhã, foi até o jardim de sua casa e ficou ali sentindo o sol bater em seu rosto por um

---

*Famoso detetive criado por Agatha Christie que abrilhantou suas obras. S. Holmes criado por Conan Doyle. (N. do A.)

tempo. Apesar de o dia estar ensolarado, o tempo estava ligeiramente frio.

Sabia que sua mente estava agitada, seria bom que relaxasse um pouco. Mas quem dera! O barulho da construção do prédio no outro lado da rua martelava em sua cabeça.

Seria bom que ele revestisse sua casa à prova de som, assim como Caíne havia feito em seu apartamento, para não ter de ouvir todo aquele barulhão. Aquilo seria o cúmulo, reprovou-se no mesmo instante, por outro lado eficaz, sem dúvida.

O revestimento à prova de som, pelo menos permitiu a Caíne continuar a praticar seu instrumento favorito e evitar broncas que, com certeza, um baterista está fadado a receber, por mais que toque sua bateria com uma pena, ou durante o dia.

Neste momento voltou a sua mente novamente o que Fábio Augusto lhe contara a respeito das vizinhas de Caíne sobre a tal mulher de voz rouca que fumava como uma chaminé e que segundo as más línguas recebia rapazinhos para noitadas. Lembrou-se a seguir da vizinha de voz suave e acolhedora que os convidou para tomar chá.

Os pensamentos de Elmior foram interrompidos pelo barulho que surgiu de repente da construção. Parecia ter sido ligada uma britadeira ou várias delas ao mesmo tempo. Ele entrou e fechou a porta. Aquilo ajudava a suavizar o barulho. O pensamento há pouco interrompido, dilacerado pelo som ensurdecedor se fez presente novamente. As vizinhas..., repetiu ele para si mesmo, o que elas contaram a Fábio e a Nancy naquele dia em que ambos conversaram com as duas. Uma luz se acendeu em seu cérebro.

A imagem de Nancy tomou-lhe a mente naquele instante, seguida dos bilhetes escritos: "Você vai morrer". Memorizou os três bilhetes que havia encontrado na carteira de Fábio Augusto no dia anterior. Visualizou um a um. Os benditos bilhetes que haviam causado toda a confusão.

226

De repente a voz de Cleuza ecoou em sua mente: "No bilhete não estava escrito: "You gonna die! Fora escrito em português". "Em português!", repetiu Elmior para si mesmo com uma acentuada exclamação.

Mas Marcos pedira em sala de aula que todos os bilhetes fossem escritos em inglês para praticarem a escrita e depois a leitura... Os bilhetes, repetiu Elmior mais uma vez como que delirando. Outra imagem surgiu em sua mente, era a caixa onde os bilhetes eram depositados. A caixa, murmurou ele, com uma expressão de perplexidade. A caixa, tornou a repetir, como quem diz "Eureca!".

Ainda em voz alta completou: a bateria, o apartamento revestido para o som não vazar, o que o pai de Caíne lhe contou, o fato do moço ter sido administrador de suas farmácias espalhadas pelo interior de São Paulo... As filiais...

Num movimento rápido, Elmior correu em busca da lista, contendo a relação de todas as filiais que o pai de Caíne havia lhe fornecido.

– Aonde eu a pus?! – perguntou-se com certa aflição.

Levou menos de um minuto para encontrá-la em cima da mesa de canto ao sofá, na sala. Pegou-a e percorreu com os olhos os nomes das cidades onde havia cada filial. "Hum!", murmurou. Neste momento seus olhos se prenderam a outra coisa, algo que estava também em cima da tal mesa, o guia de estudante.

Ele voltou o olhar para a lista e depois para o guia sucessivamente, então um ar abobado surgiu em seu rosto.

– O motivo... o amigo secreto... Meu Deus! – suspirou.

Correu para o telefone e discou um número na esperança de encontrar Fábio Augusto.

– Fábio?

– Oi, Elmior... – ecoou uma voz sonolenta do outro lado da linha.

– Fábio, acho que agora sei o que Nancy descobriu.

Fábio notou a exaltação na voz do amigo:

227

– E o que foi?

O rapaz sentou-se na cama num estalo, ao ouvir suas palavras.

– Pense, Fábio... Nós estávamos indo pelo caminho errado, ficamos presos ao que Nancy dissera a Marcos e acabamos esquecendo de algo muito importante, o que Marcos disse a ela. Pense bem, Nancy foi vítima do assassino por causa de algo que Marcos disse a ela e não o inverso!

Fábio pareceu confuso.

– Pense... – insistiu Elmior –, nas vizinhas do apartamento de Caíne, o que a vizinha simpática lhe contou e o fato de a outra ter voz de fumante. Lembre-se também de que Caíne era um baterista, este é um detalhe muito importante, mas o principal de tudo, os bilhetes ameaçadores que ele recebeu.

Elmior respirou fundo e acrescentou:

– Preciso ir, mais tarde a gente se fala. Ponha seu cérebro para funcionar, esta é a sua última chance de desvendar o mistério.

– Ir? Ir para onde?

Mas Elmior já havia desligado o telefone, deixando Fábio extremamente irritado, subindo pelas paredes.

III

Começo da noite daquele dia...

Ao chegar à What's Up!, Fábio encontrou Ana Lúcia radiante, com a felicidade estampada em sua face como ele nunca vira anteriormente.

– Fábio querido, tudo bem? – falou ela, sorrindo, num tom tão alto que fez seu tímpano tilintar.

– Tudo bem. Quanta felicidade, Ana Lúcia, o que aconteceu?

– Os astros devem estar a meu favor, *darling**. Minha doce irmã Camila chega daqui a duas semanas, estou felicíssima.

– Sua irmã? Do exterior? Ah! É verdade, havia me esquecido dela – Fábio parecia meio disperso. – Em qual cidade mesmo da América ela estuda?

---

*"Querido" (N. do A.)

– Nova York.

– Ah, sim, lógico... Por sinal, aquela amiga minha que eu falei que havia se mudado para lá em janeiro, me ligou outro dia, contando que está muito bem por lá, trabalhando de babá e garçonete, conseguindo se manter *legal*. Só os Estados Unidos mesmo para fazer uma pessoa que foi com uma mão na frente e a outra atrás, em poucos meses se estruturar financeiramente. Ela teve muita coragem.

– A gente tem que ter coragem se quisermos dar uma virada positiva em nossas vidas, Fábio. Não há escolha, senão a de ter coragem. Eu sou um exemplo disso, não havia escolha quando perdi meus pais senão assumir a responsabilidade total sobre a minha vida e a de minha irmã.

– Engraçado, acabo de me tocar que você e Patrícia têm algo em comum. Ambas são de escorpião e tal como você, Patrícia também perdeu o pai quando ainda era muito jovem. Do meu ponto de vista, ela assumiu o lugar dele, pois foi sempre ela quem segurou as barras da família. Isto tem a ver com Escorpião, digo, assumir grandes responsabilidades.

– E há mais uma notícia boa – anunciou Ana Lúcia. – Nancy deu sinais de recuperação, está com quase 100% de chances de sobreviver.

A mulher parecia verdadeiramente feliz.

– É mesmo? Que bom! – respondeu Fábio sem muita empolgação.

IV

Enquanto o rapaz metido a astrólogo e detetive aguardava o início da aula, na sala de recepção, os alunos que transitavam por ali, a maioria composta de adolescentes, prendeu a sua atenção.

A adolescência deveria ser a melhor época da vida, refletiu ele, voltando os pensamentos para o que foi a sua. Depois, lembrou-se de que até pouco tempo atrás, sentia-se mais velho do que realmente era por ter a mania de procurar viver cada semestre como sendo um ano.

Ao comentar com Nancy, ela explicou que se ele contasse um ano a cada seis meses, cedo ou tarde, acabaria se sentindo com o dobro da idade. Algo que já vinha acontecendo, percebeu ele, sem saber se ria ou chorava de si próprio.

Fábio levantou-se e se dirigiu à mesa da recepção onde Rose, a moça que fora escalada para substituir Nancy lhe concedeu um sorriso.

– E aí, está gostando do emprego? – perguntou ele.

– É divertido, eu gosto. O ambiente é ótimo.

– Nossa! Você não parece em nada com a Nancy.

– Nancy? Ah! A secretária que quase foi morta? Que coisa mais horrível, não? A secretária da manhã contou-me que há um boato que diz que o que aconteceu a ela tem a ver com a morte de um aluno daqui numa brincadeira de Amigo Secreto, uma história muito maluca. Mas disse também que isso é fruto da imaginação fértil de um rapaz metido a detetive.

– Ah! Disseram isso, foi? – Fábio não se deixou abalar.

– Oh, sim. O que prova que nessa vida nunca estamos mesmo seguros, de repente, aparece um lunático como esse rapaz metido a detetive e nos coloca numa tremenda enrascada. Eu tenho medo, afinal crime é coisa séria. De repente, por uma má dedução ou mal-entendido, acabamos pagando por um crime que não cometemos. Não gosto nem de pensar.

– É horrível mesmo.

Fábio baixou os olhos e observou um punhado de cartas empilhadas sobre a mesa. Levou a mão até a primeira e virou-a em sua direção. Estava destinada a Martha.

– Não sabia que os professores podiam receber correspondência, aqui! – comentou, pensativo.

– Oh, sim. Muitos professores recebem correspondência aqui... Às vezes amigos e parentes perdem o endereço de suas residências e enviam a correspondência para cá. É muito mais fácil se lembrarem do local onde trabalham e encontrar o endereço na lista caso o tenham perdido.

– É, sem dúvida.

– O duro é para nós, secretárias, que temos de fazer a distribuição dessas cartas. Conhecemos muitas pessoas daqui somente pelo apelido, jamais pensamos que seus nomes são o que são.

Fábio riu. O telefone tocou e Rose o atendeu. Fábio mergulhou em seus pensamentos, algo estava ecoando em seu cérebro. Foi despertado por Martha que chegou por trás dele e o fez levar um baita susto.

– Estava em alfa, é? – brincou ela, parecendo de muito bom humor.

Ele, sorrindo, pálido, respondeu:

– Estava consultando os astros, sabe como é!

– E o que eles dizem?

– O pior é que eles não dizem nada. Plutão deve estar em Aquário.

Martha fez ar de interrogação.

– O problema é que eu não consigo ver algo que deve ser meio evidente – continuou Fábio num tom vago e acrescentou: – Deixe-me ir ao banheiro.

Saiu correndo como se estivesse muito apertado.

Rose virou-se para Martha e comentou:

– Ele é boa gente, gostei dele! Mas me diga, Martha, você me prometeu mostrar o tal rapaz que criou toda aquela história em torno do Amigo Secreto que vocês estão fazendo. O talzinho que é metido a detetive, o lunático!

– É ele.

– Ele? Ele quem?!

– O que acabou de sair daqui.

– Jura? – Rose mordeu os lábios, enrubescendo.

– Por quê? Aconteceu algo?

– Sim, acho que dei um fora.

231

V

Fábio notou ser ele o último a entrar na sala de aula, deu um sonoro boa noite, mas ninguém respondeu. Todos estavam de cara amarrada, inclusive Marcos que parecia transtornado e aparentava ser dez anos mais velho.

O clima ali estava pesado. O que teria acontecido?, perguntou-se Fábio, indignado com tamanho desprezo por parte dos colegas. Todos pareciam, a seu ver, mais frios do que nunca, limitando-se a responder somente o que fosse necessário.

Faltando dez minutos para terminar a aula, Marcos a deu por encerrado.

– Gostaríamos de falar com você, Fábio – disse o professor com seriedade, olhando bem para o rapaz como faz um escorpião antes de dar sua picada.

– Sim, pois não? – respondeu Fábio, gentilmente.

Kátia olhou para ele com certa pena. Luiz desviou o olhar dos dele. Patrícia suspirou fundo. Marcos prosseguiu:

– Todos nós achamos que está na hora de você parar com esse seu joguinho...

– Como assim? Não estou entendo – estranhou o rapaz.

Foi Carla quem explicou:

– Ontem nos encontramos à tarde na casa de Patrícia, a convite dela!

– É que sábado à tarde – sequenciou Patrícia –, eu e Mônica, aquela minha amiga que divide o apê comigo, ficamos refletindo na sua suposição a respeito do assassinato de Caíne até que Mônica chegou a uma conclusão bastante interessante.

Ela limpou a garganta para clarear a voz:

– Resolvi então convidar todos que estão aqui para irem até em casa ontem à tarde para dividir com eles o que Mônica concluiu.

Fábio, de testa franzida, perguntou:

– E o que Mônica, a estranha, concluiu?

Percebendo que Patrícia perdera a sua segurança habitual, Carla respondeu por ela:

– Mônica chegou à conclusão de que só uma pessoa pode ter matado Caíne, você mesmo!

Fábio soltou uma gargalhada.

– Você só pode estar brincando comigo! – debochou.

– Não, ela não está! – retrucou Cleuza, seriamente.

– Por que eu faria isso? – perguntou Fábio, sem perder a compostura.

A resposta foi dada pela própria nissei:

– Porque seu sonho era viver na vida real uma história policial tal como a de um livro intrigante de detetive, nem que para isso tivesse que cometer um crime para você próprio investigar. Ao mesmo tempo, sairia lucrando, pois poderia viver a experiência de ser um assassino. Do modo que atuou, não levantaria suspeitas sobre si, pois afinal, que assassino seria louco de procurar a polícia para falar do crime que ele mesmo cometera? Nenhum.

Fábio olhava surpreso agora para a moça. Cleuza, áspera como nunca, continuou:

– Ao se ver diante de um Amigo Secreto, onde todos os participantes trocam bilhetinhos anônimos, você escreve o tal bilhete ameaçador para tornar todos os participantes suspeitos do crime. O bilhete, além de tudo, tornará o seu joguinho mais interessante.

Após o assassinato, você se lembra propositadamente do tal bilhete ameaçador para fazer com que a polícia investigue o caso. Infelizmente, para você, ela acha a sua hipótese ridícula. Entretanto, para a sua sorte, seu amigo detetive se propõe a investigar.

Se não fosse o bilhete, nunca ninguém teria nos relacionado ao crime. Por isso a existência dele foi fundamental e você insistiu para que todos só lessem os bilhetinhos do Amigo Secreto que receberam quando todos nós estivéssemos presentes e que ninguém deveria deixar de ler nenhum em voz alta para os demais.

Tudo ocorreu exatamente como você planejou: Caíne lê o bilhete ameaçador, todos são testemunhas, você o mata num dia propício e depois de o crime ter sido descoberto, levanta a hipótese de que quem o matou só pode ter sido quem lhe enviara o tal bilhete.

Pronto, sua história está feita!

Foi Patrícia quem deu sequência à explicação:

– No fundo acreditamos, ou melhor, Moniquinha acredita que você já contava que a polícia não fosse levá-lo a sério, o que seria ótimo para você, pois não complicaria sua vida. Mas era importante contar a todos que você a procurara para causar pavor em nós, como de fato aconteceu, pois todos nós começamos a temer que acabássemos pagando por algo que não cometemos.

– Acho que é prazeroso para você ver a nossa reação diante de tudo isso. Ver-nos aterrorizados! – opinou Marcos secamente.

– Mônica levantou ainda uma outra suposição – lembrou Carla –, a de que você matou Caíne, por algum motivo que desconhecemos

Houve um breve silêncio até que Fábio, balançando a cabeça negativamente, zombasse de todos:

– E depois sou eu quem tem imaginação fértil!

Patrícia voltou a falar:

– Você levou Nancy até o LAB com alguma desculpa e a atingiu no momento oportuno, depois saiu normalmente como faz todo aluno. Nancy deve ter descoberto alguma coisa que ligava você ao crime e antes que se desse conta, ou fosse contar à polícia, você a silenciou.

Fábio começou a bater palmas:

– Pelo visto não sou só eu quem gostaria de viver na vida real uma história de detetive, hein? Se assim eu fiz, devo admitir que a sorte me ajudou, pois praticamente todos aqui tinham motivos aparentes ou não, e oportunidade para cometer o crime. Todos sem exceção. Ou melhor, todos exceto eu, eu sou o único que não tem motivos. Bem, de qualquer modo, se o que dizem é verdade, provem!

Todos se levantaram e saíram. Fábio Augusto ficou ali parado feito uma estátua, mordeu os lábios e se esparramou na cadeira. Não levou muito tempo, levantou e seguiu até a sala junto à recepção da escola. Sentia uma zoeira na cabeça, deixou o corpo cair no sofá e mergulhou em seu glorioso isolamento.

VI

Onde estaria Elmior Aldor?, perguntou-se ao cair em si. Desde a manhã ele não lhe dava notícias e até aquele momento, ele não conseguira chegar a nenhuma conclusão a respeito do que o amigo detetive lhe dissera. Deveria ser a posição dos planetas naquele dia que o estava perturbando.

Um conhecido passou pela frente de Fábio, acenou, mas ele nem o notou ou talvez o tivesse notado e preferira ignorá-lo, para continuar a sós com seus pensamentos.

As palavras de Elmior voltaram a ecoar em sua mente:

"Pense, Fábio... Nós estávamos indo pelo caminho errado, ficamos presos ao que Nancy dissera a Marcos e acabamos esquecendo de algo muito importante, o que Marcos disse a ela. Pense bem, Nancy foi vítima do assassino por causa de algo que Marcos disse a ela e não o inverso! Pense, Fábio, nas vizinhas do apartamento de Caíne, o que a vizinha simpática lhe contou e o fato de a outra ter voz de fumante. Lembre-se também de que Caíne era um baterista, este é um detalhe muito importante, mas o principal de tudo, os bilhetes ameaçadores que ele recebeu."

Fábio sentiu que seu cérebro era tal como uma laranja, espremia para tirar seu líquido, mas nada saía, por mais força que usasse. Resolveu então esquecer o que Elmior lhe falara e rever simplesmente o caso.

Quanta coisa havia rolado desde então. Pensou em cada um dos envolvidos, visualizou o rosto de cada um deles, repensou no que disseram dele minutos atrás em sala de aula e tudo por culpa de Mônica, a estranha e imbecil!

A seguir, seus olhos se fixaram no quadro da parede a sua frente. Era uma foto muito bem tirada da Avenida Paulista. Estava magnânima como sempre. É..., murmurou ele, São Paulo em si é magnânima, de uma beleza estranha, porém, altamente atraente. Quantas e quantas pessoas não eram atraídas por aquela beleza sem levar em conta a outra face da cidade? Um lado que destrói sem dó nem piedade.

Neste momento veio à imagem de Caíne a sua mente. Ele era tal como São Paulo. Bonito e atraente, que deixava as mocinhas loucas por ele sem levar em conta o que havia por trás daquele invólucro.

Ele mesmo se não tivesse investigado a vida de Caíne, ouvido da boca dos próprios pais como ele era de fato, do que era capaz de fazer, jamais teria imaginado que fosse um moço frio e calculista, capaz de tudo para subir na vida, que odiava o irmão, que poderia ter vindo da Itália sem que ninguém soubesse e aprontado algo no carro dele com a intenção de matá-lo! Um mulherengo, que não se importava com o sentimento das mulheres, nem com a saúde delas.

Outro conhecido passou pela frente de Fábio despertando-o, fazendo com que se sentasse mais ereto. A janela do LAB, que não era propriamente uma janela e sim, uma abertura em forma de quadrado ocupada com um vidro bem grosso, desses à prova de som que lembrava e muito a janela de um estúdio de gravação, chamou sua atenção a seguir.

Por ela podia avistar Marcos Depp, sentado na cabine do professor. Ele, Fábio, o admirava. Marcos tornara-se um *expert* em inglês sem nunca ter sequer ido morar no exterior, o que era, na sua opinião, admirável.

Fábio teve a sensação de que algo de bom em breve iria acontecer para o professor, provavelmente a realização de um sonho. Quem sabe, então, ele lhe perdoaria por ter sido envolvido naquele misterioso assassinato, onde todos eram suspeitos de tê-lo cometido.

Uma coisa era certa, aquele Amigo Secreto, havia transformado a vida de todos os participantes, transformado para sempre, pois ninguém mais se esqueceria daquilo. Tão certo quanto dois e dois são quatro, era o fato de tudo aquilo fora obra do destino não dele, Fábio Augusto.

O destino... O misterioso e imprevisível destino, surpreendendo as pessoas, deixando cicatrizes profundas por dentro e por fora.

Nancy voltou a sua memória a seguir. Segundo Ana Lúcia, ela estava com 100% de chances de sobreviver e de fato aquilo era muito tranquilizador.

Novamente as palavras de Elmior voltaram a sua mente: "Pense, Fábio... Nós seguimos pelo caminho errado, ficamos presos ao que Nancy disse a Marcos e acabamos esquecendo de algo muito importante, o que ele disse a ela. Nancy foi vítima do assassino por causa de alguma coisa que Marcos disse a ela e não o inverso!".

Mas afinal o que Marcos dissera a ela? Era muita coisa para se lembrar. Se fosse um virginiano lembraria tudo com detalhes, com certeza.

Voltou o olhar para a janela do LAB mais uma vez e, ao avistar Marcos, prometeu-se, assim que possível, perguntar a ele o que dissera a Nancy naquela noite. Era o único modo de lembrar, se é que ele também se lembraria com exatidão do que foi dito entre os dois.

Se é que ele ainda teria paciência de conversar com ele, após a acusação feita em sala de aula minutos atrás.

O aroma de café coado na hora fez com que Fábio se levantasse e fosse até a minilanchonete servir-se de uma xicarazinha, na esperança de que o liquido o ajudasse a raciocinar melhor.

Ele tomava o café com cuidado para não queimar a boca quando avistou a placa dependurada na parede escrito "coffee". Algo então se acendeu dentro dele.

Os recadinhos estavam escritos em português, mas Marcos pedira em sala de aula para serem escritos em inglês... Por que estariam escritos em português? Que importância haveria naquele detalhe?

Levou quase 5 minutos até que a resposta surgisse dentro dele:

– Estavam escritos em português porque a pessoa não sabia que era para serem escritos em inglês, mas todos sabiam desse pormenor, todos ouviram Marcos pedir isto em sala de aula. Se a pessoa não sabia desse detalhe é porque não estava presente naquele dia, mas...

Seus olhos pararam em direção ao pequeno corredor que levava à sala dos professores, pareceu em choque ao avistar a figura de uma pessoa bem conhecida, vindo em sua direção. Martha foi se aproximando dele, parou, sorriu e perguntou:

– O que foi, Fábio? Parece até que viu um fantasma.

Mas, Fábio sequer respondeu, ficou ali parado, olhando por cima dos ombros de Martha em direção ao corredor.

Estava estático com uma expressão de horror.

– As vizinhas... – murmurou ele. – A voz que a senhora do apartamento vizinho ao de Caíne diz ter ouvido não pode ter sido a da outra vizinha, afinal, a mulher tinha uma voz rouca e grave, a voz de mulher só pode ter vindo mesmo do apartamento de Caíne, mas o apê era revestido à prova de som...

Uma mão forte pegou em seus ombros naquele momento, fazendo o rapaz estremecer e desmaiar.

VII

Elmior Aldor encontrava-se no LAB da What's Up! English Course, admirando mais uma vez o local e, novamente, concluindo o quanto a tecnologia era formidável. Era, sem dúvida, um apaixonado por ela. Afinal, só trouxera benefícios à humanidade e haveria de trazer muitos mais.

Lembrou-se dos equipamentos de última geração, desde o vídeo cassete ao computador, a dedicação dos profissionais da área, sempre tentando aperfeiçoá-los para oferecer ao homem o melhor.

Visualizou a equipe de mão de obra, construindo e conectando item por item, pecinha por pecinha, para chegar a um resultado de primeira qualidade. Para ele não havia dúvidas, a tecnologia era de fato espetacular.

Despertou de seus pensamentos, ao ouvir a porta abrir e fechar atrás de si. Ao virar-se, deparou-se com Ana Lúcia, um pouco abatida.

– Vim avisar o senhor que Fábio Augusto já se encontra melhor – disse ela. – Leonel, um de nossos alunos, é médico e está cuidando dele agora. O que será que houve? Parece que ele levou um choque. Não é para menos, os dias tem sido estressantes para todos aqui... Ela se aproximou dele e comentou:

– Pelo visto o senhor não se cansa de admirar o LAB, hein?

Elmior respondeu, amavelmente:

– É muito bem feito. Amo tudo que é bem feito e que envolve tecnologia.

Ela assentiu e disse:

– Quem vê o LAB assim, prontinho, não faz ideia do trabalhão que nos deu para construí-lo. Cada cabine desta custou uma fortuna, mas apesar das condições econômicas do país não nos incentivarem, não termos garantia de sucesso, de que iríamos receber de volta o dinheiro que iríamos investir num LAB deste nível, resolvemos arriscar a montá-lo.

Graças a Deus deu certo! O LAB é responsável por 50% do resultado positivo que nossos alunos obtêm no nosso curso. É lógico que não é só isso que faz a escola obter o sucesso que conquista. É necessário dedicação constante por parte dos funcionários e principalmente do diretor. É por isso que fico aqui desde às seis da manhã até às vinte e duas horas, diariamente e aos sábados até o meio dia. Para oferecer o melhor aos nossos alunos!

– Você é uma mulher muito responsável – elogiou o simpático detetive. – Admiro pessoas assim.

– Não tive escolha na vida senão aprender a ser responsável, senhor Aldor. Esta tarefa foi posta em minhas mãos pelo destino, muito cedo, quando eu ainda era menina.

Não sei se contei ao senhor, mas minha mãe morreu muito cedo e de uma hora para outra. Meu pai trabalhava praticamente o dia todo, por isso fiquei incumbida de organizar a casa e de cuidar de minha irmã que era bem mais nova do que eu. No início fiquei amedrontada, com medo de não dar conta, mas consegui. Criei

Camila como uma filha, e acho que no fundo ela me tinha como a mãe que pouco conheceu.

Particularmente não posso dizer que vivi a minha infância de fato. Papai me ajudava no que podia, mas faleceu poucos anos depois. Restando somente eu e Camila. Simplesmente nós duas.

Ana Lúcia fez uma pausa, deslizou a ponta dos dedos por uma das cabines, como quem afaga um ente querido e falou:

– O senhor não imagina quantas pessoas trabalharam para que este LAB ficasse deste modo. Na vida tudo se constrói com esforço conjunto de seres humanos, não é verdade? Assim como as cidades, aviões, pontes, tudo, enfim...

Ana inspirou ar e continuou:

– O que me entristece, senhor Elmior, é que loucos como Hitler e outros mais, têm a capacidade, o despudor de destruir estas maravilhosas construções, trabalho de anos, feito por pessoas do bem, arremessando bombas que destroem tudo em milésimos de segundos.

O mais horrível é que eles não só destroem o que foi construído pela mão do homem, mas as pessoas também, todo o esforço próprio para se tornarem alguém digno na vida e o esforço de pais dedicados a seus filhos, para fazer deles seres humanos de brio.

Ana Lúcia voltou o olhar para ele e perguntou:

– O senhor acha justo deixar que pessoas deste tipo continuem a fazer uma coisa dessas?

Fez-se silêncio. Mesmo ela baixando a cabeça, Elmior pôde ver as lágrimas, escorrendo de seus olhos e borrando a maquiagem pesada que usava naquele dia.

Então, com toda calma do mundo, ele perguntou a ela:

– Por isso você foi atrás de Caíne, não é? Para lhe dar uma lição.

Nada no rosto da diretora se alterou. Ela permaneceu imóvel por alguns segundos, depois encarou o detetive com o lápis em torno dos olhos borrado com as lágrimas e desabafou:

240

– Dei minha vida por minha irmã, senhor Aldor. Dediquei todo o tempo que dispunha para que ela tivesse do bom e do melhor. A melhor educação para se tornar uma pessoa do bem. Fiz isso por mamãe e por papai também.

Mais tarde, quando descobri que não podia ter filhos, percebi que a vida havia feito de Camila minha filha para eu poder realizar o meu desejo de ser mãe.

Ana soltou um suspiro e continuou:

– Então, Caíne entrou na vida dela. Camila tinha apenas dezoito anos nessa época. Havia se mudado para Ribeirão Preto para cursar a faculdade de odontologia. Aquele infeliz a enfeitiçou com a sua beleza e sua lábia em proveito próprio. Ela se apaixonou por ele e uma mulher apaixonada se entrega totalmente, porque se torna ingênua, boba, tola...

Acabou grávida dele e feliz pelo acontecido. Não se arrependera em momento algum por isso.

Mas ele não estava na mesma sintonia que a dela. Para ele, seu envolvimento com ela não passara de mais uma aventura. Insistiu para que abortasse o bebê, mas ela não quis, jamais, disse que se fosse o caso assumiria o filho sozinha. Ele brigou com ela por não querer fazer o aborto e desapareceu.

Sua atitude destruiu Camila, foi um choque para ela; apesar de ter aprendido comigo a ser forte, a natureza de cada um varia, como o senhor sabe. Ela começou a ficar bastante deprimida. Contudo se esforçava para parecer normal ao falar comigo pelo telefone para que eu não ficasse preocupada com ela em hipótese alguma. Decidiu também me contar sobre a gravidez somente quando estivesse cara a cara comigo.

Certo dia, Caíne reapareceu procurando por ela, voltara diferente, amigável e romântico. Sua chegada e seu modo de agir surpreenderam Camila, deixando-a muito feliz. A seu convite, saíram e beberam muito. Enquanto ela estava distraída, ele deve ter depositado qualquer coisa no copo dela, pois logo ela passou muito mal e teve de ser levada para o hospital onde ficou internada até se recuperar e, com isso, perdeu a criança, obviamente.

Depois disso, o demônio sumiu e minha irmã entrou em parafuso, numa depressão tão violenta que sua colega de quarto teve de me chamar. Parti para Ribeirão Preto no mesmo instante. Camila não quis me contar nada no começo, mas depois me revelou que estava mal daquele jeito, porque engravidara e perdera o bebê.

Eu quis saber quem era o pai, mas ela apenas me disse que se tratava de um amigo de uma de suas amigas de classe, que viera à cidade num fim de semana para uma visita rápida. Eles haviam se conhecido e ficado apenas uma noite. Ela nem tivera tempo de lhe contar sobre a gravidez e depois do que aconteceu, não seria necessário. Camila escondeu o que pôde de mim, porque ainda amava aquele *infeliz*.

Sua colega de quarto, a princípio, não quis se envolver naquilo, mas depois acabou me revelando toda a verdade. Contou-me que Camila e Caíne haviam se conhecido numa farmácia, só não passou pela cabeça dela nem na minha que ele fosse o administrador da farmácia em questão. Se eu soubesse o teria localizado fácil e tirado satisfações de sua pessoa o mais rápido possível.

Ana Lúcia parou, tomou ar e voltou a encarar Elmior Aldor com seus olhos vermelhos e lacrimejantes. Disse:

– Aquele *infeliz* havia matado uma criança, senhor Aldor. Era um assassino e, por pouco, não matou a minha irmã também.

Ana deu um passo à frente e continuou:

– Quis tanto encontrá-lo, mas nunca consegui. Queria tirar satisfações dele, humilhá-lo, vingar-me do que ele fez a minha irmãzinha e ao meu futuro sobrinho.

Por outro lado tive a esperança de que ele voltasse para Camila e que lhe mostrasse que no fundo era uma boa pessoa, que nada daquilo havia acontecido, mas não, ele nunca mais apareceu.

Camila só piorou desde então, perdera o ânimo de viver, perdera o ano na faculdade e, por isso, achei melhor trazê-la para

242

São Paulo para ficar de olho nela, amparando-a, impedindo que cometesse uma loucura.

Foi então que encontrei no meio de suas coisas uma foto dela ao lado de Caíne, mas ela arrancou-a de minha mão e a rasgou. Entretanto, o rosto daquele rapaz da foto, não seria apagado de minha memória jamais.

Decidi, semanas depois, levar Camila para o exterior, na esperança de que novos ares lhe fizessem bem o que de fato aconteceu. Ela realmente melhorou. Voltou para o Brasil parecendo a mesma de antes. Transferiu a faculdade para cá, para a capital, a meu pedido, para eu poder ficar de olho nela. Evitar que se envolvesse novamente com tipos como Caíne ou com o próprio. Depois de formada, foi para Nova York fazer a pós-graduação como já lhe contei.

Ela fez uma nova pausa, mordeu os lábios, respirou fundo e, meio constrangida, continuou:

– Ansiei, senhor Aldor... Ah, como eu ansiei encontrar aquele canalha dia após dia para... Cheguei até a contratar um detetive para localizá-lo por Ribeirão Preto, mas ele não conseguiu muita coisa; na realidade, nada. Só tinha conhecimento de que seu nome era Caíne, o que não ajudava muito. Se ao menos eu tivesse o seu sobrenome.

Pensava às vezes em perguntar a Camila a respeito dele, mas me continha, temia que ela tivesse uma recaída, se eu retomasse o assunto.

Ela suspirou fundo e lentamente continuou:

– A vida é engraçada, senhor Elmior, louca, eu diria. Quando menos se espera, nos surpreende, só que às vezes no bom sentido.

Fiquei surpresa ao ver Caíne aqui, bem à minha frente, para fazer o teste oral de inglês. O reconheci na mesma hora. Suei frio no momento, mas consegui me controlar. Ele não sabia quem eu era, mas eu sabia muito bem quem era ele.

Foi só jogar verde para colher maduro. Comecei a lhe fazer o teste oral de inglês que envolve perguntas pessoais e não deu outra.

Lembro como se fosse hoje. Contou-me que trabalhara como administrador da rede de farmácias de seu pai. Perguntei se possuíam filial em Ribeirão Preto, ele confirmou.

Disse, por bobeira, que a família do meu marido era de lá, a data em que ele administrara as farmácias batia exatamente com a época em que Camila morara lá.

Pronto, era ele de fato, a vida o havia trazido até mim, posto aquele calhorda, que eu tanto ansiei encontrar, bem diante dos meus olhos. Não é louco?

Seu Inglês era precário, eu o teria colocado num terceiro estágio, mas não havia mais nenhuma turma para iniciar até o final do ano, senão a do nono estágio.

Eu não podia deixá-lo escapar. Então o pus naquele único estágio que restava para começar aqui nesta filial.

Com ele aqui estaria sob minha guarda, até que eu pudesse pensar no que iria fazer como vingança. Fábio está certo quando diz que o signo de escorpião é vingativo. Eu, pelo menos, sempre fui.

Ana acentuou mais fortemente a última palavra.

– Descobrir seu endereço residencial foi fácil – continuou ela. – Estava na ficha de inscrição da escola, tanto como o de seu trabalho. Assim pude ir a sua farmácia bisbilhotar e descobrir que ele vendia remédios tarja preta sem receita e à vontade.

Então passei horas dentro do carro, verificando o prédio onde ele residia e bolando um modo de entrar lá sem ser notada. Para lhe dar um susto, um tremendo susto!

Então soube do Amigo Secreto. A janela da minha sala, a diretoria, fica ao lado da da sala dos professores, por isso pude ouvir tranquilamente Marcos e Martha falando sobre a brincadeira. Veio-me então a ideia perversa de deixar aquele monstro com a pulga atrás da orelha, torturá-lo com ameaças por meio dos bilhetes anônimos do Amigo Secreto. Eu queria que ele sofresse como Camila sofreu.

A caixa onde os recadinhos eram guardados ficava sempre na sala dos professores, assim foi fácil, escrevi o bilhete e o pus ali num momento oportuno; foi assim, semana após semana.

Mexendo na decoração de Halloween, encontrei uma peruca loira, a vesti para ver como eu ficava com ela, achei-me horrível e irreconhecível, por isso decidi usá-la quando precisasse de um disfarce.

Um dia chamei Caíne para preencher um dado que faltava na sua ficha, era mentira, obviamente, apenas um pretexto para conversarmos e comentei com ele, de propósito, sobre um remédio que precisava e que só era vendido com receita e que não estava a fim de marcar outra consulta médica só para obter outra receita.

Ele se prontificou em me vender o remédio o quanto fosse preciso, me deu seu cartão e eu lhe agradeci.

Naquela quinta-feira fui até seu prédio, estacionei em local que pudesse vê-lo quando chegasse. Já havia pesquisado a hora em que costumava retornar para o apartamento antes de vir para cá. Fiquei lá, aguardando por ele. Estava, logicamente, usando a peruca loira e roupas que me deixavam pelo menos uns 5 quilos mais gorda.

Assim que o vi parar com o carro em frente ao portão da garagem, fui rápida, saí do meu e corri até ele. Tive tempo de sobra, pois os portões eletrônicos demoram para abrir. Fiz sinal para ele. Ele não me reconheceu de imediato devido à peruca, quando sim, conteve-se para não rir.

Lembro-me como se fosse hoje.

Disse-lhe que precisava de um certo remédio urgente, e que como havia perdido o cartão com o endereço de sua farmácia, havia tomado a liberdade de procurá-lo em seu apartamento na esperança de que ele pudesse me ajudar.

Pelo que percebi, ele achou aquilo natural, não teve nem tempo de pensar que eu poderia ter procurado o telefone de sua farmácia ou mesmo o endereço em sua ficha de inscrição.

Respondeu prontamente que me ajudaria, sim. Com a ridícula desculpa de que estava precisando ir ao banheiro, perguntei se podia usar o do seu apartamento. Ele abriu a porta do carro e me convidou para subir.

Acho que chegou a pensar que eu estava lhe cantando. E foi assim que entrei no edifício sem ser vista. Ainda que tivesse, a guarita do porteiro ficava bem distante dali, o máximo que pôde ter visto, foi uma mulher loira, fofa, entrar no carro do morador.

Quando lá, Caíne serviu-me um guaraná e me perguntou o que me fizera mudar a cor do cabelo tão de repente.

Quando tirei a peruca, ele achou graça, só então lhe disse quem eu era. Para meu espanto aquilo não o abalou nem um pouco.

"Então você é a irmãzinha daquela gostosinha, é? Ela era uma delícia, sabe?", disse ele.

Foi de uma frieza ainda maior, ao falar sobre o que acontecera entre ele e Camila, que fiquei estupefata. Mas foi só um bom motivo para me dar forças para tirar o revólver que guardava dentro de minha bolsa e apontar para ele, dizendo:

"Agora você vai pagar por tudo o que fez a minha irmã, seu desgraçado! Pelo mal que fez às pessoas ao vender remédios sem terem receita médica. Saiba que muitas delas morreram de overdoses e ataque cardíaco."

"Problema delas!", respondeu-me ele, secamente.

"Ainda assim você vai pagar por tudo!"

– Seu rosto continuou impassível. Minha intenção era fazê-lo se ajoelhar aos meus pés, implorando por misericórdia e perdão, confessar que há duas semanas não dormia direito de medo por causa dos bilhetes ameaçadores. Mas ele não fez nada disso. Permaneceu me olhando, me ridicularizando com o olhar e, de fato, eu estava mesmo sendo ridícula em estar ali fazendo aquilo. Pondo em risco a minha vida, a minha liberdade e reputação por uma vingança tola, muito mal planejada. Totalmente amadora. Sua expressão me deixou tão indignada que comecei a torturá-lo com ameaças. Elevei a voz e perdi o controle sobre a minha pessoa. Então, Caíne riu de mim, muito... Debochado... Petulante...

246

"Sua irmãzinha era gostosa, sim", falou, "mas grudenta! Detesto mulher grudenta. Se bem que eu só a quis porque era carne nova no pedaço, sempre gostei de carne nova. Fazia questão de provar todas que cruzavam pelo meu caminho como faço até hoje! Só estou com a Carla porque ela até agora não se permitiu ter uma noite comigo. Assim que consentir..." Ele suspirou e completou: "ou talvez seja porque estou começando a gostar de mulher que se faz de difícil!".

Suas palavras me deixaram ainda mais revoltada e foi um movimento dele, repentino, que me assustou e me fez disparar a arma sem querer. Eu não queria, juro que não queria, senhor Aldor! Foi um acidente, um ato impensado, uma estupidez!

O mais horrível foi vê-lo se curvando a minha frente com os olhos presos aos meus; para meu espanto, cheios de satisfação, encarando-me com um prazer mórbido. Foi como se ele estivesse feliz em me ver naquela situação, estragando a minha vida para sempre por causa dele. Por ter sido ele quem, de certa forma, saiu por cima em tudo aquilo.

E ele tinha razão, toda razão. Eu, por vingança, destruí a minha vida. Viverei até o último dia da minha existência envolta naquele pesadelo. Quão estúpida fora eu em querer me vingar. Se arrependimento matasse... Desesperada, recoloquei a peruca e fui embora o mais rápido possível, mal sei como cheguei a rua, estava tremendo por inteira.

Ana Lúcia parou, endireitou o corpo, olhou com certo constrangimento para Elmior Aldor que a ouvia atentamente e desabafou:

– Minha vida virou um caos depois disso, senhor Aldor. Eu quis ver aquele demônio morto, sabe, mas não morto de fato. Eu só queria lhe dar uma lição, para que ele aprendesse a respeitar o próximo. Não tratasse seu semelhante como algo que se usa e joga fora. Especialmente a mulher.

Seu semblante tornou-se mais grave a seguir:

– Para complicar ainda mais a minha vida, Nancy, a pobre Nancy contou-me que estivera conversando com Marcos e que ele dissera que a minha voz era a única capaz de atravessar as paredes revestidas à prova de som do LAB.

Depois comentou que o apartamento de Caíne também era à prova de som assim como o LAB e que uma vizinha dele ouvira uma mulher, discutindo alto com alguém bem na hora do assassinato. Que pensou ser a outra vizinha, mas Nancy percebeu que não poderia ser, pois a mulher tinha voz de fumante: rouca e grave. Portanto, a discussão só poderia ter ocorrido mesmo dentro do apartamento de Caíne e a voz da mulher que discutia com ele deveria ter o mesmo timbre da minha para poder atravessar as paredes revestidas à prova de som.

Acho, então, que me traí pelo olhar e fiquei pensando se ela havia notado. Para meu desespero, Nancy me perguntou se Camila não conhecera Caíne quando morou no interior. Contou-me também que encontrara os bilhetes ameaçadores no apartamento daquele monstro e que compararia a letra com os demais assim que Fábio Augusto os devolvesse para ela.

Riu, ao pensar o quão engraçado seria se na realidade o assassino fosse alguém de fora da turma do Amigo Secreto. Alguém de dentro da própria escola que tivesse posto os tais bilhetinhos enquanto a caixa permanecia na sala dos professores.

Para mim ela sabia de tudo e temi, juro que temi, ir parar atrás das grades por causa de tudo isso. Ainda duvidava que alguém acreditasse em mim quando dissesse que tudo não passou de um acidente.

Ela parou e baixou o olhar. Elmior notou que a mulher ali a sua frente não era mais a mesma, até sua voz havia mudado, perdera a força.

– Então – disse ele, na sua calmaria de sempre –, você achou que tinha de silenciar Nancy, por isso ofereceu carona ao Marcos até o metrô, para ter um álibi de que havia saído daqui às vinte e duas horas. Só que assim que o deixou na estação Paraíso, retornou para cá, estacionou próximo daqui, e voltou a pé para a escola, só que dessa vez, usando a peruca loira e uma peça de roupa qualquer, que provavelmente tinha em seu carro, por cima da roupa que estava usando para não ser reconhecida por ninguém. Deve ter posto um óculos também para ajudar a mudar sua aparência.

– Foi isso mesmo – confirmou ela, voltando a encará-lo. – Entrei aqui sem ser reconhecida, o fato de ter muitos alunos conversando na recepção também me ajudou. Foi até bem mais fácil do que eu esperava.

Segui para o LAB e me escondi entre o vão do armário e da parede onde permaneci até Nancy aparecer. Contava com isso, pois havia lhe entregado umas fitas cassete antes de partir e pedido a ela que as guardasse somente após a última aula no LAB para não atrapalhar os alunos. Nancy, eficiente como sempre, fez exatamente o que pedi.

No momento oportuno eu a acertei com o pé de cabra que meu marido deixara no carro e havia trazido comigo dentro da minha bolsa.

O maior risco era sair daqui sem ser vista; para facilitar, apaguei a luz e parti, por sorte, sem que ninguém me notasse.

Arrependi-me do que fiz assim que entrei no carro, estacionado a três quadras daqui. Pensei em voltar, prestar socorro a ela, mas o medo me impediu. Medo de ir para a prisão pelo que aconteceu entre mim, Caíne e Nancy.

Ela passou as mãos no cabelos puxando-os para trás e continuou:

– Por sorte Nancy está melhor.

Havia um profundo alívio, transparecendo em sua voz e em seu semblante agora. Com pesar acrescentou:

– Se não fosse o Fábio Augusto ter relacionado os bilhetes à morte de Caíne, o que eu jamais pensei que alguém faria, ninguém nunca teria chegado até mim. Eu jamais teria ficado tão desesperada a ponto de fazer aquela barbaridade com Nancy. Prejudicando ainda mais a minha vida.

Ela suspirou:

– Apesar do Fábio ter complicado tudo, eu lhe perdoo. Seu encanto não me faz sentir ódio dele. Diferente de Caíne, que por mais que eu tentei perdoar, jamais consegui. Era como se ele não quisesse se perdoado, quisesse a punição e me atraiu para fazê-la. É louco dizer isso, eu sei, mas é o que me pareceu.

Ela deu um novo suspiro, encarou o detetive e perguntou sem receio:

– O que devo fazer?

Fez-se silêncio. Elmior ficou estático, acariciando o lábio superior e refletindo... por fim, disse:

– De um modo ou de outro a vida trouxe Caíne até você como quem é levado a um julgamento. O que me dá a impressão, mais uma vez, de que a vida acaba, cedo ou trade, tomando suas providências contra o mal e aplicando as devidas punições.

Ele deu uma pausa como que se estivesse buscando as palavras certas para se expressar:

– O delegado não deu o mínimo crédito para toda essa história. Eu dei porque achei curioso, coincidência demais. Se Nancy tem absoluta certeza do que aconteceu, isso só saberemos quando ela se recuperar totalmente o que está prestes a acontecer. Na verdade, ela nunca esteve em perigo de vida, apenas pedi ao médico que passasse esta informação, para garantir sua segurança. É lógico que a família de Nancy está a par disso.

Elmior encheu os pulmões de ar antes de prosseguir:

– A meu ver, já que a vida tomou as devidas providências quanto a Caíne, é porque de fato ele não estava certo no que fez e no que vinha fazendo.

Olhando profundamente nos olhos de Ana, acrescentou:

– Deixarei que a própria vida, então, tome as devidas providências com você.

Ana olhou para ele e abaixou a cabeça, rompendo-se num pranto agonizante e desesperador.

Elmior Aldor deixou a sala.

VIII

A campainha na casa do detetive tocou, era Fábio Augusto. Assim que se acomodaram na sala, Elmior Aldor falou:

– Pelo estado de choque em que você ficou, com certeza descobriu o que eu descobri, certo?

– Acho que, sim. Mas estou louco para saber o que levou você a desconfiar de Ana Lúcia? – perguntou o rapaz ansioso.

– Foi mais por intuição, acredito eu. O que mais me chamou atenção foi o fato de os bilhetes estarem escritos em português. Só poderiam ter sido escritos assim porque o remetente não sabia que os recadinhos eram para serem escritos em inglês. Não se encontrava em sala de aula no momento em que Marcos pedira isso.

Só duas pessoas não se encontravam lá, Martha e Nancy. Refleti primeiramente sobre Martha, mas ela estava sempre ao lado do irmão, ele poderia lembrá-la deste detalhe. Descartei-a então. Pensei em Nancy, mas ela havia sido vítima e, portanto, também foi descartada. Pensei: "E se fosse alguém de fora? Seria fácil pôr os recadinhos na caixa dos recadinhos, a qual ficava na sala dos professores o tempo todo, facilitando o acesso".

Lembrei-me também do que a vizinha de Caíne contou a você e a Nancy. Ela disse ter ouvido naquela tarde quando o assassinato foi cometido uma mulher discutindo alto com alguém. Se a voz das vizinhas eram graves e roucas, como constatei ao visitá-las, a voz que a vizinha ouviu, só poderia ter vindo mesmo do apartamento de Caíne, mas então lembrei que ele havia revestido o apartamento à prova de som. O que tornava impossível para alguém de fora ouvir a discussão.

– Foi por isso que lhe disse: "Seguimos pelo caminho errado, na realidade deveríamos ter prestado atenção ao que Marcos disse a Nancy e não o inverso".

Marcos falara que a única voz que atravessaria todo aquele revestimento do LAB era a voz de Ana Lúcia. Então cheguei à conclusão de que a tal mulher que havia sido ouvida pela vizinha, discutindo, e ao que tudo indicava, dentro do apartamento de Caíne, deveria ter o mesmo timbre de voz de Ana Lúcia.

Foi então que surgiu a hipótese: e se fosse ela mesma? Lembrei-me de que Nancy ficara conversando com ela, logo após ter deixado Marcos no LAB e se Nancy foi quase assassinada ali naquela noite, deveria ser por algo que tivesse descoberto horas ou minutos antes.

Se foi vista conversando somente com Marcos e depois com Ana Lúcia, somente um dos dois poderia ser o assassino.

Sabendo que Marcos não escreveria os bilhetes em português, e que Ana era uma pessoa de fora, alguém que estava ausente, quando de sua exigência, só me restava ela.

Como pode perceber, a intuição conta muito, meu caro Fábio, meus parabéns! Você estava certo desde o começo.

– Ana é uma típica escorpiana, trabalha na espreita – observou Fábio Augusto meio que saboreando aquelas palavras.

Elmior assentiu e continuou:

– Mesmo assim, faltava o motivo. Por que haveria ela de fazer tal coisa a Caíne, me perguntava.

Resolvi então passar ontem pela What's Up!, como quem não quer nada, num momento em que com certeza pudesse encontrá-la, inventei uma desculpa de que havia marcado um encontro com você, mas que pelo visto você se esquecera do compromisso.

Batemos um papo, notei que havia vários porta-retratos em sua sala e a maioria tinha a foto de uma mesma moça.

Perguntei-lhe quem era e ela me disse com muito orgulho que era sua irmã. Contou-me tudo sobre ela, que atualmente estava vivendo em Nova York e que em breve estaria vindo para o Brasil.

Ao ouvir suas palavras, ocorreu-me uma ideiazinha. Perguntei se não se importava em me dar o telefone ou endereço dela no

252

exterior, pois estava querendo comprar um produto de lá e precisava de alguém que o trouxesse para mim ou que pelo menos visse o preço. Ela se prontificou na hora e me passou o telefone da Camila. Liguei para ela e então joguei verde para colher maduro. No meio da conversa, disse que era amigo de Caíne Quintana e que ele, por sinal, dissera-me que fora seu namorado e que havia se arrependido do que fizera.

Ela confirmou que de fato o conhecera e, pelo tom de sua voz, percebi que havia lhe deixado profunda mágoa por algum motivo. Pronto, havia encontrado um elo entre Caíne Quintana e Ana Lúcia de Andrada. Aí então tudo se encaixou.

– É incrível como, sem querer, ele veio direto parar nas suas garras, não é mesmo?! Foi como se o destino o tivesse trazido até ela.

Elmior tornou a assentir. Após breve pausa, Fábio quis saber:

– E o que fará, Elmior?

– Não farei nada, deixarei que ela decida qual a melhor atitude a ser tomada. Acredito que sua consciência encontrará a melhor solução para se redimir neste caso. Especialmente com relação a Nancy. A propósito, desculpe pelo susto que lhe dei naquele dia.

– Nem me fale. Foi exatamente naquele momento em que você pôs a mão no meu ombro que a ficha tinha acabado de cair. Estava olhando para o corredor que leva à sala dos professores, aparentemente olhava para Martha que vinha em minha direção. Mas na realidade olhava para além dela, onde vi Ana Lúcia, saindo da diretoria e entrando na sala dos professores. Vi tudo então como aconteceu num piscar de olhos.

– E quanto a você, meu caro Fábio, o que fará?

Fábio pareceu indeciso.

– No fundo gostaria de esfregar na cara de cada um dos participantes do Amigo Secreto a verdade. Mostrar-lhes que eu estava certo desde o início, mas ... – ele fez uma careta. – Será que é certo ficarmos calados?

253

Elmior Aldor preferiu deixá-lo encontrar a resposta por si só.

– Bem... – retomou o rapaz –, só nos resta a revelação do Amigo Secreto no final do mês. Quer ir?

– Talvez, sim.

*Nota do Autor: A voz da personagem que conseguia vazar um local revestido à prova de som foi baseada na voz de uma mulher da vida real, assim como o apartamento revestido à prova de som, cuja sacada tornou-se a única fechada no edifício também existiu.

IX

Final de novembro de 1990

Todos se reuniram para revelar o Amigo Secreto. Nancy, na ocasião, já se encontrava em seu perfeito estado de saúde. Para espanto de todos foi ela quem tirou Caíne e ele quem a tirou. A revelação provocou arrepios em todos.

Sabendo de antemão que seu Amigo Secreto não estaria presente, a psicóloga levou uma caixa de bombons que serviria tanto para dar a um homem quanto para uma mulher e que acabou ficando com ela mesma.

– Terá muito bombom para comer, hein, Nancy? – brincou Fábio, bem-humorado.

– Sim, quer um? – ela lhe esticou a caixa.

– Não, muito obrigado.

– Pena que seu amigo detetive não veio, gosto dele – comentou ela.

Achegando-se à amiga, Fábio perguntou baixinho em seu ouvido:

– O tempo passou e, bem, nunca mais falamos sobre o que aconteceu a você, naquela noite, mas me diga, por que acha que recebeu aquela pancada?

– Deve ter sido assalto, não me lembro de nada, somente que de repente tudo ficou preto.

– Você acha que teve alguma coisa a ver com o ass... bem você sabe...

– Acredito que não, mesmo porque, que motivo teria quem matou Caíne para me matar?!

– Silenciá-la, talvez porque acreditasse que você soubesse de alguma coisa importante.

– Será?! Você sabe que ainda não parei para refletir a respeito e devo admitir que não estou com cabeça para isso no momento.

– Ah! – exclamou Fábio.

– Descobriram mais alguma coisa a respeito do assassinato de Caíne?

– A polícia acredita que só pode ter sido mesmo assalto.

– Mas que foi muita coincidência o lance do bilhete ah, isso foi!

O garçom aproximou-se da mesa, trazendo uma bandeja cheia de taças, cada uma contendo algo, de cores diferentes e ofereceu a todos, como brinde da casa.

Carla tomou sem fazer muita questão de saber o que era.

– Bom! – exclamou, lambendo o beiço. – Parece ser uma mistura de vodca com sorvete colorido com anilina.

Patrícia entornou a taça e mais a de Kátia que não quis abusar. Depois fez sinal para o garçom trazer mais uma para ela.

Naquela madrugada Fábio Augusto teve um sonho bastante interessante. Sonhou que estava numa ilha maravilhosa, num dia maravilhoso sentado debaixo de um coqueiro até que, de repente, o vento bateu e algo caiu de lá. Para a sua surpresa, ao invés de cocos, eram Luiz e Cleuza. O que os dois estariam fazendo em cima do coqueiro e ainda mais do coqueiro do seu sonho?, perguntou-se indignado. Mas isso era apenas mais um mistério.

Nos meses que se seguiram...

Marcos Depp finalmente terminou o livro que estava escrevendo em inglês sobre ufos, o qual havia guardado segredo de todos. Enviou para uma editora na Inglaterra e semanas depois recebeu a notícia de que o livro seria publicado por lá. A novidade o fez dar um pontapé na escola para se dedicar mais à literatura, bem como trabalhar com tradução e pesquisas sobre ufologia que era o que ele realmente gostava.

Cleuza Yoko acabou se apaixonando pela "Besta Careca", seu chefe, provando mais uma vez que o ódio e o amor andam mesmo de mãos dadas. A moça ficou surpresa, ao perceber que o que realmente tornava a Besta Careca tão atraente e irresistível era sua careca, provando que é dos carecas mesmo que elas gostam mais!

Martha, depois de fazer um curso de neurolinguística arranjou um atestado médico falso com um aluno médico que acabara se tornando seu amigo e foi passar dois meses em Nova York. Lá, não só soltou a franga, como todas as feras, afinal é impossível alguém se manter o mesmo, passando uma temporada em Manhattam.

Carla Gapello foi fazer parte de um centro de umbanda. Depois que enjoou, partiu para o Tibet a fim de viver uma experiência como monja. A última notícia que se teve dela é de que havia se perdido nas montanhas do Tibet por quase uma semana enquanto fazia um retiro espiritual.

Luiz Collombus, cansado de seu emprego, de si mesmo e de tudo mais a sua volta, foi fazer terapia. Após algumas sessões chegou à conclusão de que seria uma boa ideia cursar uma faculdade de psicologia, assim prestou o vestibular, passou e ficou feliz com o novo rumo que deu para a sua vida.

"Isso depois de ter rotulado os psicólogos de recalcados", observou Nancy, quando soube o que o colega havia feito.

...

Em mais um encontro entre Fábio Augusto e Elmior Aldor, o detetive perguntou ao amigo:

– Você me parece bem mais calmo, Fábio. Suspeito que esteja apaixonado. É verdade?

– Por que acha que estou apaixonado? – surpreendeu-se o rapaz.

– Seus olhos me dizem isso.

Fábio não pôde controlar o riso e ficou vermelho como um pimentão.

– É verdade, acho que estou mesmo.

– E quem é ela?

Fábio corou.

– A conheci no avião quando fui para Aruba. É uma recém-formada em odontologia. E tem uma irmã gêmea.

– Não vá confundir uma com a outra, hein? – brincou Elmior, lançando um olhar maroto sobre o amigo.

Sem lhe dar ouvidos, o rapaz falou:

– Você acredita que outro dia ela me fez ir até Aparecida para pagar uma promessa?

Elmior riu.

– E acreditaria também se eu lhe dissesse que fizeram um Shopping Center bem em frente da Catedral?!

– Ninguém perde tempo quando o assunto é dinheiro, meu caro, você já deveria saber disso – alertou o detetive.

Fábio fez uma careta e comentou:

– Cleuza vai se casar, sabia? Se você estiver a fim de ir ao casamento, pode ir comigo.

– Só se for para conhecer a sua garota – brincou Elmior, transparecendo novamente muito bom humor.

Fábio corou.

Ao retornar para a casa, assim que entrou, o telefone tocou.

– Alô – disse ele sem fôlego por ter corrido para atender a ligação.

257

– Fábio?

– Oi. Nancy? Tudo bem?

– Tudo. Você está ocupado?

– Não, é que acabo de chegar.

– Se quiser, posso ligar depois.

– Não é necessário. Pode falar.

– Só liguei para te contar uma coisa bastante curiosa que descobri.

Fábio ergueu o pescoço como um lobo, farejando sua presa.

– Você não vai acreditar, é uma tremenda coincidência, por isso que queria te contar.

Fiquei bastante amiga de Camila, você sabe, a irmã de Ana Lúcia, acho que chegou a conhecê-la, não?

– Sim.

– Pois bem... Um dia lhe contei sobre o Amigo Secreto e a morte de Caíne. Tudo que aconteceu. Você não vai acreditar, mas ela o conhecia. Não é incrível?

Nancy relatou tudo que a moça lhe contou sobre o envolvimento dos dois.

Fábio ouvia em silêncio.

– É, o cara não era mesmo uma boa pessoa – argumentou Fábio, fingindo-se de surpreso.

– Se Ana Lúcia soubesse que Caíne era o rapaz que aprontou o que aprontou com sua irmã, escorpiana como é, com certeza iria querer tirar satisfações de sua pessoa, não acha?

– Sem dúvida...

– Bom, é só isso. Anote meu telefone novo. Não sei se te disse, mas Ana Lúcia conseguiu uma boa indenização pelo que me aconteceu com os diretores da escola e com esse dinheiro pude dar entrada num apartamento.

Ao desligar o telefone, Fábio sentou-se no sofá e deixou seu corpo esparramar-se como de costume. Não estava a fim de pensar em nada no momento, seu coração pulsava mais forte e porque um pisciano apaixonado só consegue ter cabeça para o amor.

258

A igreja da Avenida Brasil estava decorada impecavelmente e lotada de convidados.

A marcha nupcial começou a tocar, as portas se abriram e Cleuza toda de branco, segurando um lindo buquê, entrou sendo conduzida ao altar por seu pai.

Parecia mais calma e bem mais bonita que o normal. No altar o noivo de careca reluzente, sorria para a noiva, ansioso por sua chegada.

Ao passar a mão pelo cabelo, Marcos Depp se lembrou que seu cabelo estava ficando ralo. Vaidoso como todo taurino, era a última coisa que ele gostaria de ficar. Mas como brecar o processo da calvície? Quem viesse a descobrir a cura ficaria bastante rico.

Quem dera fosse ele o descobridor, para poder arrecadar milhões e milhões e quem sabe até encher uma piscina de dinheiro como fez Tio Patinhas, seu personagem favorito de Walt Disney!

Escrito durante a turbulenta passagem política do Brasil de 1990.

Nota do autor:

As primeiras histórias de mistério que me fascinaram foram as do desenho animado "Scooby Doo". Depois vieram os de "Fantasminha Legal", "Charlie Chan", "Goober e os caçadores de Fantasmas!" e "Clue Club", outros desenhos animados do gênero. Anos depois, numa daquelas noites frias de agosto, assisti a um filme pela TV inspirado numa obra de Agatha Christie. Fiquei simplesmente pasmo e maravilhado com a história. Foi este o grande *pontapé* que me fez começar a ler seus livros e conhecer este fascinante mundo dos romances policiais.

Em 1990, durante uma conversa a respeito dessa paixão pela escritora inglesa, um amigo me desafiou a escrever um romance policial onde os personagens fossem baseados na nossa turma de amigos e que a trama tivesse como ambiente a escola de inglês onde nos conhecemos. A ideia me pareceu desafiadora e aceitei sem saber se seria capaz de cumprir o prometido.

Semanas depois descobri que me precipitara ao aceitar tal desafio, pois por mais que eu tentasse bolar uma história policial, envolvendo todos, não conseguia. Como um bom sagitariano, persisti nesse ideal e fui ter somente algum resultado quase um ano depois. O pior veio quando comecei a transportar o enredo para o papel, uma dificuldade sem fim. Outra decepção. Jamais pensei que transformar as ideias em palavras fosse tão difícil.

Ainda assim fui em frente e quase um ano mais tarde consegui finalizar a história e dividi com meus amigos, apesar de não estar cem por cento satisfeito com o resultado. Eles pareceram gostar, mas levando em conta certamente o fato de eu ser marinheiro de primeira viagem no mundo da literatura.

Anos mais tarde ao reler o romance, alterei tudo que achava ser necessário e pintou, por sorte, a chance de publicá-lo com o título de "Amigo Secreto". Recebi muitos elogios, mas minha autocrítica ainda me dizia que o resultado do livro poderia ser bem melhor.

Com o meu envolvimento com o Espiritismo, abri meus sentidos para escrever um livro mediúnico e quando fui abençoado com essa graça fiquei surpreso com a diferença que foi escrever um do gênero em comparação ao "Amigo Secreto". O que prova para mim, definitivamente, o poder do mundo espiritual sobre nós.

Recentemente, ao falar sobre o "Amigo Secreto" com meu amigo, senti vontade de compartilhá-lo com aqueles que apreciam minhas obras. Logicamente que ao relê-lo fui inspirado a reescrevê-lo de uma forma mais bonita e expressiva. E optei por mudar o título para um que traduzisse melhor o enredo. Aqui está o resultado.

Percebo agora que este romance foi na verdade uma preparação, uma etapa a ser vencida para chegar aos livros mediúnicos que hoje escrevo e publico com tanta dedicação e carinho.

Espero que tenham gostado e por favor, não contem o final a ninguém que ainda não o tenha lido.

Com carinho

Américo Simões

Leia agora um trecho do romance "Paixão não se apaga com a dor", outro sucesso de Américo Simões/Clara/Barbara Editora.

Theodore segurou firme nos ombros de Bárbara e disse:

– Olhe para mim, Bárbara. Olhe!

Quando ela atendeu ao pedido, quando ambos estavam face a face, olhos nos olhos, ele puxou-a contra seu peito e roubou-lhe um beijo. Suas mãos foram rápidas: cravaram-lhe na nuca para não permitir que ela recuasse a face da dele. O que ela tratou de fazer imediatamente, a todo custo, enquanto procurava afastá-lo dela com as mãos. Mas Theodore se manteve firme no seu domínio sobre ela.

– Theodore! – soou uma voz firme dentro da estufa.

O rapaz recuou esbaforido e assustado. Ao ver o pai, avermelhou-se até a raiz do cabelo.

– O que é isso? – perguntou Lionel Leconte, seriamente.

Theodore soltou um suspiro ofegante, ajeitou os cabelos sem graça enquanto tentava se explicar:

– Eu...

– Peça desculpas à amiga de sua irmã agora mesmo – ordenou o pai. – Onde já se viu agir assim com uma mulher?

O rosto de Theodore estava sombrio quando ele se desculpou:

– Desculpe-me.

Bárbara não respondeu. Ficou ali imóvel, cabisbaixa, respirando ofegante.

Lionel fez sinal então para o filho se retirar. Mas ao seu sinal, Theodore descordou:

– Mas, papai...

O pai repetiu o sinal para que ele deixasse a jovem a sós. O filho obedeceu a contragosto, partindo, pisando duro. Lionel Leconte aproximou-se de Bárbara e perguntou:

– Você está bem?

A jovem balançou a cabeça, sem graça, dirigindo o olhar para Lionel somente quando ele lhe estendeu um lenço para que ela enxugasse suas lágrimas.

– Obrigada – agradeceu ela, evitando olhar nos olhos dele.

– Desculpe a atitude do meu filho. Ele não deveria ter agido

262

assim. Mas você há de compreender que um jovem quando se encanta por uma jovem acaba, muitas vezes, perdendo a compostura.

Ela tornou a concordar com um ligeiro movimento da cabeça.

– Venha, vou levá-la até a casa.

Pelo caminho Lionel Leconte pareceu se sentir cada vez mais à vontade ao lado da jovem amiga de sua filha. A cada passo que davam, mais e mais ele se sentia à vontade para falar de sua vida, de tudo o que viveu desde que se mudou para ali.

– Essa casa – dizia Bárbara –, deve significar muito para o senhor.

– Senhor?... Chame-me apenas de Lionel. Eu me sentirei melhor se me chamar apenas pelo meu primeiro nome: Lionel.

– Se o *senhor* prefere...

Ao perceber o que havia dito, Bárbara achou graça. Os dois riram e o riso pareceu derrubar mais algumas barreiras que geralmente cercam os desconhecidos.

Quando alcançaram a grande porta que ficava na frente da casa, ambos falavam como se fossem dois velhos grandes amigos. Tão descontraidamente saltavam-lhe as palavras de suas bocas que Ludvine se assustou ao encontrá-los conversando daquele jeito. Assim que os dois avistaram a jovem ambos pararam ao mesmo tempo. Talvez Lionel é quem houvesse parado, forçando Bárbara a imitá-lo.

– *Ma chère!* – exclamou Ludvine correndo ao encontro da amiga.

– Desculpe os maus modos de Theodore. O pobre coitado está arrependidíssimo pelo que fez. Não se perdoará, se você não desculpá-lo.

– Diga a ele que já o perdoei.

Um sorriso bonito cobriu a face de Ludvine, que agarrando o pai, disse:

– Emma está preparando uma de suas especialidades na cozinha, papai.

– Então teremos um jantar e tanto – sorriu o homem.

– Vou tomar meu banho – disse Bárbara, retirando-se para a escada que levava à parte superior do casarão.

– Vá, meu bem – apoiou Ludvine –, que dentro em breve o jantar será servido.

Pai e filha ficaram olhando para Bárbara subindo a escada até não mais poderem vê-la.

263

– Ela não é encantadora, papai?

– Sim, Ludvine... ela é encantadora.

Havia mais que admiração na voz de Lionel Leconte; havia encanto.

O jantar estava alegre. Lionel Leconte estava animado e alegre como Emma Belmondo nunca antes o vira. Durante o jantar, Theodore se mostrou o tempo todo quebrantado. O prato preparado por Emma estava como sempre muito bom. Foi aprovado e elogiado por Bárbara.

– Que bom, querida, que você gostou – comentou Emma estendendo a mão direita até alcançar a de Bárbara.

Bárbara retribuiu o sorriso que a mulher lhe oferecia.

Aquela noite, quando somente Ludvine e Bárbara permaneceram na sala de estar, Ludvine comentou com a amiga:

– Meu pai gostou mesmo de você.

– Eu também o achei uma simpatia.

– Ele gostou muito, eu sei... pude ver em seus olhos.

– Ora, Ludvine, do jeito que fala até parece que...

– Meu pai se interessou por você? – completou Ludvine com certa frieza.

Bárbara exaltou-se diante da sugestão da amiga.

– Não era isso que eu ia dizer – protestou com aparente indignação na voz.

Ludvine estudou o rosto da amiga com um olhar maroto antes de indagar:

– E se isso fosse verdade? E se meu pai realmente tivesse se interessado por você? Como você se sentiria?

– ... – Bárbara não encontrou palavras para responder à pergunta.

– A mim, incomodaria muito, se quer saber. Afinal, você é minha amiga, minha melhor amiga e meu pai, bem, ele é meu pai. Não ficaria bem, não teria cabimento vocês dois juntos, você tem idade para ser filha dele e ele para ser seu pai.

Um riso nervoso interrompeu o que Ludvine falava:

– O que não tem cabimento mesmo é o que estou dizendo. Quanta bobagem, esqueça o que eu disse, passe uma borracha, por favor.

Bárbara assentiu com o olhar e um sorriso, ambos encantadores como sempre. Ludvine desviou o assunto a seguir para aquilo que

264

realmente despertava seu interesse: homens. Em menos de meia hora as duas se recolheram e dormiram assim que pousaram a cabeça no travesseiro. Não era para menos, o dia fora exaustivo. Além das janelas, a noite caía serena, tranquila, aparentemente em paz.

À tarde do sexto dia das moças em Chére Maison caiu serena. Theodore, por volta das três horas da tarde, foi caçar como era habitual e as duas moças ficaram na varanda da casa jogando conversa fora até cochilarem em suas cadeiras. Ao despertar, Ludvine retirou-se para ir tomar seu banho.

Enquanto aguardava a amiga se banhar, Bárbara resolveu dar uma nova espiada no belíssimo piano de calda que vira no primeiro dia de sua estada em Chére Maison, objeto que a deixara deslumbrada.

Bárbara tomou a liberdade de erguer o tampo do piano e dedilhar algumas notas. Logo se viu invadida pela sensação prazerosa que ecoava em seu interior toda vez que tocava o instrumento.

O dedilhado foi desligando-a de si mesma a ponto de não perceber que no minuto seguinte estava sentada no banquinho e executava com maestria um soneto de Beethoven.*

A melodia quebrou majestosamente o silêncio com que a tarde banhava o lugar. Até os empregados pararam por instantes para apreciar a bela canção que corria pelos corredores da casa e chegava até seus ouvidos.

Os minutos foram se passando e Bárbara pareceu se esquecer de onde estava, o que fazia, e de toda sua timidez. Terminava uma canção, começava outra. Parecia em transe.

Tão em transe estava que nem notou que havia alguém ali parado na soleira da porta admirando seu dom divino.

Lionel Leconte estava estupidamente encantado com o que ouvia. Havia tempos que o instrumento não era tocado com tamanha maestria. Desde a morte da esposa. Fora ali que ele a encontrara, com o rosto pendido sobre as teclas do piano. Morta. Foi de certo modo a maneira menos triste que a vida encontrou para tirar-lhe o último suspiro de vida.

E, agora, depois de anos, uma jovem estava sentada no mesmo lugar, tocando o instrumento tão bem como a esposa o tocava, voltando a dar alegria àquela casa que desde a morte dela só ouvira canções tristes e mal executadas pela filha durante suas lições de piano.

Lionel voltou o olhar para o quadro da esposa pintado a óleo e sentiu o peito incendiar. Era como se a esposa tão adorada estivesse ali, presente novamente, como no passado.

Ele se pôs a admirar os olhos da esposa no quadro, com paixão, até que algo lhe ocorreu. Os olhos dela, tão encantadores, eram iguais aos de Bárbara. Transmitiam a mesma vitalidade e paixão. Incrível como ele não se dera conta do fato até então.

Ele voltou os olhos para a jovem sentada ao piano, de perfil para ele, olhando para ela agora ainda com mais admiração. Era incrível para ele, simplesmente incrível o quanto ela lembrava sua falecida e adorada esposa. Simplesmente surpreendente.

Ao tocar a última nota da canção Bárbara deu uma pausa para respirar, foi só então que notou o dono da casa parado na soleira da porta olhando para ela com um olhar de outro mundo.

– Desculpe-me – disse Lionel –, não quis assustá-la. Continue tocando, por favor. Há tempos que não ouço alguém tocar esse instrumento com tanta emoção e transmitir a mesma emoção por meio da música.

– E-eu... – gaguejou Bárbara –, eu é que peço desculpas, nem me dei conta do que estava fazendo. Ao ver o piano, simplesmente não resisti ao seu encanto e quis apenas tocar algumas notas. Eu juro, juro que nem percebi o que estava fazendo, foi como se o som do piano houvesse me posto em transe.

– Acontece. – Os olhos do dono da casa brilharam. – Não sabia que era pianista.

Bárbara sorriu quebrantada e, com ligeira insegurança na voz, disse:

– Quis aprender piano desde que vi e ouvi um pela primeira vez. Tocá-lo faz-me sentir mais viva, livra-me das turbulências que pesam sobre as minhas costas e o coração... Liberta-me, extravasa-me, reconstrói-me... se é que me entende?

– Compreendo-a perfeitamente.

Ele aproximou-se do instrumento, pousou a mão sobre o piano e tornou a repetir seu pedido, com toda força que lhe vinha da alma:

– Por favor, toque mais um pouco para mim.

Ainda que constrangida, Bárbara decidiu atender ao pedido e assim começou a tocar a *Sonata para Piano nº 23 em Fá menor, Op.57*, intitulada *Appassionata* pelo compositor Beethoven.

Cada nota que os dedos delicados de Bárbara tocavam transportavam Lionel Leconte para outra dimensão. A dimensão do coração. A música pairava agora sobre eles como uma deliciosa sombra projetada por uma encantadora macieira.

Olhar para Bárbara ao piano era o mesmo que olhar para a esposa amada quando se punha a tocar o instrumento, percebia Lionel naquele momento. Ambas tocavam divinamente, parecendo dar um toque pessoal e sobrenatural à canção.

Se Lionel não soubesse que diante dele estava a amiga da filha, ele poderia jurar que era a própria esposa adorada quem estava ali tocando o instrumento. A esposa cuja vida foi levada tão cedo pelas mãos do misterioso e cruel destino.

Os olhos de Bárbara voltaram a se encontrar com os de Lionel provocando em ambos dessa vez um calor intenso em seus corações. A sensação pegou ambos desprevenidos, especialmente Bárbara. Ela nunca sentira aquilo antes, era como se uma fogueira houvesse sido acesa dentro dela, bem dentro do seu coração e as chamas atingissem os quatro cantos do seu ser.

Suas mãos continuavam a percorrer o teclado de notas como que por vontade própria e a canção parecia se propagar pela sala cada vez mais alta e mais tocante, alcançando a alma de ambos, mudando tudo que havia por lá tal como uma chuva que cai numa região depois de muitos meses de seca.

De repente, Bárbara parou de tocar. Sua interrupção assustou Lionel.

– O que foi, por que parou?

– Preciso ir. Ludvine deve estar me esperando.

– Não se preocupe. Ela sabe que você está aqui. Todos da casa sabem, afinal, esse piano não é tocado há muito tempo. Se está sendo tocado, só pode ser pela amiga de minha filha. E eu que pensei que esse instrumento estaria desafinado por ter sido ignorado por tantos anos.

Ela voltou lentamente os olhos para o teclado e depois novamente para ele. A sensação de intimidade que os dois haviam desfrutado dias antes voltou a pairar sobre ambos. Bárbara, sentindo-se agora mais a vontade, disse:

– Adoro a música de Bach.* É como se o espírito dele residisse em sua música.

267

– Santo Deus! Bach era também o compositor predileto de minha esposa!

Ele voltou os olhos para o quadro da esposa. Bárbara também olhou para ele, por sobre os ombros.

– Ela era muito bonita – comentou.

O dono da casa concordou com a cabeça.

– Sim – murmurou. – Ela era muito bonita. Como você.

A moça novamente enrubesceu e voltou a se concentrar no piano, no qual tocou a seguir uma das mais encantadoras composições de Bach. Ao término, ela pediu licença para se retirar.

– Obrigado – agradeceu Lionel, comovido. – Muito obrigado por ter atendido ao meu pedido. Não sabe o quanto você me fez feliz hoje tocando esse instrumento. Ressuscitando-o, na verdade.

– Não há de que, meu... – Bárbara ia dizer "meu senhor", mas deixou a frase inacabada.

Num repente, Lionel tomou a mão da moça, curvou-se e a beijou carinhosamente. O gesto ruborizou Bárbara não de constrangimento, mas de encanto. Por nenhum momento em toda a sua vida, ela fora tratada com tanto galanteio.

– Preciso ir agora – mentiu ela. Na verdade ela queria ficar, ficar por mais tempo na companhia daquele homem agradável. Diferentemente agradável.

Foi um brilho no olhar, um tremor entre as vogais e consoantes que fez com que Lionel percebesse que Bárbara não falava o que ditava o seu coração.

– Venha – disse ele, perdendo de vez suas ressalvas e puxando a mão da moça delicadamente.

Ao ver o constrangimento se sobrepujar à sua real vontade, Lionel disse:

– Eu lhe fiz um pedido há pouco e você aceitou. Aceite mais este, por favor.

Um sorriso sem graça iluminou a face rosada de Bárbara. Receando que ela mudasse de idéia, Lionel puxou-a delicadamente para fora da sala. Antes, porém, de deixar o local, voltou o olhar para o retrato da esposa pintado a óleo. Teve a impressão de que aqueles olhos brilharam. Brilharam por vê-lo tão alegre como se encontrava agora. Gozando de uma alegria que havia tempos não gozava. Desde a morte dela.

268

A tensão de Bárbara diminuiu quando ambos cruzaram a porta que dava acesso à ala oeste da casa.

A mão delicada da moça que Lionel tinha passivamente entre às suas lembrou-lhe por um momento duas plumas de tão leves e tão belas que eram. Mãos que jamais poderiam fazer mal a alguém. Eram, a seu ver, um par de mão divinas.

O tom de voz daquele homem que se revelava cada vez mais interessante fez com que Bárbara se despisse de suas inibições e se sentisse cada vez mais à vontade ao lado dele.

Os dois passearam pelos jardins que ficavam nessa parte da propriedade, Bárbara se mostrava cada vez mais impressionada com tudo que via. Chère Maison, era sem dúvida alguma, uma senhora propriedade e não era sem razão que Lionel Leconte tinha tanto orgulho dela.

Quando Ludvine reencontrou a amiga, ela estava voltando para a casa na companhia de Lionel. Ludvine foi logo dizendo:

– Procurei você pela casa toda, *ma chère*. Por onde andou?

– Seu pai me levou para um passeio pela propriedade – respondeu Bárbara com certo orgulho.

– Uma verdadeira via sacra – acrescentou Lionel com bom humor. – Eu não sabia que essa jovem era uma excelente musicista, Ludvine. Toca um piano com a supremacia dos grandes pianistas.

– Assim que ouvi o som do piano ecoando pela casa soube imediatamente que só podia ser você quem tocava o instrumento, *ma chère*. Você sempre me falou da sua afinidade com o piano, mas jamais pensei que essa afinidade fosse tão forte assim.

– Ela toca o instrumento com impressionante maestria, Ludvine. Divinamente encantador.

Ludvine enlaçou a amiga e disse sorrindo:

– Para tirar um elogio desses de papai é porque você realmente toca piano muito bem.

Bárbara sorriu com certo constrangimento.

– Não se sinta constrangida – opinou Lionel. – O que é bom deve ser elogiado. A verdade deve ser dita.

– Acho que é dom – disse Bárbara com modéstia. – Desde menina, logo nas primeiras aulas eu já sentia minhas mãos correndo pelas teclas do piano como que por vontade própria. Com uma intimidade com as teclas, impressionante.

O dia terminou com uma noite serena e todos foram mais uma vez agraciados por um delicioso jantar preparado por Emma Belmondo. Todos se fartaram não só de comida, mas de vinho também. Beberam tanto que foi difícil para todos subirem as escadas que levava até os quartos da casa. Emma precisou ser escorada por uma criada até a carruagem que a levou de volta para sua casa. Todos dormiram pesados e felizes. Uns mais felizes, no entanto.

...

Na noite do dia seguinte, após o jantar, Bárbara atendeu ao pedido de Lionel para tocar piano para eles. Todos se deliciaram com o seu talento.

Theodore observava o pai com atenção, atento aos seus olhares para Bárbara. Sentindo o coração se apertar de ciúme. A noite terminou sufocante para ele, tanto que foi o primeiro a se recolher. E sua noite de sono não foi uma das melhores.

No dia seguinte quando o sol já caminhava para o crepúsculo, Theodore estava mais uma vez com a espingarda em punho, mirando um alvo, quando ouviu vozes alegres e descontraídas a uma certa distância. Era o pai que caminhava ao lado de Bárbara pelo jardim. Os dois caminhavam rindo e muito interessados um no outro. Theodore suspirou pesado, perdeu o alvo e perdeu o interesse de caçar. Voltou para a casa, cabisbaixo e angustiado.

O oceano havia perdido inteiramente a coloração enquanto linhas cinzentas se moviam na direção da praia castanho-escura, quando Ludvine encontrou o irmão na sala de estar da mansão.

– O que foi? – perguntou ela, surpresa com o olhar que sombreava a face de Theodore. Seus lábios estavam com uma cor azul, cor de náusea, e ele parecia completamente confuso. – Parece até que viu um fantasma.

– Foi mesmo como se eu tivesse visto – respondeu ele secamente.

A irmã enviesou o cenho voltando o olhar na direção que o irmão mantinha seu olhar sombrio.

– O papai... – disse ele.

– O que tem o nosso pai?

– Ele está diferente, não notou?

– De fato, ele parece mais alegre ou menos triste, sei lá...

270

– Receio que a razão por trás de sua alegria seja Bárbara.

– Bárbara? Ora...

– Sim. Bárbara... Papai parece-me encantado por ela.

– Quem não se encantaria? Ela é um doce de moça. Você mesmo se encantou por ela desde a primeira vez em que a viu.

– Não é a esse tipo de encantamento que me refiro, Ludvine! – a voz de Theodore soou alta e cortante.

– Você não está insinuando por acaso que...

– Sim, é isso mesmo. O encantamento de papai por Bárbara é paixão...

Ludvine começou a rir e logo sua risada tornou-se uma gargalhada tão forte que a moça se contorceu toda por sobre o sofá onde havia se sentado.

– Você está vendo coisas, Theodore – disse ela, ainda rindo espalhafatosamente.

– Você verá que o que eu digo tem o maior fundamento.

– Papai batendo asinhas para cima da Bárbara, nunca! Não seja ridículo. Até parece que não conhece o nosso pai.

– E desde quando conhecemos alguém realmente, Ludvine? Todos somos caixinhas de surpresa. Quantas e quantas pessoas já não se surpreenderam com amigos, parentes, filhos e cônjuges com quem conviveram por 50, 80 anos, quando essa pessoa teve uma reação totalmente inesperada e inédita que a fez perceber que nunca a conhecera de fato. Quantas, Ludvine?

– Você está delirando, só pode. A bebida e o cigarro danificaram o seu cérebro.

– O que digo é verdade.

– Ainda que papai esteja, como você insiste em dizer, apaixonando-se por Bárbara, Bárbara nunca lhe dará trela, não só por ela amar Anthony, seu noivo, mas porque papai é quase trinta anos mais velho do que ela.

– E desde quando idade impede que duas pessoas se apaixonem?

– Sei lá. Mas conheço Bárbara e sei que ela...

– Você pensa que a conhece, Ludvine. Esse é o seu maior defeito desde garotinha. Sempre interpreta as pessoas pelo que elas se mostram para você, pelo superficial delas.

A voz da moça, subitamente dura, interrompeu a fala dele:

– Papai ama Emma, Theodore, não a trocaria por nada nesse

mundo.

– Você me decepciona, Ludvine. Principalmente quando diz coisas tão tolas como essas. Para mim você é tão tola ou, até mais, quanto um mosquito. Já que não pode usar o cérebro, porque não tem, pelo menos use os olhos, ouvidos e nariz, se preciso for, até onde os ditames da honra o permitem. Só assim descobrirá que o que digo é verdade.

– E se for?

– E se for o que?

– E se for verdade, o que podemos fazer?

– Eu, simplesmente, não vou aceitar uma coisa dessas, jamais.

– Eu sei, sentirá seu orgulho ferido, não é?

Ludvine pousou a mão no antebraço de Theodore e disse procurando consolá-lo:

– Não se avexe, meu irmão. Nada do que você pensa está realmente acontecendo. Tudo não passa de um delírio dessa sua mente ciumenta e possessiva.

Ele puxou o braço de forma abrupta, da mesma forma com que se retirou da sala.

Ludvine balançou a cabeça como quem diz "pobre Theodore... Que imaginação fértil".

Naquela noite Theodore manteve-se mais uma vez o tempo todo atento ao olhar do pai para Bárbara e ainda que os dois trocassem apenas olhares ligeiros, habituais, ele se convencia cada vez mais de que o pai estava nutrindo sentimentos por Bárbara e o que era pior, Bárbara também estava nutrindo sentimentos por ele.

Em meio às suas observações, Theodore voltou o olhar para Emma e pensou:

"Sua tonta, boba, estúpida... Será que não está percebendo o que está se passando com o seu querido Lionel? Preste atenção, sua burra, abra os olhos... Ele está se apaixonando por Bárbara...". Seus olhos baixaram, entristecido. "Quem não se apaixonaria?", completou em pensamento.

Theodore dormiu mais aquela noite, sentindo-se muito mal. Acordando por diversas vezes suando frio no meio da noite silenciosa e misteriosa. Quanto mais procurava não pensar em Bárbara e no pai, mais e mais sua mente era invadida pelas cenas que presenciou entre os dois.

Bárbara já era a terceira jovem por quem ele se interessava que não correspondia à sua paixão, ao seu amor, levando-o a se afogar na bebida. No entanto, perder a jovem – que decidira sob qualquer circunstância conquistar – para o pai, um homem quase trinta anos mais velho do que ele, era intolerável.

Para ele, Bárbara tinha de partir dali o mais breve possível. Seria o único modo de pôr fim àquele sentimento que crescia entre ela e o pai, antes que fosse tarde demais. Bárbara era só dele e ele não a perderia por nada desse mundo. Nem que fosse para o pai que amava tanto. Ou ao menos pensava amar.

Estaria, de fato, Lionel Leconte se apaixonando por Bárbara Calandre? Só o tempo poderia dizer... Todavia, uma tragédia estava prestes a acontecer mudando a vida de todos, revelando mais tarde que paixão não se apaga com a dor, jamais!

"Paixão não se apaga com a dor" é um dos romances mais surpreendentes e reveladores já publicado. Prende o leitor do começo ao fim e se torna inesquecível.

OUTROS LIVROS DO AUTOR
NEM QUE O MUNDO CAIA SOBRE MIM

Mamãe foi uma mulher, mais uma dentre tantas, que nunca se ressentia do temperamento explosivo do marido, nunca se agarrava a sua própria opinião, nunca tentava impor uma conduta própria. Sacrificava, o tempo todo, suas vontades para satisfazer as dele. Em resumo: anulava-se totalmente diante dele. Por ele.

No entanto, quanto mais ela se sacrificava, menos ele lhe dava valor, mais e mais a ignorava e era ríspido com ela. Seu comportamento a deixava tiririca, pois não conseguia entender como alguém que tanto fazia o bem, podia ser tratado com tanto descaso.

Ela, Dona Rosa, quisera ser a mulher ideal para o marido, para ajudá-lo a enfrentar os períodos negros da vida, mas ele não reconhecia sua dedicação e grandeza.

Ficava sentada em silêncio, apertando os dentes, tentando não falar nada, porque sabia por amarga experiência que ao fazê-lo, o marido piorava seu mau humor imediatamente. O jeito era aguentar calada, aguentar e aguentar...

Todavia, mesmo assim, ele explodia. Muitas vezes, sem o menor motivo. E ela sempre se assustava, pois nunca sabia quando esses rompantes iam acontecer da mesma forma que os achava um exagero, um auê desnecessário.

Para comigo e meus dois irmãos papai não era muito diferente, não. Andava sempre impaciente demais para nos ouvir e apreciar nossa meninice e, por isso, mamãe acabava exercendo o papel de mãe e pai ao mesmo tempo.

O casamento dos dois chegou ao fim no dia em que mamãe pôs para fora, finalmente, aquilo que há muito estava entalado na sua garganta:

– Você jurou na frente do padre que viveria ao meu lado na alegria e na tristeza, na saúde e na doença... Você jurou diante de Deus!

Papai, com a maior naturalidade do mundo, respondeu, sem pesar algum:

– Se jurei, jurei em falso.

Sua resposta foi chocante demais para Dona Rosa. Jamais pensou que o homem por quem se apaixonara e jurara viver na alegria e na tristeza, na saúde e na doença, amando-o e respeitando-o, diante de Deus, pudesse lhe dizer aquilo. Algo que a feriu profundamente.

Mamãe, trêmula, tentou demonstrar em palavras a sua indignação, mas papai levantou-se do sofá e disse, com voz calma:

– Vou até o bar da esquina comprar um maço de cigarros e volto já.

Assim que ele passou pela porta, fechando-a atrás de si, mamãe levantou-se e dirigiu-se até lá. Abriu-a novamente e espiou pela fresta o marido, seguindo para a rua. Acompanhou-o com o olhar até perdê-lo de vista. Foi a última vez que o viu. As horas passaram, ela adormeceu, só se deu conta de que ele não havia voltado para casa no dia seguinte. Saiu às ruas a sua procura, mas ninguém o havia visto. Ele parecia ter se evaporado na noite. Restou-lhe apenas chamar a polícia para dar parte do seu desaparecimento...

"Nem que o mundo caia sobre mim" vai surpreender o leitor com uma história bem atual, que fala de dramas humanos, cheia de reviravoltas. Impossível adivinhar seu rumo e o final surpreendente e inspirador.

274

E O AMOR RESISTIU AO TEMPO...

Diante do olhar arguto de Caroline sobre si, examinando-o de cima a baixo, o rapaz pareceu se encolher. Meio sem jeito, quase encabulado, perguntou:

– É verdade que sou seu filho?

Os olhos dela apresentaram leve sinal de choque. Mas foi só. No geral se manteve a mesma.

– Ah! – exclamou com desdém. – É isso?

Ele assentiu com a cabeça, torcendo o chapéu em suas mãos.

– Quem lhe disse isso?

– Agatha. Primeiramente foi ela. Depois minha mãe - sua irmã - acabou confirmando. Ela não queria, mas eu insisti. Precisava saber da verdade.

– Pra que?

– Ora, porque mereço saber quem foram meus pais. Sempre quis saber, desde que morava no orfanato.

– Sei...

Caroline fez bico e se concentrou novamente nos cabelos.

– A senhora precisa me dizer, por favor, se é mesmo verdade que sou filho da senhora... Que pensei durante todos esses anos ser minha tia.

A mulher de trinta e cinco anos ficou quieta por um instante como se estivesse meditando. Por fim, disse autoritária:

– Sim, é verdade...

O rosto do rapaz se iluminou.

Caroline, voltando a escovar os cabelos, completou:

– É verdade e, ao mesmo tempo, não.

O rapaz fitou-a com um ar de quem está mesmo querendo entender. Ela prosseguiu:

– Você nasceu mesmo de mim, mas... foi um equívoco. Um grave equívoco.

Se estas palavras o surpreenderam, as seguintes o magoaram profundamente:

– Foi uma brincadeira do destino. Um desatino do destino.

Ela riu.

– Onde já se viu me fazer dar à luz a uma criança... Aleijada?

O romance "E o amor resistiu ao tempo" fala sobre os sofrimentos que cada um passa por causa das convenções sociais,

275

dos preconceitos, egoísmos em geral e, principalmente, de quando o passado volta à sua vida para assombrar o presente.

Com uma narrativa surpreendente, o romance responde às perguntas existencialistas e profundas que a maioria de nós faz ao longo da vida: por que cada um nasce com uma sorte diferente? Por que nos apaixonamos por pessoas que nos parecem conhecidas de longa data sem nunca termos estado juntos antes? Se há outras vidas, pode o amor persistir e triunfar, enfim, de forma mais lúcida e pacífica, após a morte?

Uma comovente história que se desenvolve ao longo de três reencarnações. Para reflexão no final, inspirar o leitor a uma transformação positiva em sua existência.

FALSO BRILHANTE, DIAMANTE VERDADEIRO

Marina está radiante, pois acaba de conquistar o título de Miss Brasil. Os olhos do mundo estão voltados para sua beleza e seu carisma.

Ela é uma das favoritas do Concurso de Miss Universo. Se ganhar, muitas portas lhe serão abertas em termos de prosperidade, mas o que ela mais deseja, acima de tudo, é ser feliz ao lado de Luciano, seu namorado, por quem está perdidamente apaixonada.

Enquanto isso, Beatriz, sua irmã, se pergunta: como pode alguém como Marina ter tanta sorte na vida e ela não? Ter um amor e ela ninguém, sequer alguém que a paquere?

Pessoas na cidade, de todas as idades, questionam: Como pode Beatriz ser irmã de Marina, tão linda e Beatriz, tão feia, como se uma fosse um brilhante e a outra um diamante bruto?

Entre choques e decepções, reviravoltas e desilusões segue a história dessas duas irmãs cujas vidas mostram que nem tudo que reluz é ouro, nem tudo que brilha é brilhante e que aquilo que ainda é bruto também pode irradiar luz.

A VIDA SEMPRE CONTINUA...

Geórgia perde totalmente o interesse pela vida depois da morte de seu alguém especial. Foram meses de sofrimento até sua partida e muitos outros depois. Só lhe resta agora chorar e aguardar a própria morte, diz ela para si mesma. Acontece então algo surpreendente: uma tia que não via há mais de vinte anos deixa-lhe como herança, a casa no litoral na qual viveu com o marido nos últimos anos de vida. Por causa desta herança, Geórgia é obrigada a ir até o local para decidir o que será feito de tudo aquilo. Acontecimentos misteriosos vão surpreendê-la e resgatá-la do caos emocional, da depressão pósluto, e dar uma nova guinada em sua vida, na sua existência dentro do cosmos.

A OUTRA FACE DO AMOR

Eles passavam a lua de mel na Europa quando ela avistou, ao longe, pela primeira vez, uma mulher de rosto pálido, vestida de preto da cabeça aos pés, olhando atentamente na sua direção. Então, subitamente, esta mulher arrancou uma rosa vermelha, jogou-a no chão e pisou até destruí-la.

Por que fizera aquilo?

Quem era aquela misteriosa e assustadora figura?

E por que estava seguindo o casal por todos os países para os quais iam?

Prepare-se para viver emoções fortes a cada página deste romance que nos revela a outra face do amor, aquela que poucos pensam existir e os que sabem, preferem ignorá-la.

A SOLIDÃO DO ESPINHO

Virginia Accetti sonha, desde menina, com a vinda de um moço encantador, que se apaixone por ela e lhe possibilite uma vida repleta de amor e alegrias.

Evângelo Felician é um jovem pintor, talentoso, que desde o início da adolescência apaixonou-se por Virginia, mas ela o ignora por não ter o perfil do moço com quem sonha se casar.

Os dois vivem num pequeno vilarejo próximo a famosa prisão "Écharde" para onde são mandados os piores criminosos do país. Um lugar assustador e deprimente onde Virginia conhece uma pessoa que mudará para sempre o seu destino.

"A Solidão do Espinho" nos fala sobre a estrada da vida a qual, para muitos, é cheia de espinhos e quem não tem cuidado se fere. Só mesmo um grande amor para cicatrizar esses ferimentos, superar desilusões, reconstruir a vida... Um amor que nasce de onde menos se espera. Uma história de amor como poucas que você já ouviu falar ou leu. Cheia de emoção e suspense. Com um final arrepiante.

277

SEM AMOR EU NADA SERIA...

Em meio a Segunda Guerra Mundial, Viveck Shmelzer, um jovem alemão do exército nazista, apaixona-se perdidamente por Sarah Baeck, uma jovem judia, residente na Polônia.

Diante da determinação nazista de exterminar todos os judeus em campos de concentração, Viveck se vê desesperado para salvar a moça do desalmado destino reservado para sua raça.

Somente unindo-se a Deus é que ele encontra um modo de protegê-la, impedir que morra numa câmara de gás.

Enquanto isso, num convento, na Polônia, uma freira se vê desesperada para encobrir uma gravidez inesperada, fruto de uma paixão avassaladora.

Destinos se cruzarão em meio a guerra sanguinária que teve o poder de destruir tudo e todos exceto o amor. E é sobre esse amor indestrutível que fala a nossa história, transformada neste romance, um amor que uniu corações, almas, mudou vidas, salvou vidas, foi no final de tudo o maior vitorioso e sobrevivente ao Holocausto.

Uma história forte, real e marcante. Cheia de emoções e surpresas a cada página... Simplesmente imperdível.

SÓ O CORAÇÃO PODE ENTENDER

Tudo preparado para uma grande festa de casamento quando uma tragédia muda o plano dos personagens, o rumo de suas vidas e os enche de revolta. É preciso recomeçar. Retirar as pedras do caminho para prosseguir... Mas recomeçar por onde e com que forças? Então, quando menos se espera, as pedras do caminho tornam-se forças espirituais para ajudar quem precisa reerguer-se e reencontrar-se num mundo onde **só o coração pode entender**. É preciso escutá-lo, é preciso aprender a escutá-lo, é preciso tirar dele as impurezas deixadas pela revolta, para que seja audível, límpido e feliz como nunca foi...

Uma história verdadeira, profunda, real que fala direto ao coração e nos revela que o coração sabe bem mais do que pensamos, que pode compreender muito mais do que julgamos, principalmente quando o assunto for amor e paixão.

NINGUÉM DESVIA O DESTINO

Heloise ama Álvaro. Os dois se casam, prometendo serem felizes até que a morte os separe.

Surge então algo inesperado.

Visões e pesadelos assustadores começam a perturbar Heloise. Seriam um presságio?

Ou lembranças fragmentadas de uma outra vida? De fatos que marcaram profundamente sua alma?

Ninguém desvia o destino é uma história de tirar o fôlego do leitor do começo ao fim. Uma história emocionante e surpreendente.

Onde o destino traçado por nós em outras vidas reserva surpresas maiores do que imaginam a nossa vã filosofia e as grutas do nosso coração.

SE NÃO AMÁSSEMOS TANTO ASSIM

No Egito antigo, 3400 anos antes de Cristo, Hazem, filho do faraó, herdeiro do trono se apaixona perdidamente por Nebseni, uma linda moça, exímia atriz. Com a morte do pai, Hazem assume o trono e se casa com Nebseni. O tempo passa e o filho tão necessário para o faraó não chega. Nebseni se vê forçada a pedir ao marido que arranje uma segunda esposa para poder gerar um herdeiro, algo tido como natural na época. Sem escolha, Hazem aceita a sugestão e se casa com Nofretiti, jovem apaixonada por ele desde menina e irmã de seu melhor amigo.

Nofretiti, feliz, casa-se, prometendo dar um filho ao homem que sempre amou e jurando a si mesma destruir Nebseni, apagá-la para todo o sempre do coração do marido para que somente ela, Nofretiti, brilhe.

Mas pode alguém apagar do coração de um ser apaixonado a razão do seu afeto? **Se não amássemos tanto assim** é um romance comovente com um final surpreendente, que vai instigar o leitor a ler o livro outras tantas vezes.

A LÁGRIMA NÃO É SÓ DE QUEM CHORA

Christopher Angel, pouco antes de partir para a guerra, conhece Anne Campbell, uma jovem linda e misteriosa, muda, depois de uma tragédia que abalou profundamente sua vida. Os dois se apaixonam perdidamente e decidem se casar o quanto antes, entretanto, seus planos são alterados da noite para o dia com a explosão da guerra. Christopher parte, então, para os campos de batalha prometendo a Anne voltar para casa o quanto antes, casar-se com ela e ter os filhos com quem tanto sonham.

Durante a guerra, Christopher conhece Benedict Simons de quem se torna grande amigo. Ele é um rapaz recém-casado que anseia voltar para a esposa que deixara grávida. No entanto, durante um bombardeio, Benedict é atingido e antes de morrer faz um pedido muito sério a Christopher. Implora ao amigo que vá até a sua casa e ampare a esposa e o filho que já deve ter nascido. Que lhe diga que ele, Benedict, os amava e que ele, Christopher, não lhes deixará faltar nada. É assim que Christopher Angel conhece Elizabeth Simons e, juntos, descobrem que quando o amor se declara nem a morte separa as pessoas que se amam.

POR ENTRE AS FLORES DO PERDÃO

No dia da formatura de segundo grau de sua filha Samantha, o Dr. Richard Johnson recebe uma ligação do hospital onde trabalha, solicitando sua presença para fazer uma operação de urgência numa paciente idosa que está entre a vida e a morte.

Como um bom médico, Richard deixa para depois a surpresa que preparara para a filha e para a esposa para aquele dia especial. Vai atender ao chamado de emergência. Um chamado que vai mudar a vida de todos, dar um rumo completamente diferente do almejado. Ensinar lições árduas...

"Por entre as flores do perdão" fará o leitor sentir na pele o drama de cada personagem e se perguntar o que faria se estivesse no lugar de cada um deles. A cada página viverá fortes emoções e descobrirá, ao final, que só as flores do perdão podem nos libertar dos lapsos do destino. Fazer renascer o amor afastado por uma tragédia.

Uma história de amor vivida nos dias de hoje, surpreendentemente reveladora e espiritual.

QUANDO O CORAÇÃO ESCOLHE

(Publicado anteriormente com o título: "A Alma Ajuda")

Sofia mal pôde acreditar quando apresentou Saulo, seu namorado, à sua família e eles lhe deram as costas.

– Você deveria ter-lhes dito que eu era negro – observou Saulo.

– Imagine se meu pai é racista! Vive cumprimentando todos os negros da região, até os abraça, beija seus filhos...

– Por campanha política, minha irmã – observou o irmão.

Em nome do amor que Sofia sentia por Saulo, ela foi capaz de jogar para o alto todo o conforto e *status* que tinha em família para se casar com ele.

Ettore, seu irmão, decidiu se tornar padre para esconder seus verdadeiros sentimentos.

Mas a vida dá voltas e nestas voltas a família Guiarone aprendeu que amor não tem cor, nem raça, nem idade, e que toda forma de amor deve ser vivida plenamente. E essa foi a maior lição naquela reencarnação para a evolução espiritual de todos.

QUANDO É INVERNO EM NOSSO CORAÇÃO

Clara ama Raymond, um humilde jardineiro. Então, aos dezessete anos, seu pai lhe informa que chegou a hora de apresentar-lhe Raphael Monie, o jovem para quem a havia prometido em casamento. Clara e Amanda, sua irmã querida, ficam arrasadas com a notícia. Amanda deseja sem pudor algum que Raphael morra num acidente durante sua ida à mansão da família. Ela está no jardim, procurando distrair a cabeça, quando a carruagem trazendo Raphael entra na propriedade.

De tão absorta em suas reflexões e desejos maléficos, Amanda se esquece de observar por onde seus passos a levam. Enrosca o pé direito numa raiz trançada, desequilibra-se e cai ao chão com grande impacto.

– A senhorita está bem? – perguntou Raphael ao chegar ali.

Amanda se pôs de pé, limpando mecanicamente o vestido rodado e depois o desamassando. Foi só então que ela encarou Raphael Monie pela primeira vez. Por Deus, que homem era aquele? Lindo, simplesmente lindo. Claro que ela sabia: era Raphael, o jovem prometido para se casar com Clara, a irmã amada. Mas Clara há muito se encantara por Raymond, do mesmo modo que agora, Amanda, se encantava por Raphael Monie. Deveria ter sido ela, Amanda, a prometida em casamento para Raphael e não Clara. Se assim tivesse sido, ela poderia se tornar uma das mulheres mais felizes do mundo, sentia Amanda. Se ao menos houvesse um revés do destino...**Quando é inverno em nosso coração** é uma história tocante, para nos ajudar a compreender melhor a vida, compreender por que passamos certos problemas no decorrer da vida e como superá-los.

NENHUM AMOR É EM VÃO

Uma jovem inocente e pobre, nascida numa humilde fazenda do interior do Paraná, conhece por acaso o filho do novo dono de uma das fazendas mais prósperas da região. Um rapaz elegante, bonito, da alta sociedade, cercado de mulheres bonitas, estudadas e ricas.

Um encontro que vai mudar suas vidas, fazê-los aprender que **nenhum amor é em vão**. Todo amor que acontece, acontece porque é a única forma de nos conhecermos melhor, nos perguntarmos o que realmente queremos da vida? Que rumo queremos dar a ela? Pelo que vale realmente brigar na nossa existência?

VIDAS QUE NOS COMPLETAM

Vidas que nos completam conta a história de Izabel, moça humilde, nascida numa fazenda do interior de Minas Gerais, propriedade de uma família muito rica, residente no Rio de Janeiro.

Com a morte de seus pais, Izabel é convidada por Olga Scarpini, proprietária da fazenda, a viver com a família na capital carioca. Izabel se empolga com o convite, pois vai poder ficar mais próxima de Guilhermina Scarpini, moça rica, pertencente à nata da sociedade carioca, filha dos donos da fazenda, por quem nutre grande afeto.

No entanto, os planos são alterados assim que Olga Scarpini percebe que o filho está interessado em Izabel. Para afastá-la do rapaz, ela arruma uma desculpa e a manda para São Paulo.

Izabel, então, conhece Rodrigo Lessa, por quem se apaixona perdidamente, sem desconfiar que o rapaz é um velho conhecido de outra vida.

Uma história contemporânea e comovente para lembrar a todos o porquê de a vida nos unir àqueles que se tornam nossos amores, familiares e amigos... Porque toda união é necessária para que vidas se completem, conquistem o que é direito de todos: a felicidade.

SUAS VERDADES O TEMPO NÃO APAGA

No Brasil, na época do Segundo Reinado, em meio às amarguras da escravidão, Thiago conhece a bela Melinda Florentis, moça rica de família nobre e europeia. Disposto a conquistá-la, trama uma cilada para afastar o noivo da moça e assim se casa com ela.

Essa união traz grandes surpresas para ambos, mostrando que atraímos na vida o que almejamos, porém, tudo na medida certa para contribuir com nossa evolução espiritual.

Assim que o veículo parou, ela voltou-se para o marido e disse:
– Desça!
– Para quê? – replicou Thiago, seriamente.
– Porque estou mandando! Desça!
Ele soltou um riso sarcástico e manteve-se onde estava, encarando-a desafiadoramente.
– Se não desceres por bem, descerás por mal – acrescentou ela, dirigindo um olhar matreiro para o escravo que se encontrava sentado ao lado do cocheiro, e a quem ela pedira para acompanhá-los no passeio. Era um negro, como se diz, três por quatro, dava dois de Thiago. O marido percebeu aonde ela queria chegar, e duvidou que ela fosse capaz.
– Tu não serias... – desdenhou ele.
– Desça agora! – bramiu Melinda, irritando-se.
Diante do olhar da mulher e do negro, Thiago achou por bem ouvir seu bom senso e acatar o que ele dizia. Assim, desceu. Logicamente, ele o fez com toda a raiva que explodia por dentro e que já transparecia em seu semblante avermelhado e suarento.
O estado de Thiago se agravou ao ouvir a esposa ordenar:
– Cata uma flor para mim.
Ele não conseguiu conter o riso.
– Não sejas ridícula!
– Quero receber uma flor do senhor meu marido. Todas as mulheres gostam de receber flores, não sabias? Gostam de homem romântico. Eu não sou exceção. Quero ser tratada com romantismo!

283

Os ouvidos de Thiago mal podiam acreditar no que ela estava falando. Seus olhos mal podiam acreditar no que estavam vendo acontecer com sua vida. Por ora, seu bom senso dizia para acatar o que ela mandava. Era o mais sensato a ser feito. Ele soltou um suspiro enojado, passou a língua pelos lábios ressequidos, e, balançando a cabeça positivamente, foi até a margem da estrada colher uma flor. Voltou até ela e entregou-lhe.

Melinda balançou a cabeça negativamente. O cenho do marido fechou-se, agravando seu ódio e fazendo seu sangue borbulhar por dentro de sua pele bronzeada.

– O que foi? – inquiriu ele, irritado.

Ela franziu o nariz, a testa, o rosto todo, ao dizer:

– Não gostei dessa... quero outra!

– Ora, vamos!

Ela deu de ombros, e tornou a falar:

– É feinha! Quero uma flor mais formosa, mimosa...

"Ela quer brincar, é isso, ela quer brincar comigo. Vou entrar na brincadeira dela até minha sorte mudar", disse Thiago para si. E assim, ele colheu outra flor.

Melinda repetiu o mesmo que dissera em relação à primeira flor colhida, durante um bom tempo, por cerca de uns quinze ou vinte minutos. Thiago estava quase a ponto de devorá-la de ódio. Tanto era o ódio que sua vista queimava, parecendo ter areia dentro dos olhos, e sua cabeça latejava profundamente, como se fosse explodir a qualquer momento. Melinda só foi gostar da vigésima flor que ele colheu e ofereceu a ela.

– Essa é bonita. Esta está à minha altura! Mas não deve vir só... todo homem apaixonado entrega uma flor para a mulher amada, e em seguida dá-lhe um beijo...

O marido travou os dentes para conter a fúria.

– O beijo... falta o beijo! – repetia ela, solenemente.

Thiago apoiou-se no degrau da carruagem, esticou o rosto até o dela e beijou-a no rosto.

– Ah... ã, ã! Nos lábios! – corrigiu Melinda.

Como um escravo obediente, Thiago atendeu a seu pedido.

– Agora está melhor! Está perfeito! – agradeceu a esposa, forjadamente envaidecida.

284

Quando Thiago ia se ajeitar na carruagem, ela o deteve com a mão direita.

– Espera! Desça outra vez!

Ele novamente a fuzilou com o olhar, mas obedeceu submisso. Fez-se um breve silêncio. Enquanto isso, Melinda ficou cheirando a flor e deliciando-se com seu perfume.

– Vamos, Melinda... a chuva não tarda a desabar... – ralhou ele.

Ela voltou seus belos e grandes olhos escuros para o jovem, cuja natureza havia embalsamado de beleza física, e, em meio a um sorriso e uma voz singela, acrescentou:

– Tu tens andado desleixado, meu amor... andas muito desleixado contigo mesmo, engordaste razoavelmente... não quero que te tornes um barrigudo... Não, não, não! Ainda é muito cedo para isso. Quero que recuperes a boa forma, e para recuperá-la não há nada melhor que andar, andar faz muito bem para a saúde...

Sem mais, Melinda fez sinal para que o cocheiro seguisse caminho.

– Perdeste o juízo?! Tu não vais me deixar neste fim de mundo! Enlouqueceste?! – berrou Thiago, aflito, enquanto começou a correr atrás da landau.

– Se quiseres vir correndo atrás do carro, vem, meu anjo, faz tão bem quanto andar... além do que mantém a mente ocupada. Tu sabes, não sabes? Mente vazia, oficina do diabo!

– Espera-me! – gritou ele, impondo a mesma força na voz que impunha nas pernas.

Em meio a uma gargalhada ardida, Melinda acrescentou:

– Será hilário vê-lo correndo atrás da landau pelas ruas da Corte. Digno de palmas ou apupos.

A gargalhada da esposa logo se dissipou em sua garganta e um semblante ferino tomou-lhe o rosto.

As palavras de Melinda começaram a paralisar as pernas de Thiago, e logo o veículo foi ganhando distância até se perder da vista dele. Thiago então se viu resfolegando-se, suando em profusão, petrificado de tensão. Era mais pavor que tensão.

Voltou o olhar para o local onde estava. A paisagem dura e pouco hospitaleira, com seu ajuntamento de árvores pontiagudas e vegetação cerrada que era tão bonito de se ver ao Sol, à noite dava-lhe medo. Lembrou-se de que sempre tivera medo de ficar só em meio às plantações no período noturno. Só lhe restava caminhar a pé a distância que se estendia até a cidade, um entrelaçado interminável de escuridão.

Esta é uma história emocionante para guardar para sempre no seu coração. Um romance que revela que **suas verdades o tempo não apaga** jamais, pois, geralmente, elas sempre vêm à tona e, ainda que sejam rejeitadas, são a chave da libertação pessoal e espiritual.

Coleção Mulheres Fênix
SOLIDÃO, NUNCA MAIS

Em "Solidão, nunca mais!", o terceiro livro da Coleção Mulheres Fênix, Carla é uma mulher desiludida com a vida por não ter se casado como suas amigas, primas e conhecidas.

A desilusão faz com que afogue suas mágoas, comendo excessivamente e, com isso, prejudique seu físico, volte-se contra si mesma por não conseguir emagrecer e se apreciar diante do espelho.

Quando a depressão chega ao ápice, pondo em risco sua vida, uma força vinda do Além surge para impedir que ela cometa uma loucura, desperte para outras realidades da vida e aprenda a amar a si mesma antes de querer ser amada pelo outro.

Uma história baseada em fatos reais, muito atual, contada com muito bom humor que vai surpreender o leitor, especialmente a mulher que enfrenta ou já enfrentou a mesma situação que a personagem.

AS PAZES COMIGO, FAREI

Em "As pazes comigo, farei", o segundo livro da Coleção Mulheres Fênix, Júlia vive o maior inesperado de sua vida.

Em vez de ouvir o típico "eu te amo" de todo dia, Júlia ouviu: "eu quero me separar, nosso casamento acabou". A separação leva-a ao fundo do poço. Nem os filhos tão amados conseguem fazê-la reagir. "Por que o *meu* casamento tinha de desmoronar? E agora, o que fazer da vida? Como voltar a ser feliz?"

Júlia quer obter as respostas para as mesmas perguntas que toda mulher casada faz ao se separar. E ela as obtém de forma sobrenatural. Assim, pode renascer das cinzas e voltar a brilhar com todo o esplendor de uma mulher Fênix.